75 JAHRE
INSEL-BÜCHEREI

1912–1987

Eine Bibliographie
Mit 44 Abbildungen

INSEL-VERLAG · LEIPZIG

Bearbeitet und herausgegeben von Herbert Kästner.

Für die bis 1969 erschienenen Bände wurden bei der Herstellung des Manuskriptes die Bibliographie ›50 Jahre Insel-Bücherei 1912 bis 1962‹ sowie ›Der Insel Verlag. Eine Bibliographie. 1899–1969‹, beide herausgegeben von Heinz Sarkowski, benutzt. Die Angaben zu den ab 1970 in Frankfurt erschienenen Bänden wurden von Heinz Sarkowski durchgesehen.

ISSN 0233-1047
ISBN 3-7351-0022-8

VORWORT

Als Johannes R. Becher die Belegexemplare seines Insel-Bändchens Nr. 291 ›Dreimal bebende Erde‹ erhielt, schrieb er am 13. 4. 1954 beglückt dem Verlag: ›Ich danke Ihnen vielmals für das schöne Bändchen der Insel-Bücherei ... Sie wissen es selbst, daß jede Art der ‚Berührung' mit dem Insel-Verlag für mich ein schönes und tiefes Erlebnis ist.‹

Wer hätte wohl Anfang Juni des Jahres 1912, als die ersten zwölf Bände der Insel-Bücherei in die Buchhandlungen kamen, Mut zu der Prognose gehabt, daß diese Reihe auch nach fünfundsiebzig Jahren nichts von ihrer Frische, Jugendlichkeit und Ausstrahlung verloren, an Publikumsgunst gar noch gewonnen haben würde? Für mittlerweile drei Generationen von Lesern war und ist die Insel-Bücherei eine Pforte in die unermeßliche Schatzkammer der Weltliteratur und Weltkunst, gleichermaßen aber auch eine ›Vorschule der Bibliophilie‹ (Schauer). Heute gibt es in unserem Land wohl kaum ein Bücherbord, auf dem nicht auch einige jener farbenfrohen Bändchen ihre Heimstatt haben.

Was aber zeichnet die Insel-Bücherei gegenüber anderen auflagenstarken und preiswürdigen Buchserien aus, worauf gründet sich ihr anhaltender Erfolg?

Zu den bleibenden Verdiensten Anton Kippenbergs (1874 bis 1950), der 1905 als Gesellschafter in den Insel-Verlag eintrat und 1906 die alleinige Verlagsführung übernahm, gehört die Öffnung und Demokratisierung des inhaltlich wertvollen und zugleich gut gestalteten und solide gefertigten Buches für einen weiten Kreis von Lesern. Bereits 1908 erschienen die ersten der sogenannten 2-Mark-Bücher; jedes hatte eine für damalige Verhältnisse hohe Startauflage von 10000 Exemplaren, einen Umfang von etwa 300 Seiten und war von E. R. Weiß ausgestattet. 1911 wurde die ›Bibliothek der Romane‹ (Bandpreis 3 Mark) gegründet, deren erstes äußeres Gewand, rote Leinenbände mit grünem Rückenschild, ebenfalls von E. R. Weiß stammt. Auch die handlichen Klassiker-Dünndruckausgaben, mit denen der Verlag einen beispielhaften Buchtyp schuf, sind hier zu nennen. Mit diesen ›preiswerten, gut ausgestatteten Büchern setzte der Insel-Verlag für Jahrzehnte Normen sowohl innerhalb der verlegerischen Konkurrenz als auch für den Buchkäufer und -liebhaber‹ (Sarkowski).

Am 23. Mai 1912 trat der Insel-Verlag ›mit einem seit langem sorgfältig vorbereiteten und wohl durchdachten Unternehmen ... an die Öffentlichkeit‹. In dieser Ankündigung im ›Börsenblatt für den deutschen Buchhandel‹ heißt es über das neue Vorhaben weiter: ›Es soll den Namen Insel-Bücherei führen und freundlich ausgestattete gebundene Bändchen umfassen, die jedes fünfzig Pfennig kosten ... Die Insel-Bücherei soll unsere gesamte Verlagstätigkeit widerspiegeln. Sie soll kleinere Werke – Novellen, Gedichtgruppen, Essays, dramatische Dichtungen, Reden, Volksbücher – enthalten, die urheberrechtlich geschützt oder durch die Art der Bearbeitung oder Übertragung unser Eigentum sind, sodann Werke aus früherer Zeit, die zu Unrecht in Vergessenheit geraten sind oder denen wir eine besondere aktuelle Wirkung zu geben beabsichtigen, und gelegentlich auch illustrierte Bücher.‹

Damit ist die literarische Konzeption der Reihe angedeutet: sie sollte Weltliteratur in nuce bieten, aphoristisch, fragmentarisch, anregend, dem gesunden Urteil des Lesers vertrauend. Es ging also nicht darum, mit bestehenden Reihen, wie z. B. ›Reclams Universal-Bibliothek‹ oder ›Meyers Volksbücher‹, in Wettbewerb zu treten; das Ensemble der Insel-Bändchen sollte ein kunstvolles ›literarisches Kaleidoskop‹ darstellen, in dem das einzelne, das Bruchstück, die Auswahl für das Ganze steht. Dies drückt auch der ursprünglich vorgesehene Reihentitel ›Krongut der Dichtung‹ aus, aber Kippenberg wollte dann doch ›beim Schlichten bleiben und die Sammlung ‚Insel-Bücherei' nennen‹, womit er gewiß eine glückliche Entscheidung traf. Vielleicht dachte er schon an die Möglichkeit einer Ausweitung des Themenkreises, dem man seit Erscheinen des ersten Bildbandes (Holbein, Bilder des Todes, 1917) wohl auch die Weltkunst zurechnen darf.

Von Anfang an zeichnet sich die Insel-Bücherei durch die in ihrem Gründungsjahr durchaus nicht selbstverständliche editorische Sorgfalt aus, die ausnahmslos allen ihren Bänden zuteil wurde. Hervorragende Kenner des jeweiligen literarischen Textes übernahmen die Herausgabe und sorgten durch Kommentierung und Beigabe weiterer Appendices (Wort- und Sacherklärungen, Anmerkungen, Namenverzeichnisse u. a.) für wünschenswerte Lesehilfen. Überdies hat der Verlag die Arbeit an einem Bändchen nie als abgeschlossen angesehen, Überliefertes nie ungeprüft übernommen, sondern stets nach noch besseren, leserfreundlicheren Lösungen gesucht.

Stefan Zweig, einer der geistigen Mitschöpfer der Insel-Bücherei, faßt 1924 aus Anlaß des 50. Geburtstages von Anton Kippenberg dessen verlegerische Tat in die Worte: ›Die Inselbücherei ... schenkt, was an Kostbarstem in Jahren gespart und gesammelt ward, an die Millionen: hier beginnt der Insel-Verlag, der aristokratisch angefangen und es im Sinne der Haltung bis heute geblieben ist, durch die Tat demokratisch zu werden. Aus dem elfenbeinernen Turm ist die ganze deutsche Erde geworden, in jeder Furche, in jedem Haus ruht nun irgend so ein farbiges Korn, ein solches Inselbändchen: zur Universalität des Gestaltens ist jetzt auch die Universalität der Wirkung gekommen ...‹

Nicht minder bemerkenswert war die buchkünstlerische Gestaltung der Insel-Bücherei. Während bei anderen Massenbuchreihen zugunsten absoluter Preiswürdigkeit auch minderwertige Materialien eingesetzt wurden und eine karge Ausstattung lediglich der Lesbarkeit des Textes und der Wahrung eines einheitlichen Reihendesigns diente, gehörte es ausdrücklich zum Programm der Insel-Bücherei, den literarisch wertvollen Inhalten auch eine ansprechende und gediegen-künstlerische Form zu geben.

Wie das literarische Programm, so wurde auch der Anspruch an die Ausstattung durch die ersten zwölf Bände überzeugend verdeutlicht: sie waren von Hand in den besten und dem Charakter des Textes gemäßen Schriften gesetzt, von ausgewiesenen Offizinen vorbildlich auf holzfreies Papier in einem handlichen, nicht zu kleinen Format gedruckt und solide in Pappe gebunden – jedoch leider noch klammergeheftet. Als Überzugpapier benutzte man – ähnlich wie schon bei der Zeitschrift ›Die Insel‹ (1899–1902), die als Keimzelle des Verlags anzusehen ist – farbige Musterpapiere nach Vorlagen der italienischen Kollektion Rizzi. Diese in vielen Versuchen gefundene Einbandgestaltung erwies sich als ein überaus glücklicher Griff, spiegelt doch die große Variabilität der Bezugspapiere die Vielfalt der Themenbereiche, künden die farbenfrohen Einbände sowohl von der Zusammengehörigkeit der Reihe als auch von der Individualität des einzelnen Bändchens. Nach Georg Kurt Schauer ›war diesen nach Muster und Farbe stets wechselnden Einkleidungen aufgegeben, sehr verschiedenartige Inhalte zu geleiten und zu repräsentieren. Es war ein geistreiches, diszipliniertes Spiel, das diese Ranken und Herzreihen, Blüten und Tupfen aufführten

... Das war echte Ornamentik, mit allegorischen Anklängen, inhaltlich aber nichts weiter aussagend, als daß eine heitere, geistige Ordnung hinter den Buchdeckeln walte.‹ Der Reihencharakter wird noch betont durch ein stets gleich großes und an gleicher Stelle befindliches Titelschild, das Autor, Titel und Bandnummer nennt, und ab 1913 zusätzlich ein Rückenschild mit Autor und Kurztitel. Ab 1915 gibt der Rückentitel auch die Bandnummer an.

Bereits in der Vorankündigung der Reihe im Börsenblatt kann der Verlag darauf verweisen, daß das Projekt der Insel-Bücherei ›bei den uns befreundeten Autoren und Sortimentern, mit denen wir darüber sprachen, den lebhaftesten Beifall und die günstigste Prognose gefunden hat‹. Der Erfolg jedoch übertraf alle Erwartungen. Von mehreren der ersten 12 Bände mußten trotz einer Startauflage von 10000 Exemplaren noch im selben Jahr weitere 10000, von einigen sogar 20000 Exemplare gedruckt werden. Rainer Maria Rilke, dessen ›Weise von Liebe und Tod des Cornets Christoph Rilke‹ im Berliner Verlag Axel Juncker recht erfolglos geblieben war, schrieb nach der überraschend guten Resonanz desselben Titels als Insel-Bändchen Nr. 1 an Anton Kippenberg: ›... lieber Freund, was haben Sie diesen guten Christoph Rilke beritten gemacht. Wer hätte das gedacht ...‹, und am gleichen Tag, dem 3. August 1912, teilte er Marie von Thurn und Taxis mit: ›Der Cornet ist nun in derselben Sammlung aufs Neue gedruckt worden und hat seinem jetzigen Verleger die vergnüglichste Überraschung bereitet, stellen Sie sich vor, 8000 Exemplare in 3 Wochen, – wir drucken 20000 andere, der Himmel weiß, wie es zugeht ...‹ Dieser Titel ist mit weit mehr als 1 Million Exemplaren der bis heute erfolgreichste der Insel-Bücherei geblieben, aber auch viele andere Bändchen der Reihe, oft auch solche, denen man eine derartige Wirkung in die Breite gar nicht zugetraut hatte, sind zu Erfolgstiteln geworden. Über dem Gelingen schon der ersten Bändchen der Insel-Bücherei wurde jedoch auch der Ausbau der Reihe nicht vernachlässigt, und nach achtzehn Monaten, Ende 1913, war bereits die Nummer 112 erreicht. Trotz dieses raschen Wachstums und hoher Auflagenzahlen hielt die Insel-Bücherei das mustergültige verlegerische, buchkünstlerische und buchtechnische Niveau, das die ersten ihrer Bände versprochen hatten. Die Leser – und bald auch die Sammler jener kleinen Kostbarkeiten – dankten dies mit regem Zuspruch: Nach zwei Jahren waren bereits über 1 Million Bände verkauft, nach 25 Jahren waren es 20 Millionen, nach 50 Jahren schon 50 Millionen, und 1987 werden es nahezu 60 Millionen sein.

Fünfundsiebzig Jahre Insel-Bücherei dokumentieren Kontinuität und Elastizität ihrer inhaltlichen Grundanlage. Bietet die Reihe in den ersten Jahren vornehmlich ein Abbild des gesamten Verlagsschaffens, einen Blick in die deutsche Literatur von den ältesten Zeiten bis zur Gegenwart, von der Antike und den Welten der ostasiatischen, indischen und arabischen Dichtungen bis zur bedeutenden Belletristik besonders der Angelsachsen, Skandinavier und Russen, so weitet sich der Themenkreis schon bald durch das Auftreten der ersten Bildbände. 1917 erscheint die historische Holzschnittfolge ›Bilder des Todes‹ von Hans Holbein, und für eine längere Periode lockern nun graphische Bilderzählungen die Folge der Textbände auf, so z. B. ›Die kleine Passion‹ und ›Das Marienleben‹ von Albrecht Dürer, das ›Ständebuch‹ von Sachs/Amman und Masereels ›Geschichte ohne Worte‹. Schließlich sind die technischen Möglichkeiten geschaffen, auch farbige Bände zu fertigen, deren erstes, ›Das kleine Blumenbuch‹, 1933 ausgeliefert wird. Richard Jütte berichtet in seinem Beitrag ›Aus der Werkstatt der farbigen Insel-Bände‹ im Jubiläumsband ›Die Insel-Bücherei 1912 bis 1937‹ von den aufwendigen und zeitraubenden Versuchen, die geforderte höchste Qualität von Bildschärfe und Farbtreue im Offsetdruck zu erreichen. Man druckte mit acht und mehr Farben, und die Bögen durchliefen bis zu dreiundzwanzigmal die Maschine. Die Ergebnisse solch handwerklich-technischen Schöpfertums, wie z. B. die beiden Schmetterlingsbücher, das Baumbuch, das Buch der Vögel und Nester, der ›Goldfischteich‹, der ›Struwwelpeter‹ oder die beiden Minnesinger-Bände, sind bis heute unübertroffen.

Die Möglichkeit, photographische Aufnahmen in guter Qualität auf mattem Kunstdruckpapier wiederzugeben, öffnete der Plastik und der Architektur den Weg in die Reihe, beginnend 1936 mit dem Bordesholmer Altar Meister Brüggemanns. So kann man die Insel-Bücherei am Ende des ersten Vierteljahrhunderts ihres Bestehens mit vollem Recht als ein kleines Universum der Weltliteratur und Weltkunst bezeichnen.

Während einerseits Fortschritte in Druck- und Reproduktionstechnik zuließen, den Themenkreis auszudehnen, wurde andererseits der literarische Spielraum durch die nationalsozialistische Kulturpolitik eingeengt. Schon 1933 mußten die ›Altjüdischen Legenden‹ ausgesondert werden, 1934 folgten die Werke von Heinrich Heine, Heinrich Mann, später auch Stefan Zweig und Thomas Mann, dessen ›Felix Krull‹ durch die Briefe der Droste abgelöst wurde. Es war nicht leicht, das Insel-Schiff mit Anstand durch diese finsteren Zeiten zu manövrieren; häufiges Ausweichen auf die Klassik, auf unverbindliche Themen sowie möglichst geringe Konzessionen gegenüber den Wünschen der damaligen Machthaber hielten den Schaden jedoch in Grenzen. Mag man heute einige wenige Titel aus jenen Jahren mit Verwunderung und vielleicht mit Unbehagen sehen, so gibt es doch in der gesamten Insel-Bücherei wohl keinen Band, dessen sich der Verlag schämen müßte.

Nach der Zerstörung des Leipziger Verlagsgebäudes Ende 1943 führte Anton Kippenberg das Unternehmen in seinem Wohnhaus interimistisch weiter, aber auch dieses wurde im Februar 1945 ein Opfer des Krieges. Daraufhin gründete Kippenberg bereits im April 1945 eine Zweigstelle in Wiesbaden, um den Verlag arbeitsfähig zu erhalten.

Das Jahr der Befreiung 1945 bot nun auch dem Insel-Verlag die Chance, seinen Beitrag an der geistigen Erneuerung des deutschen Volkes zu leisten. Gerade das große humanistische Gedankengut der Weltliteratur und Weltkunst, das die Insel-Bücherei seit je gepflegt hatte, wurde dringend für eine geistige Renaissance, für neuen Lebensmut gebraucht. Dazu trat die Verpflichtung, der im faschistischen Staat verfemten Literatur und Kunst zu neuer Geltung zu verhelfen und die Verbreitung progressiven dichterischen Wortes aller Kulturkreise, das lange Jahre vom deutschen Leser ferngehalten worden war, zu fördern. In dieser Pflicht sahen sich die Mitarbeiter der ›Insel‹, die im Herbst 1945 bzw. im Frühjahr 1946 unter unsäglichen materiellen und technischen Schwierigkeiten den Verlag wieder in Gang setzten. Dem Insel-Verlag wurde als erstem Leipziger Verlag von der sowjetischen Militäradministration die Genehmigung und der Auftrag zur Wiederaufnahme der Produktion erteilt. In den Autorenlisten finden sich nun wieder Heinrich und Thomas Mann, Stefan Zweig, in den fünfziger Jahren auch Becher, Hermlin und Herzfelde, Anna Seghers und Arnold Zweig, und das Editionsprogramm wird weiter bereichert durch große Autoren des deutschen revolutionären Erbes (Herwegh, Weerth) und der Sowjetliteratur.

Der Insel Verlag in Wiesbaden, seit dem 1. Oktober 1960 in Frankfurt am Main, widmete sich in den fünfziger und sechziger Jahren namentlich der Pflege des im Dritten Reich als entartet gebrandmarkten deutschen Expressionismus; es erschienen Heym und Kafka, Feininger und Klee, Marc und Marcks sowie die Maler der Brücke. Seit Anfang der siebziger Jahre wird die Insel-Bücherei nur noch mit erheblich reduzierten Titelzahlen und Auflagenhöhen weitergeführt. Eine neue Reihe, das ›Insel-Taschenbuch‹, übernimmt wesentliche Aufgaben der Insel-Bücherei, deren Editionsprogramm zunehmend eine gewisse Vorliebe für das Merkwürdige, Extraordinäre, ja Exzentrische zeigt. Zudem wurde in den letzten Jahren der organische Zuwachs neuer Titel weiter begrenzt durch die Bevorzugung von Reprintauflagen früher, besonders attraktiver Bändchen.

Der Insel-Verlag, Leipzig, sieht in der Pflege und schöpferischen Weiterführung der Insel-Bücherei in Anlehnung an die ursprüngliche Konzeption eine besondere Verpflichtung. Die Mindestauflage für ein Textbändchen beträgt heute 15 000, für ein Bildbändchen gar 25 000 Exemplare. Die Leser und Liebhaber der Insel-Bücherei, die man sich schon in den zwanziger Jahren als ›junge Leute, deren Börse kleiner ist als ihr Hunger nach geistiger Kost‹ vorstellte, zahlen nun schon seit Jahrzehnten 1,25 Mark für ein normales bzw. 2,50 Mark für ein umfangstärkeres Bändchen. Die Kippenbergsche Idee einer geistigen Welt im kleinen ist in der heutigen Insel-Bücherei im Hegelschen Sinne aufgehoben. Überdies haben sich seit 1945, nicht zuletzt mit der Aufnahme der Literatur der sozialistischen Länder, auch eigenständige Traditionen herausgebildet, die Kippenbergs Entwurf fortführen und erweitern, darf man doch nicht übersehen, daß mehr als die Hälfte der fünfundsiebzigjährigen Geschichte der Insel-Bücherei in diese Zeit fällt, mehr als die Hälfte aller Titel nach 1945 erschienen ist.

Diese Kontinuität und Dynamik beim Aufbau einer Buchserie von nunmehr etwa 1400 Titeln weist auch auf eine besondere verlegerische und redaktionelle Leistung hin, auf Spürsinn und Geschmack, aus dem reichen Fundus von Kunst und Dichtung nicht das Geläufige, sondern das Bedeutende zu greifen und – pars pro toto – zu einem Mikrokosmos zu fügen. Welche editorische Mühe auf jeden einzelnen Titel der Reihe gewandt wurde, zeigen die häufigen Textrevisionen, Bearbeitungen, Neuübersetzungen und Änderungen in den Begleittexten. Auch den heutigen – im Vergleich etwa zu 1912 wesentlich anspruchsvolleren – Normen editorischer Sauberkeit und Akribie wird die Insel-Bücherei mustergültig gerecht.

Dem in der ›Gründungsurkunde‹ so bescheiden formulierten buchkünstlerischen Anspruch nach ›freundlich ausgestatteten gebundenen Bändchen‹ wurde über fünfundsiebzig Jahre hinweg treulich entsprochen. Sicher gab es Zeiten, in denen minderwertige Materialien verwendet werden mußten und buchkünstlerische Leistungen folglich nicht erreichbar waren, aber das ernsthafte Bemühen um Buchgestaltung, um Gleichklang von Inhalt und Form wird man selbst bei den Titeln dieser Jahre finden. Weder in ›schlechten‹ Zeiten noch in solchen des Erfolgs, der hohen Auflagen, gab es Abstriche an den Qualitätsforderungen.

Besonders hervorzuheben ist die stets sorgfältige typographische Einrichtung, beginnend mit der Auswahl der Schrift entsprechend dem Stimmungswert des Textes. Groß ist das Spektrum der für die Insel-Bücherei verwendeten Schriften. In den zwanziger Jahren überwogen deutlich Frakturschriften, in unserer Zeit wird fast ausschließlich die Antiqua benutzt. Mühelos könnte man anhand der Insel-Bücherei einen Lehrgang in Typographie illustrieren. Eine Reihe von Schriften hatte in der Insel-Bücherei Premiere, so z. B. Tiemanns Fichte-Fraktur, die Post-Fraktur sowie Zapfs Palatino, Heraklit und Gilgengart. Der häufige Neusatz erfolgreicher Titel zeigt einerseits das Bemühen nach immer geeigneteren, dem Dichterwort gemäßeren typographischen Lösungen, andererseits auch sensibles Reagieren auf veränderten typographischen Geschmack des Publikums. Beispielsweise liegt Rilkes Cornet, das erste und auflagenstärkste Insel-Bändchen, bisher in sieben verschiedenen Satzgestaltungen vor. Einige Bände sind gar von Hand gesetzt worden, wie z. B. ›Das Buch Ruth‹, die ›Rede des Perikles‹, Runges ›Von dem Fischer un syner Fru‹ und Guérins ›Kentauer‹. Solche und viele andere Bände tragen die Zeichen des Außerordentlichen, stehen in der Nachbarschaft zum bibliophilen Druck. Mit dem ›Buch Ruth‹ gibt es sogar einen Pressendruck, gedruckt 1914 auf der Ernst-Ludwig-Presse zu Darmstadt, und für einige weitere Bände haben Pressen den Satz gefertigt.

Die Hohe Schule in der Typographie, die Kunst der Titelblattgestaltung, wurde stets mit großer Meisterschaft und Phantasie gehandhabt. Leicht findet man die unterschiedlichsten Beispiele, von streng symmetrischer Anordnung über die Bildung von Textgruppen bis zu vielfältigen asymmetrischen Strukturen, von rein typographischen Lösungen über die Verwendung von Linien und Rahmen bis zur Auflockerung durch graphische Beigaben wie

Titelvignetten oder Frontispiz. Die der Bibliographie beigegebenen Abbildungen zeigen einige der typographischen Meisterleistungen, an deren Schönheit der Betrachter in einer Zeit der Überbetonung des illustrierten Buches erst wieder herangeführt werden muß.

In diesem Sinne war und ist der typographisch sorgfältig, im Glücksfall auch mustergültig gestaltete Textband immer bestimmend für die Insel-Bücherei, obgleich neben den Bildbänden auch eine Vielzahl von illustrierten Bänden zu reizvoller Abwechslung beitragen. Wie bei dem ersten illustrierten Band, Boccaccios Geschichten aus dem Dekameron (bereits 1912!), griff man zunächst auf historische Illustrationsfolgen, vorwiegend Holzschnitte, zurück. Ab 1919 wurden auch zeitgenössische Künstler zu graphischer Auseinandersetzung mit dem Text oder für dekorativen Schmuck herangezogen, beginnend mit Kokoschkas Illustrationen für Ehrensteins ›Tubutsch‹. Seither haben fast alle führenden Buchgraphiker auch für die Insel-Bücherei gearbeitet; stellvertretend für sie alle seien hier nur die Namen Behmer, Koch, Kredel, Kubin, Meid, H. A. Müller, Rössing, aus jüngerer Zeit Böhmer, Fronius, Hirsch, Klemke, Reiner und Walch genannt. Bei aller Unterschiedlichkeit von graphischer Handschrift und künstlerischem Temperament der beteiligten Illustratoren ist es dem Verlag in bemerkenswertem Maße gelungen, sie nahezu stets für das rechte literarische Werk zu gewinnen, dessen Charakter sich ihrem Einfühlungsvermögen öffnete. So entstanden, unterstützt durch eine auf den Duktus der Bildsprache antwortende Typographie, illustrierte Bände von wohl großer formaler Verschiedenheit, vereint jedoch dadurch, daß Wort und Bild stets in geistige Zwiesprache treten, nie beziehungslos neben- oder gegeneinander stehen. Einen beachtlichen Aufschwung nahmen die illustrierten Bände seit den sechziger Jahren, und namentlich der Leipziger Insel-Verlag hat oft auch jungen Künstlern Aufträge erteilt, durch die sie zu ausdrucksstarken und graphisch reizvollen Illustrationsfolgen gefunden haben. Darüber hinaus ließ der Verlag einige Titel wiederholt und von verschiedenen Künstlern illustrieren, was den Betrachter zu interessanten Vergleichen anregen mag.

Seit fünfundsiebzig Jahren erkennen die Bücherfreunde die Bändchen der Insel-Bücherei schon von weitem an den farbigen Musterpapieren, die heute so anregend und lebhaft wirken wie ehedem. Begann man 1912 mit einer Reihe italienischer Schmuckpapiere, so traten diesen später weitere im Auftrag des Verlages entworfene ornamentale Muster sowie einige von chinesischer und japanischer Provenienz hinzu, die oft in verschiedenen Farbtönen gefertigt wurden. Die Vielfalt der verfügbaren Buntpapiere gestattete bald eine recht differenzierte Ausstattung der Bändchen; mit dem Auftreten der farbigen Bildbände jedoch entstand der Wunsch nach noch individuelleren Einbänden mit einem den Inhalt allegorisch genauer charakterisierenden Muster, so etwa beim Baumbuch, beim Schmetterlingsbuch, beim Buch der Edelsteine. Diese Tendenz zu individuellerer Behandlung der Insel-Bändchen hat sich besonders nach 1952, als wieder die gediegenen Pappbändchen hergestellt werden konnten, verstärkt. Zu diesem Zeitpunkt waren es nur etwa vierzig Titel, deren Überzugpapier ausdrücklich für einen bestimmten Band entworfen wurde (z. B. Hans im Glück, Schnacks ›Land ohne Tränen‹, Der Struwwelpeter). Nach 1952 sind mehr als 300 Nummern in ein anderweitig nicht benutztes Musterpapier gekleidet worden. Für Bildbände und illustrierte Titel entsteht oft durch rhythmisch strenge Reihung eines graphischen Elements aus dem jeweiligen Bändchen ein dieses charakterisierendes Musterpapier.

Der Insel Verlag, Frankfurt am Main, hatte für einige Jahre die bewährte Ausstattung verlassen und zunächst mehr dekorative denn ornamentale Buntpapiere verwendet, dann aber sogar in gängigem Taschenbuch-Design ausgestattete, glanzkaschierte Pappbände hergestellt, hinter denen ein Insel-Bändchen wahrzunehmen recht schwer fiel. In jüngster Zeit ist man dort jedoch zu den ornamentalen Musterpapieren zurückgekehrt.

Eine Sammlung der für die Insel-Bücherei verwendeten Überzugpapiere würde, berücksichtigte man auch unterschiedliche Farbtöne, 700 Muster übersteigen. Dies belegt eindrucksvoll die Phantasie und Schöpferkraft der Gestalter, die leider nur zu einem ganz geringen Teil namhaft gemacht werden können; erst in den letzten Jahren verrät das Impressum der Insel-Bändchen, wem typographische Einrichtung und Überzugpapier zu danken sind.

Die Insel-Bücherei, Anton Kippenbergs liebstes Kind und seine wohl wirkungsreichste verlegerische Tat, zeigt sich in ihrem fünfundsiebzigsten Jahr mithin voller Lebenskraft und Frische: Sie bewahrt die Intentionen ihrer geistigen Schöpfer und die Traditionen ihrer eigenen Geschichte; sie ist damit gleichzeitig offen für alles Neue und Progressive der Weltliteratur und Weltkunst. Nach wie vor wird sie für viele junge Bücherfreunde Ausgangspunkt und Wegweiser beim Aufbau einer eigenen Bibliothek sein, und die Schar der Sammler jener bunten Kleinode wird gewiß nicht kleiner werden.

Auch die buchkünstlerische Gestaltung kann jene Einheit von Klassizität und Modernität für sich in Anspruch nehmen. Durch die Insel-Bücherei ist im Bereich der Buchgestaltung Grundsätzliches geschehen, ›in der Bibliophilie hat sie den Kastengeist zurückgedrängt‹, wie Katharina Kippenberg schrieb.

Getragen von verlegerischem Willen, von den eigenen geistigen wie gestalterischen Traditionen, von der Liebe der Leser und Sammler, wird die Insel-Bücherei auch künftig, sich selbst treu bleibend, von neuen Entdeckungsfahrten in die unermeßlichen Gefilde von Kunst und Literatur aller Völker und Zeiten reichen Ertrag bringen – inter folia fructus.

Herbert Kästner

Anordnung. Die Bibliographie verzeichnet die in der Insel-Bücherei von 1912 – dem Jahr ihrer Gründung – bis Ende 1986 erschienenen sowie die für 1987 vorbereiteten Titel in numerischer Ordnung. Die Aufnahmen erfolgten autoptisch an Hand der Bestände des Archivs im Insel-Verlag, Leipzig, und der Sammlung des Bearbeiters.

Durch die bis auf den heutigen Tag – wenngleich auch aus wechselnden Gründen – geübte Praxis des Verlags, Nummern mehrfach zu belegen, ist die Anzahl der erschienenen Titel weitaus größer, als die bis 1081 reichende Nummernfolge vermuten läßt. In der Bibliographie werden, dem von Heinz Sarkowski in ›Fünfzig Jahre Insel-Bücherei‹ eingeführten Schema folgend, Mehrfachbelegungen einer Nummer durch in eckige Klammern gesetzte arabische Ziffern voneinander unterschieden, wobei das Jahr der Erstauflage die Reihenfolge bestimmt.

Mit der ersten Auflage eines Titels waren die editorischen Bemühungen des Verlags zumeist nicht abgeschlossen; es wurde stets an der Vervollkommnung von Inhalt und Ausstattung gearbeitet. Dies führte von Auflage zu Auflage gelegentlich zu Veränderungen, die, sofern sie einen noch näher zu charakterisierenden Grad erreichen, als sogenannte ›Varianten‹ dieses Titels gezählt und in der Bibliographie durch der Kennziffer nachgestellte Großbuchstaben markiert werden. Da es üblich ist, bei Nachauflagen Fehler zu korrigieren, gegebenenfalls eine Übersetzung oder ein Geleitwort zu redigieren, entsteht durch solche Änderungen ebensowenig eine Variante wie durch eine andere Reihenfolge der Beiträge oder durch Neusatz. Hingegen kennzeichnen jeder Zusatz bzw. jede Streichung im Autorentext, die Aufnahme oder Veränderung illustrativer Beigaben, die Verwendung anderer Übertragungen oder erhebliche Änderungen in den Begleittexten eine Variante. Auf kleinere Abweichungen wird gelegentlich in eckigen Klammern hingewiesen; dabei beziehen sich diese nur auf die vorgenannte Auflage, sofern nicht durch den Zusatz ›seitdem‹ ausgedrückt ist, daß die Klammerbemerkung auch auf alle darauffolgenden Auflagen zutrifft.

Autor und Titel. Es werden jeweils Autor, Titel, Untertitel und Genre nach dem Titelblatt zitiert, und zwar in dieser Reihenfolge, sofern nicht eine besondere Prägung der Titelfassung wiederzugeben ist. Autor und Titel sind kursiv gesetzt, Untertitel nicht hervorgehoben. Treten bei verschiedenen Auflagen desselben Bandes Abweichungen in der Schreibweise des Autorennamens oder des Titels auf, so ist die heute gängige Fassung gewählt, also z. B. ›Turgenjew‹ statt ›Turgenjeff‹ und ›Aucassin und Nicolette‹ statt ›Aucasin und Nicolete‹. Auf Differenzen zwischen den auf dem Titelblatt und dem Titelschildchen gemachten Angaben wird nicht verwiesen; hingegen werden die Titelschildchen gegebenenfalls für zusätzliche Angaben (z. B. Genrebezeichnung) herangezogen. Pseudonyme sind in der Regel nicht aufgelöst, insbesondere dann nicht, wenn der Autor vorwiegend unter seinem Pseudonym bekannt ist, z. B. bei Klabund, Molière, Novalis, Seghers, Stendhal. Korrekturen und Hinzufügungen des Bearbeiters stehen jeweils in eckigen Klammern; auf dem Titelblatt abgekürzte Vornamen des Autors sind dann stillschweigend ergänzt, wenn sie in mindestens einer Auflage des Titels genannt sind.

Illustration. Bei illustrierten Bänden folgen auf diese primären Daten der Titelaufnahme unmittelbar die Angaben über den Illustrator sowie die Anzahl und Art der Illustrationen. Die Anzahl der Abbildungen wird einheitlich mit Ziffern angegeben. Die genauen Formulierungen, wie z. B. ›mit Abbildungen nach Holzstichen‹, werden dabei generell verkürzt, z. B. zu ›mit Holzstichen‹.

Übersetzer, Herausgeber. Die sekundären Angaben zur Titelbestimmung, d. h., alle Daten zu Herausgabe, Übersetzung und erläuternden Anhängen (Geleitworte, Anmerkungen, Wort- und Sacherklärungen, Namenverzeichnisse usw.), sind normiert, weil gerade sie in den verschiedenen Auflagen eines Titels oft recht unterschiedlich formuliert werden; nur eigentümliche Prägungen sind wortgetreu zitiert. Zur Vervollständigung dieser sekundären Angaben sowie zur genaueren Bestimmung der Art der Herausgebertätigkeit wurden auch Angaben aus Impressum, anderen Stellen des Bandes und Informationen aus anderen Unterlagen herangezogen.

Bei Übertragungen ist die Sprache, aus welcher übertragen wird, nur dann genannt, wenn eine Übersetzung aus der Originalsprache (z. B. Chinesisch) nicht selbstverständlich ist.

Auf Textrevisionen, eine zusätzlich aufgenommene Vita des Autors oder Übersetzers – wie sie von 1945 bis 1949 von den Kontrollorganen gefordert wurde – sowie auf das Tafelverzeichnis in Bildbänden wird im allgemeinen nicht verwiesen.

Erscheinungsjahr und -ort. Das Erscheinungsjahr ist aus dem Titelblatt, dem Impressum oder nach Verlagsunterlagen ermittelt. Eine besondere Kennzeichnung der nicht dem Buch entnommenen Erscheinungsjahre erfolgt nicht. Auch ist im allgemeinen nicht zwischen Druck- und Erscheinungsjahr unterschieden.

Der Erscheinungsort ist bis 1945 Leipzig; ab 1946 geben die Siglen L oder W bzw. F an, ob der Titel in Leipzig oder in Wiesbaden (bis September 1960) bzw. in Frankfurt/Main (ab Oktober 1960) erschienen ist. Ausgaben, die von einem der Häuser verlegt, aber auch vom anderen Verlagshaus vertrieben wurden, sind mit L + W bzw. L + F bezeichnet.

Auflagen. Aus Raumgründen ist es nicht möglich, eine vollständige Auflagenstatistik jedes Titels zu geben. Stets jedoch wird die erste und die letzte Auflage ausgewiesen, auch innerhalb jeder einzelnen Titelvariante. Bei Titeln, die sowohl vor 1945 als auch danach verlegt wurden, sind darüber hinaus die letzte Auflage vor Kriegsende und die erste Auflage nach 1945 angeführt. Angegeben werden auch die Höhe der ersten Auflage (auch der Varianten) sowie die Höhe der Gesamtauflage des Titels.

Der Vermerk ›nicht IB‹ bedeutet, daß die betreffende Auflage wohl im Insel-Verlag, nicht aber innerhalb der Insel-Bücherei erschienen ist. An diesen Stellen wird mit dem Sigel ›IK‹ (Insel-Katalog) und der betreffenden Nummer gegebenenfalls verwiesen auf: Sarkowski, Der Insel-Verlag. Eine Bibliographie. 1899–1969. Frankfurt/Main, Insel-Verlag, 1970.

Auflagen, die durch Kriegseinwirkung zum großen Teil vernichtet wurden, sind nicht gekennzeichnet. Titel, die aus solchen oder anderen Gründen überhaupt nicht auf den Markt gekommen sind, werden in der Bibliographie nicht genannt, z. B. Ernst Bertram, Heiligtum der Not, geplant als IB 154,2 (Rohbögen durch Kriegseinwirkung vernichtet), Japanische Farbenholzschnitte, geplant als IB 233,2 (Rohbögen vernichtet, später als IB 611 erschienen), Deutsche Chronik, vorgesehen als IB 444,1 (nach Beendigung der Satzarbeiten abgelegt), oder John Heartfield, Fotomontagen, vorgesehen als IB 1023 (Auflage nicht erschienen). Obwohl diese Titel nicht an den Handel ausgeliefert wurden, ist die Existenz von Einzelstücken nicht gänzlich auszuschließen; beispielsweise wurden verlagsintern 20 Bürstenabzüge von IB 154,2 (Heiligtum der Not) in Interimsbroschur gebunden.

Bei Titeln mit Nachauflagen wird abschließend die Anzahl aller Auflagen angeführt. Dabei bezieht sich diese Anzahl stets auf die jeweilige IB-Nummer; sind z. B. frühere Auflagen desselben Titels unter einer anderen Nummer erschienen, werden sie dort gezählt. Restauflagen der ›Österreichischen Bibliothek‹ und der Sammlung ›Pandora‹ in IB-Ausstattung werden nicht mitgezählt.

Inhalt, Umfang, Schrift, Einband. Enthält ein Titel mehrere selbständige Arbeiten, wie z. B. bei einer Gedichtauswahl oder bei mehreren Prosatexten, so werden die Einzeltitel in eckiger Klammer angegeben, sofern ihre Zahl fünf nicht überschreitet. Eine Angabe der Seitenzahl muß unterbleiben, da sich diese z. B. durch Neusatz – bei gleichbleibendem Inhalt – gelegentlich verändert hat. Auch auf die Kennzeichnung der sogenannten ›Großbände‹ (oder ›Doppelbände‹) wird verzichtet, da diese Charakterisierung von Bänden mit mehr als 100 Seiten Umfang nicht konsequent angewendet wurde.

Obgleich typographische Varianten eines Titels häufig reizvoll sind, kann die verwendete Schrift nicht bezeichnet werden – dies würde zusätzlich die Angabe einer Vielzahl weiterer Auflagen erfordern.

Auf die Angabe der Einbandart wurde verzichtet, da der Pappband die Regelausstattung ist. In wirtschaftlichen Notzeiten wurden allerdings auch broschierte Ausgaben gefertigt, z. B. die Kriegsausgaben im ersten Weltkrieg, die sogenannten Feldpostausgaben im zweiten Weltkrieg sowie Auflagen aus der unmittelbaren Nachkriegszeit (bis etwa 1951/52). Einige wenige Titel aus diesen Jahren, die später nicht wieder aufgelegt wurden, sind daher nur broschiert im Handel gewesen, z. B. IB 218,2 Molière, Der Menschenfeind. Auch wurden Restposten schwer absetzbarer Titel in den zwanziger und dreißiger Jahren sowie 1972 (F) broschiert verkauft. In den dreißiger Jahren hat der Verlag ferner broschierte Auflagen einiger Bildbände herausgebracht, um eine große Nachfrage rasch befriedigen zu können.

Von etlichen Titeln wurden auch Leder- bzw. Vorzugsausgaben hergestellt, diese sind in besonderen Verzeichnissen (siehe Seite 167 ff.) nachgewiesen.

Eine Reihe weiterer Informationen, die hier – meist aus Platzgründen – unterbleiben mußte, z. B. zu Textrevisionen, Einbandarten und typographischen Besonderheiten, verzeichnet die im Selbstverlag des Autors herausgekommene Bibliographie: Die Insel-Bücherei 1912–1984. Bearbeitet von Gerd Plantener. Frankfurt am Main, 1985. Allerdings sind die bibliographischen Grundaufnahmen dort mehrfach nicht völlig korrekt.

Register, Abkürzungen. Die Bibliographie wird erschlossen über ein Register der Autoren, Herausgeber, Übersetzer und Titel ohne Verfasserangabe sowie über ein Register der Buchkünstler und Illustratoren. Neben den schon genannten Siglen werden abgekürzt ›Insel-Bücherei‹ mit IB, ›Österreichische Bibliothek‹ mit ÖB und Sammlung ›Pandora‹ mit P sowie Vorzugsausgabe mit VA.

Redaktionsschluß. Der Redaktionsschluß ist der 1. 10. 1986. Zu diesem Zeitpunkt waren folgende Bände noch nicht erschienen: 188,1B–641,2–694,2–696,2–1067–1068–1069–1077–1080 sowie die in der Bibliographie als ›In Vorbereitung‹ gekennzeichneten Titel bzw. Nachauflagen; die bibliographischen Angaben dazu sind mithin noch nicht verbindlich.

Der Bearbeiter dankt dem Insel-Verlag, Leipzig, für die großzügig gewährten Arbeitsmöglichkeiten im Archiv und Herrn Heinz Sarkowski für Angaben zu den im Insel Verlag, Frankfurt am Main, seit 1970 erschienenen Auflagen sowie für manchen wertvollen Hinweis.

BIBLIOGRAPHIE
1912–1987

1 [1A] *Rainer Maria Rilke: Die Weise von Liebe und Tod des Cornets Christoph Rilke.* 1912: 1.–10. Tsd. – 1921: 230. Tsd. – 1934: 500. Tsd. – 1943: 760. Tsd. – 1949 (W): 770. Tsd. – 1959 (W): 1000. Tsd. – 1986 (F): 1125. Tsd. – 48 Auflagen – Reprint der Ausgabe 1912: 1978 (F) und 1987 (F) [In Vorbereitung.]

– [1B] –. Mit einem Anhang. Herausgegeben und mit Nachwort von Horst Nalewski. 1987 (L): 1.–15. Tsd. [In Vorbereitung.]

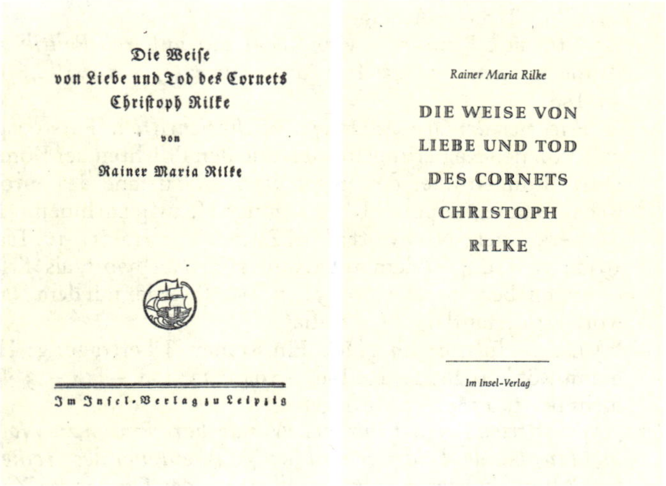
Die Weise
von Liebe und Tod des Cornets
Christoph Rilke
von
Rainer Maria Rilke
Im Insel-Verlag zu Leipzig

Rainer Maria Rilke
DIE WEISE VON
LIEBE UND TOD
DES CORNETS
CHRISTOPH
RILKE
Im Insel-Verlag

IB 1 Titel 1912 und 1962

2 *Miguel de Cervantes: Geschichte des Zigeunermädchens.* Eine Novelle. Übertragung: Konrad Thorer [d. i. Felix Paul Greve]. Mit Nachwort. 1912: 1.–10. Tsd. – 1925: 60. Tsd. – 5 Auflagen

3 [1A] *Henry van de Velde: Amo.* 1912: 1.–10. Tsd. – 1938: 28. Tsd.

– [1B] –. Erweitert um den Essay ›Formen‹. Mit einer Nachbemerkung. 1954 (W): 29.–34. Tsd. – 1955 (W): 38. Tsd. – 6 Auflagen

4 [1] *Otto von Bismarck: Vier Reden zur äußeren Politik.* [12. 5. 1871; 19. 2. 1878; 2. 3. 1885; 6. 2. 1888.] Mit Anmerkungen. 1912: 1.–10. Tsd. – 1912: 30. Tsd. [Anmerkungen verändert und erweitert.] – 1922: 45. Tsd. – 4 Auflagen – Seit 1939 IB 5,2

– [2] *Alte deutsche Liebeslieder.* Mit Titelholzschnitt von Hans Alexander Müller. Auswahl und Nachwort: Peter Jerusalem. [1.–15. Tsd. unter IB 281,1; jetzt veränderte Auswahl: 3 Lieder weggelassen, 9 Lieder hinzugefügt.] – 1937: 16.–20. Tsd. – 1940: 25. Tsd. – 2 Auflagen

5 [1] *Emile Verhaeren: Hymnen an das Leben.* Übertragung und Vorwort: Stefan Zweig. 1912: 1.–10. Tsd. – 1919: 50. Tsd. – 1931: 60. Tsd. – 7 Auflagen

– [2] *Otto von Bismarck: Vier Reden zur äußeren Politik.* Mit Anmerkungen. [1.–45. Tsd. unter IB 4,1.] – 1939: 46. bis 50. Tsd.

6 [1] *Friedrich der Große: Drei politische Schriften.* [Fürstenspiegel. Von den Regierungsformen und den Pflichten der Könige. Betrachtungen über den gegenwärtigen Zustand des europäischen Staatenkörpers.] Übertragung: Hedwig Lachmann. Mit Anmerkungen. Nachwort: Karl Zuchardt. 1912: 1.–10. Tsd. – 1912: 25. Tsd. [Seitdem mit erweitertem Nachwort, als ›Erläuterungen‹ bezeichnet.] – 1925: 45. Tsd. [Wieder mit dem Nachwort der Erstauflage.] – 5 Auflagen

– [2] *Leo N. Tolstoi: Eheglück.* Ein Roman. Übertragung: Hermann Röhl. 1928: 1.–10. Tsd. – 1940: 13. Tsd. – [14.–23. Tsd. nicht IB – IK 1764. – 2 Auflagen

7 [1A] *Gottfried August Bürger: Wunderbare Reisen zu Wasser und (zu) Lande. Feldzüge und lustige Abenteuer des Freiherrn von Münchhausen wie er dieselben bei der Flasche im Zirkel seiner Freunde selbst zu erzählen pflegt(e).* Mit Titelkupfer von Ernst Ludwig Riepenhausen. Mit Nachwort. 1912: 1.–10. Tsd. – 1943: 65. Tsd.

– [1B] –. Mit 11 Kupferstichen von Ernst Ludwig Riepenhausen. Mit einer Nachbemerkung und Anmerkungen. 1968: 66. bis 85. Tsd. (L) und 86.–91. Tsd. (F) [Anmerkungen verkürzt.] – 8 Auflagen

8 *Hugo von Hofmannsthal: Der Tod des Tizian. Idylle.* Zwei

Dichtungen. 1912: 1.–10. Tsd. – 1918: 50. Tsd. – 1941: 83. Tsd. – 1948 (W): 88. Tsd. – 11 Auflagen

9 *Plato: Die Verteidigung des Sokrates. Kriton.* Übertragung und Erläuterungen: Emil Müller. 1912: 1.–10. Tsd. – 1919: 35. Tsd. – 1939: 48. Tsd. – 6 Auflagen

10 *Goethes Briefe an Auguste zu Stolberg.* Mit einer Zeichnung Goethes. Auswahl, Einleitung und Anmerkungen: Max Hekker. 1912: 1.–10. Tsd. – 1940: 38. Tsd. – 1949 (W): 47. Tsd. – 6 Auflagen – Seit 1983 veränderte Ausgabe unter IB 1015,2

11 [1A] *Jens Peter Jacobsen: Mogens.* Eine Novelle. Übertragung: Mathilde Mann. 1912: 1.–10. Tsd.

– [1B] –. Erweitert um ›Marktszene‹ aus dem Nachlaß. Übertragung: Erich von Mendelssohn. 1913: 11.–25. Tsd. – 1916: 50. Tsd. – 1918: 100. Tsd. – 1940: 110. Tsd. – 9 Auflagen

12 *Gustave Flaubert: Die Sage von Sankt Julianus dem Gastfreien.* Übertragung: Ernst Hardt. 1912: 1.–10. Tsd. – 1931: 45. Tsd. – 5 Auflagen

13 *Ernst Hardt: An den Toren des Lebens.* Eine Novelle. 1912: 1. bis 10. Tsd. – 1916: 50. Tsd. – 1922: 100. Tsd. – 1941: 123. Tsd. – 1947 (W): 128. Tsd. – 13 Auflagen

14 [1A] *Die Geschichte von Aucassin und Nicolette.* Übertragung: Paul Hansmann. Mit Musiknoten und Nachbemerkung. 1912: 1.–10. Tsd. – 1937: 40. Tsd.

– [1B] –. Mit 17 Holzschnitten und Musiknoten von Fritz Kredel. Mit Nachbemerkung. 1954 (W): 41.–50. Tsd. – [51.–60. Tsd. s. unter 1C.] – 1957 (W): 65. Tsd. – 1963(F): 72. Tsd.

– [1C] –. Nachwort: Curt Beyer. 1954 (L): 51.–60. Tsd.

– [1D] –. Nachwort: Manfred Naumann. 1967 (L): 73.–92. Tsd. – 12 Auflagen – Siehe auch IB 1071

15 *Heinrich von Treitschke: Die Freiheit.* 1912: 1.–15. Tsd. – 1917: 30. Tsd. – 1940: 43. Tsd. – 7 Auflagen

16 [1A] *Fünf sehr anmutige Geschichten des vielgelästerten Giovanni di Boccaccio aus Certaldo.* [Die Geschichte von Griselda. Die Geschichte von dem Falken des verarmten Ritters. Die Geschichte von Guiscardo und Ghismonda. Die Geschichte von den drei Ringen. Die Geschichte von der Feder des Engels Gabriel und den Kohlen des heiligen Laurentius.] Mit 7 altitalienischen Holzschnitten. Mit einem Aufsatz von Friedrich Schlegel. Übertragung: Albert Wesselski. Mit Nachbemerkung. 1912: 1.–20. Tsd. – 1917: 50. Tsd. – 1921: 65. Tsd. – 1935:

80. Tsd. [Seitdem ohne Nachbemerkung.] – 1941: 90. Tsd. – 11 Auflagen

16 [1B] *Giovanni di Boccaccio: Zehn sehr anmutige Geschichten aus dem Dekameron.* [Gegenüber IB 16, 1A 2 Geschichten weggelassen, 7 hinzugefügt.] Mit 11 Holzschnitten der Ausgabe von 1492 und 10 zeitgenössischen Initialen. Nachwort: Fritz Adolf Hünich. 1953 (L): 1.–10. Tsd. – 1962 (L): 62. Tsd. – 5 Auflagen

17 [1] *Friedrich Rochlitz: Tage der Gefahr.* Ein Tagebuch der Leipziger Schlacht. Als Vorwort ›Goethe über die ‚Tage der Gefahr'‹. 1912: 1.–10. Tsd. – 1918: 35. Tsd. – 4 Auflagen

– [2] *Theodor Fontane: Die Poggenpuhls.* Ein Roman. 1928: 1. bis 10. Tsd. – 1943: 28. Tsd. – 1969 (L): 38. Tsd. – 5 Auflagen

18 [1] *Plattdütsche Predigten von Jobst Sackmann Weiland Pastor to Limmer bi Hannover 1680–1718.* Mit gezeichnetem Titel von Ludwig Enders. Auswahl und Einleitung: Christian Heinrich Kleukens. 1912: 1.–15. Tsd. – 1916: 25. Tsd. – 2 Auflagen – Seit 1935 IB 476

– [2] *Alte und neue Lieder mit Weisen und mit [32] Bildern von Ludwig Richter.* Titelvignette: E. R. Weiß. Auswahl: Johannes Bolte. Bearbeitung der Melodien: Max Friedlaender; Lautenbegleitung: Paul Kickstat. 1932: 1.–10. Tsd. – 1937: 15. Tsd. – 1939: 20. Tsd. – 3 Auflagen

19 [1A] *Honoré de Balzac: Facino Cane. Sarrasine.* Zwei Novellen. Übertragung: Hedwig Lachmann. 1912: 1.–15. Tsd. – 1925: 45. Tsd. – 1950 (L): 55. Tsd. – 1956 (L): 66. Tsd.

– [1B] –. Nachwort: Udo Wolf. 1969 (L): 67.–76. Tsd. – 8 Auflagen

20 [1A] *Johannes Schlaf: In Dingsda.* Mit Vorwort des Autors. 1912: 1.–20. Tsd. – 1924: 55. Tsd.

– [1B] –. Ohne Vorwort. 1929: 56.–60. Tsd. – 6 Auflagen

21 [1A] *Novalis: Hymnen an die Nacht. Die Christenheit oder Europa.* Mit Nachbemerkung. 1912: 1.–10. Tsd. –1935: 45. [statt 46.] Tsd.

– [1B] –. Nachwort: Richard Benz. 1940: 46.–50. Tsd. – 1950 (W): 55. Tsd. – 1957 (W): 70. Tsd. – 12 Auflagen

22 *Ricarda Huch: Liebesgedichte.* 1912: 1.–20. Tsd. – 1917: 50. Tsd. – 1925: 75. Tsd. – 1937: 100. Tsd. – 1949 (W): 110. Tsd. – 1958 (W): 134. Tsd. – 14 Auflagen

23 *Rudolf G. Binding: Der Opfergang.* Eine Novelle. 1912: 1. bis

10. Tsd. – 1917: 50. Tsd. – 1924: 150. Tsd. – 1930: 300. Tsd. – 1935: 400. Tsd. – 1937: 500. Tsd. – 1939: 600. Tsd. – 1942: 700. Tsd. – 1945: 800. Tsd. – 1949 (W): 822. Tsd. – 1962 (F): 1000. Tsd. – 52 Auflagen

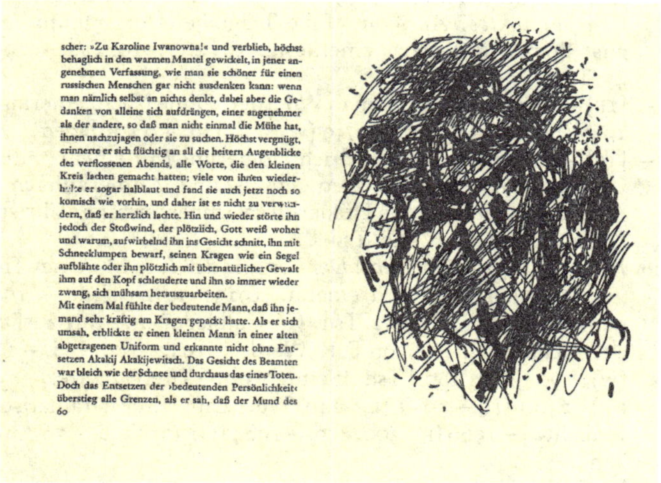

scher: »Zu Karoline Iwanowna!« und verblieb, höchst behaglich in den warmen Mantel gewickelt, in jener angenehmen Verfassung, wie man sie schöner für einen russischen Menschen gar nicht ausdenken kann: wenn man nämlich selbst an nichts denkt, dabei aber die Gedanken von alleine sich aufdrängen, einer angenehmer als der andere, so daß man nicht einmal die Mühe hat, ihnen nachzujagen oder sie zu suchen. Höchst vergnügt, erinnerte er sich flüchtig an all die heitern Augenblicke des verflossenen Abends, alle Worte, die den kleinen Kreis lachen gemacht hatten; viele von ihnen wiederholte er sogar halblaut und fand sie auch jetzt noch so komisch wie vorhin, und daher ist es nicht zu verwundern, daß er herzlich lachte. Hin und wieder störte ihn jedoch der Stoßwind, der plötzlich, Gott weiß woher und warum, aufwirbelnd ihn ins Gesicht schnitt, ihn mit Schneeklumpen bewarf, seinen Kragen wie ein Segel aufblähte oder ihn plötzlich mit übernatürlicher Gewalt ihm auf den Kopf schleuderte und ihn so immer wieder zwang, sich mühsam herauszuarbeiten.
Mit einem Mal fühlte der bedeutende Mann, daß ihn jemand sehr kräftig am Kragen gepackt hatte. Als er sich umsah, erblickte er einen kleinen Mann in einer alten abgetragenen Uniform und erkannte nicht ohne Entsetzen Akakij Akakijewitsch. Das Gesicht des Beamten war bleich wie der Schnee und durchaus das eines Toten. Doch das Entsetzen der ›bedeutenden Persönlichkeit‹ überstieg alle Grenzen, als er sah, daß der Mund des
60

IB 24, 1B Doppelseite mit Illustration

24 [1A] *Nicolai Gogol: Der Mantel.* Eine Novelle. Übertragung und Nachwort: Rudolf Kassner. 1912: 1.–15. Tsd. – 1924: 50. Tsd. – 1939: 63. Tsd. – 1947 (L): 73. Tsd. – 1952 (W): 97. Tsd.
– [1B] –. Mit 11 Rohrfederzeichnungen von Gunter Böhmer. Übertragung und Nachwort: Arthur Luther. 1958 (W): 98. bis 107. Tsd. – 14 Auflagen
25 [1A] *Oskar Walzel: Henrik Ibsen.* 1912: 1.–10. Tsd.
– [1B] –. Erweitert und revidiert. 1913: 11.–20. Tsd. – 1923: 31. bis 34. Tsd. [Nochmals leicht erweitert.] – 5 Auflagen
– [2] *Wilhelm Busch: Bilderpossen.* Katze und Maus. Der Eispeter. Krischan mit der Piepe. Hänsel und Gretel. In 70 Bildern. Nachwort: Arthur Rümann. [Querformat.] 1934: 1.–50. Tsd. – 1937: 100. Tsd. – 1943: 190. Tsd. – 1956 (L+W): 220. Tsd. – 1962 (L): 232. Tsd. – 8 Auflagen

26 [1A] *Des Johannes Butzbach Wanderbüchlein.* Chronika eines fahrenden Schülers. Übertragung aus der lateinischen Handschrift, Vorwort und Nachwort: D. J. Becker. 1912: 1.–20. Tsd. – 1931: 38. Tsd.
– [1B] –. Ohne Vorwort. 1939: 39.–41. Tsd. – 6 Auflagen
27 [1A] *Sophokles: Antigone.* Eine Tragödie. Übertragung: August Böckh. Mit Nachbemerkung. 1912: 1.–10. Tsd. – 1939: 43. Tsd.
– [1B] –. Übertragung: Roman Woerner. Ohne Nachbemerkung. 1947 (L): 44.–53. Tsd. – 1959 (W): 69. Tsd. – 9 Auflagen
– [1C] –. Übertragung: Friedrich Hölderlin. Mit einem Anhang ›Aus den Anmerkungen zum Ödipus‹ und ›Anmerkungen zur Antigone‹ von Friedrich Hölderlin. Nachbemerkung: Christine Hensel. 1979 (L): 1.–10. Tsd.
28 *Hugo von Hofmannsthal: Der Tor und der Tod.* Mit einer Titelvignette von Walter Tiemann. 1913: 1.–20. Tsd. – 1917: 50. Tsd. – 1921: 81.–82. Tsd. [In Halbleder und mit zusätzlicher Schlußvignette von E. R. Weiß.] – 1942: 180. Tsd. – 1949 (W): 190. [statt 180.] Tsd. [Seitdem ohne Titelvignette.] – 1956 (W): 230. Tsd.– 1957 (L): 240. Tsd. [Untertitel ›Dramatisches Gedicht‹.] – 1966 (F): 300. Tsd. – 1984 (F): 335. Tsd. – 36 Auflagen
29 [1A] *Die Saga vom Freysgoden Hrafnkel.* Übertragung und Nachwort: Erich von Mendelssohn. 1913: 1.–15. Tsd. – 1936: 27. Tsd.
– [1B] –. Übertragung und Nachwort: Helmut de Boor. 1938: 28. bis 32. Tsd. – 5 Auflagen
30 [1] *[Johann Wolfgang von] Goethe: Pandora.* Ein Festspiel. Mit einem Anhang. 1913: 1.–15. Tsd. – 1921: 20. Tsd. – 2 Auflagen – Seit 1938 IB 411,2
– [2] *Rainer Maria Rilke: Requiem.* Für eine Freundin. Für Wolf Graf von Kalckreuth. Für einen Knaben. [41.–50. Tsd. und seit 71.–80. Tsd.: Auf den Tod eines Knaben.] 1931: 1.–10. Tsd. – 1942: 50. Tsd. – [51.–60. Tsd. nicht IB – IK 1356.] – 1950 (W): 80. Tsd. [Seitdem mit Nachbemerkung des Verlags.] – 1959 (W): 100. Tsd. – 9 Auflagen
31 *Immanuel Kant: Beobachtungen über das Gefühl des Schönen und Erhabenen.* 1913: 1.–10. Tsd. – 1924: 50. Tsd. – 1940: 68. Tsd. – 11 Auflagen
32 [1A] *Friedrich Hebbel: Mutter und Kind.* Ein Gedicht in sieben

Gesängen. Mit den Anmerkungen Hebbels, Briefauszügen und Auszügen aus Hebbels Tagebüchern. 1913: 1.–20. Tsd. – 1925: 45. Tsd.

32 [1B] –. Ohne ›Aus Hebbels Tagebüchern‹, Briefauszüge gekürzt. 1929: 46.–50. Tsd. – 1940: 56. Tsd. – 9 Auflagen

33 [1A] *Georg Christoph Lichtenberg: Aphorismen.* Auswahl und Einleitung: Albert Leitzmann. 1913: 1.–20. Tsd. – 1939: 43. Tsd.

– [1B] –. Auswahl und Nachwort: Hans Rössner. 1958 (W): 44. bis 53. Tsd. – 7 Auflagen

34 [1A] *Anakreon.* Übertragung: Eduard Mörike. Mit Anmerkungen Mörikes. 1913: 1.–15. Tsd.

– [1B] –. Um 6 Lieder und 10 Seiten des Anhangs gekürzt. 1919: 16.–20. Tsd. – 1921: 25. Tsd. – 3 Auflagen

35 *Louise von François: Die goldene Hochzeit.* Erzählung. 1913: 1.–20. Tsd. – 1940: 48. Tsd. – 5 Auflagen

36 [1A] *Leo N. Tolstoi: Leinwandmesser.* Erzählung. Übertragung: Hermann Röhl. 1913: 1.–20. Tsd. – 1928: 45. Tsd. – 1948 (L): 55. Tsd. [Seitdem Untertitel ›Eine Pferdegeschichte‹.] – 1954 (L): 65. Tsd.

– [1B] –. Ohne Untertitel. Nachwort: Michael Wegner. 1966 (L): 66.–80. Tsd. – 8 Auflagen

37 *Björnstjerne Björnson: Synnöve Solbakken.* Erzählung. Übertragung: Mathilde Mann. 1913: 1.–20. Tsd. – 1917: 50. Tsd. – 1939: 100. Tsd. – 1947 (W): 105. Tsd. – 1960 (W): 122. Tsd. – 15 Auflagen

38 *Wilhelm von Humboldt: Über Schiller und den Gang seiner Geistesentwicklung.* 1913: 1.–20. Tsd. – 1937: 31. Tsd. – 4 Auflagen

39 [1] *Die Schön Magelona.* Eine fast lustige Historie von dem Ritter mit den silbern Schlüsseln und von der Schönen Magelona gar lustig zu lesen. Mit 37 [statt 40] Holzschnitten nach dem Leipziger Druck von 1598. Auswahl und Nachwort: Severin Rüttgers. 1913: 1.–20. Tsd. – 1920: 35. Tsd. – 3 Auflagen – Seit 1938 wesentlich verändert unter IB 408,2

– [2] *Theodor Fontane: Stine.* Ein Roman. 1929: 1.–10. Tsd. – 1943: 65. Tsd. – 4 Auflagen

40 *Jens Peter Jacobsen: Erzählungen.* [Ein Schuß im Nebel. Zwei Welten. Hier sollten Rosen blühen. Die Pest in Bergamo. Frau Fönß. Ausländer.] Übertragung: Mathilde Mann. 1913: 1. bis

20. Tsd. – 1917: 50. Tsd. – 1938: 90. Tsd. – 1947 (W): 95. Tsd. – 1950 (W): 106. Tsd. – 10 Auflagen

41 [1A] *Aus des Angelus Silesius Cherubinischem Wandersmann.* Mit gezeichnetem Titel von Ludwig Enders. Auswahl: Christian Heinrich Kleukens. Mit Nachbemerkung. 1913: 1. bis 15. Tsd. – 1918: 30. Tsd.

– [1B] *Aus des Angelus Silesius Cherubinischem Wandersmann nebst Geistlichen Liedern.* Veränderte und um ›Aus der Heiligen Seelenlust‹ erweiterte Ausgabe. Ohne Titelzeichnung. Mit Nachwort. 1920: 31.–35. Tsd. [=›Pandora‹ Nr. 34; Restbestand in IB-Ausstattung.] – 1929: 50. Tsd.

– [1C] *Aus des Angelus Silesius Cherubinischem Wandersmann.* Erneut verändert. Wieder mit gezeichnetem Titel von Ludwig Enders. Mit erweitertem Nachwort. 1932: 51.–55. [statt 65.] Tsd. – 1941: 85. Tsd. – 12 Auflagen

42 [1A] *Alphonse Daudet: Tartarin von Tarascon.* Übertragung und Nachbemerkung: Paul Stefan. 1913: 1.–20. Tsd. – 1916: 25. Tsd. [Seitdem ohne Nachbemerkung.] – 1922: 50. Tsd. – 1940: 63. Tsd. – 1948 (L): 68. Tsd.

– [1B] –. Mit 12 Holzstichen von Andreas Brylka. Zweifarbig. 1959 (L): 69.–83. Tsd. – 1962 (L): 103. Tsd. – 11 Auflagen – Seit 1962 IB 742

43 *Rainer Maria Rilke: Das Marien-Leben.* ›Heinrich Vogeler gewidmet‹. 1913: 1.–20. Tsd. – 1920: 50. Tsd. – 1931: 100. Tsd. – 1942: 135. Tsd. [Seitdem ohne Widmung.] – [136.–146. Tsd. nicht IB – IK 1351 A.] – 1958 (W): 156. Tsd. – 1966 (F): 162. Tsd. – 1986 (F): 164. Tsd. – 15 Auflagen

44 *Goethe über seinen Faust.* Auswahl, Vorwort und Anmerkungen: Hans Heinrich Borcherdt. 1913: 1.–15. Tsd. – 1919: 30. Tsd. – 1940: 47. Tsd. – 7 Auflagen

45 [1] *Kaiser Friedrich III. Tagebuch von seiner Reise nach dem Morgenlande 1869.* 1913: 1.–10. Tsd. – 1916: 15. Tsd. – 2 Auflagen

– [2A] *Theodor Storm: Pole Poppenspäler.* Novelle. 1918: 1. bis 20. Tsd. – 1924: 50. Tsd. – 1939: 90. Tsd. [Seitdem Untertitel ›Erzählung‹.] – 1942: 120. Tsd.

– [2B] –. Erzählung. Mit 24 Federzeichnungen von Joachim Kölbel. 1954 (L): 121.–140. Tsd. – 10 Auflagen

46 *Hans Sachs: Drei Fastnachtsspiele.* [Das Narrenschneiden. Der fahrend Schüler im Paradeis. Der bös Rauch.] Mit 4 zeitgenös-

sischen Holzschnitten, Nachwort und Worterklärungen. 1913: 1.–15. Tsd. – 1919: 30. Tsd. – 1937: 55. Tsd. – 8 Auflagen

47 *Lieder der alten Edda.* Übertragung: Wilhelm und Jacob Grimm. 1913 [?]: 1.–10. Tsd. – 1917: 30. Tsd. – 1935: 50. Tsd. – 1940: 55. Tsd. – 9 Auflagen

48 *Björnstjerne Björnson: Arne.* Übertragung: Mathilde Mann. 1912: 1.–20. Tsd. – 1917: 50. Tsd. – 1939: 95. Tsd. – 10 Aufl.

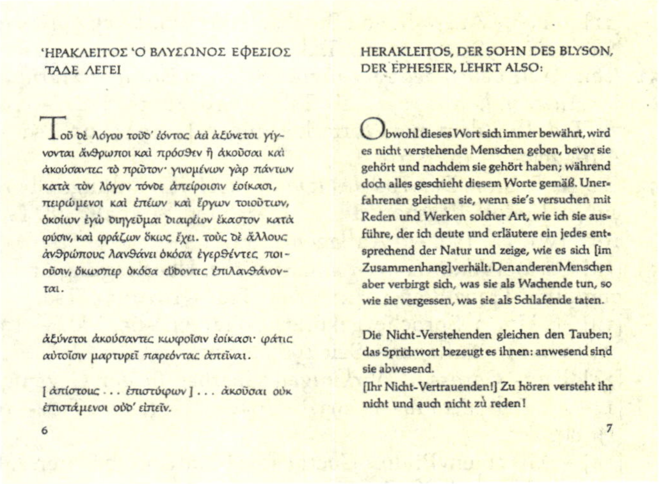

'ΗΡΑΚΛΕΙΤΟΣ 'Ο ΒΛΥΣΩΝΟΣ ΕΦΕΣΙΟΣ ΤΑΔΕ ΛΕΓΕΙ

Τοῦ δὲ λόγου τοῦδ' ἐόντος ἀεὶ ἀξύνετοι γίγνονται ἄνθρωποι καὶ πρόσθεν ἢ ἀκοῦσαι καὶ ἀκούσαντες τὸ πρῶτον· γινομένων γὰρ πάντων κατὰ τὸν λόγον τόνδε ἀπείροισιν ἐοίκασι, πειρώμενοι καὶ ἐπέων καὶ ἔργων τοιούτων, ὁκοίων ἐγὼ διηγεῦμαι διαιρέων ἕκαστον κατὰ φύσιν, καὶ φράζων ὅκως ἔχει. τοὺς δὲ ἄλλους ἀνθρώπους λανθάνει ὁκόσα ἐγερθέντες ποιοῦσιν, ὅκωσπερ ὁκόσα εὕδοντες ἐπιλανθάνονται.

ἀξύνετοι ἀκούσαντες κωφοῖσιν ἐοίκασι· φάτις αὐτοῖσιν μαρτυρεῖ παρεόντας ἀπεῖναι.

[ἀπίστους ... ἐπιστύφων] ... ἀκοῦσαι οὐκ ἐπιστάμενοι οὐδ' εἰπεῖν.

6

HERAKLEITOS, DER SOHN DES BLYSON, DER EPHESIER, LEHRT ALSO:

Obwohl dieses Wort sich immer bewährt, wird es nicht verstehende Menschen geben, bevor sie gehört und nachdem sie gehört haben; während doch alles geschieht diesem Worte gemäß. Unerfahrenen gleichen sie, wenn sie's versuchen mit Reden und Werken solcher Art, wie ich sie ausführe, der ich deute und erläutere ein jedes entsprechend der Natur und zeige, wie es sich [im Zusammenhang] verhält. Den anderen Menschen aber verbirgt sich, was sie als Wachende tun, so wie sie vergessen, was sie als Schlafende taten.

Die Nicht-Verstehenden gleichen den Tauben; das Sprichwort bezeugt es ihnen: anwesend sind sie abwesend.
[Ihr Nicht-Vertrauenden!] Zu hören versteht ihr nicht und auch nicht zu reden!

7

IB 49,2 Doppelseite

49 [1] *Johannes Schlaf: Frühling.* 1913: 1.–20. Tsd. – 1922: 50. Tsd. – 1925: 60. Tsd. – 6 Auflagen

– [2] *Heraklit. Urworte der Philosophie.* Griechisch und deutsch. Mit Zeugnissen über Heraklits Leben. Übertragung, Nachwort und Anmerkungen: Georg Burckhardt. 1952 (W): 1.–10. Tsd. [Titelschild: ›Fragmente‹; den griechischen/lateinischen Textteil schrieb Hermann Zapf.] – 1957 (W): 17. Tsd. [Revidierte Ausgabe.] – 2 Auflagen

50 [1A] *Friedrich Hölderlin: Gedichte.* Auswahl: Wilhelm von Scholz. 1913: 1.–10. Tsd.

– [1B] –. Veränderte Auswahl: 14 Gedichte weggelassen, 10 hinzugefügt. 1916: 11.–15. Tsd. – 1925: 55. Tsd.

50 [1C] –. Erneut verändert: 3 Gedichte weggelassen, 1 Gedicht hinzugefügt; 3 Gedichte erweitert gefaßt. 1931: 56. – 60. Tsd.

– [1D] –. Verändert und erweitert: 9 Gedichte weggelassen, 12 hinzugefügt. 1935: 61.–70. Tsd.

– [1E] –. Wiederum verändert und erweitert: 3 Gedichte weggelassen, 8 hinzugefügt. 1937: 71.–80. Tsd. – [91.–100. Tsd. nicht IB – IK 743 A.] – 1955 (W): 124. Tsd. – 13 Auflagen – Siehe auch IB 180,1

– [1F] –. Neue Auswahl von Stephan Hermlin. Nachwort: Horst Nalewski. 1985 (L): 1.–15. Tsd.

51 *Jean Paul: Leben des vergnügten Schulmeisterlein Maria Wuz in Auenthal.* 1913: 1.–10. Tsd. – 1922: 50. Tsd. – 1941: 70. Tsd. [Seitdem mit Worterklärungen.] – 1944: 95. Tsd. – 14 Auflagen

52 *Leo N. Tolstoi: Der Tod des Iwan Iljitsch.* Erzählung. Übertragung: Rudolf Kassner. 1913: 1.–20. Tsd. – 1938: 48. Tsd. – 1956 (W): 58. Tsd. – 7 Auflagen

53 [1A] *Oscar Wilde: Lehren und Sprüche.* Übertragung und Anmerkung: Franz Blei. 1912: 1.–15. Tsd. – 1919: 55. Tsd.

– [1B] –. Um 3 Sprüche gekürzt. 1922: 56.–65. Tsd. – 1933: 90. Tsd. – 10 Auflagen – Seit 1963 IB 781

– [2A] *Hans Carossa: Wirkungen Goethes in der Gegenwart.* [1. – 55. Tsd. nicht IB – IK 293.] – 1950 (W): 56.–75. Tsd. – 1961 (F): 80. Tsd.

– [2B] –. Mit einem Bildnis Goethes als Frontispiz, 2 Seiten Faksimile der Handschrift Carossas und einer Anmerkung. 1982 (F): 81.–83. Tsd. – 3 Auflagen

54 [1] *Johann Christian Günther: Leonorenlieder.* Mit einer Vorrede Goethes über J. Chr. Günther. Auswahl und Nachwort: Conrad Höfer. 1913: 1.–10. Tsd. – 1922: 20. Tsd. – 3 Auflagen

– [2] *Das kleine Buch der Edelsteine.* Farbige Bilder [auf 24 Tafeln] von Hans Lang. Geleitwort: Friedrich Schnack. 1938: 1. bis 30. Tsd. – 1939: 76. Tsd. – 1944: 106. Tsd. – 4 Auflagen

55 [1A] *Arthur Schopenhauer: Über Schriftstellerei und Stil.* Mit ›Zusätze und Varianten aus Schopenhauers Handexemplar‹ und ›Aus Schopenhauers nachgelassenen Handschriftenbänden‹. 1913: 1.–10. Tsd. – 1938: 45. Tsd.

– [1B] –. Textrevision und Schlußbemerkung: Wolfgang Freiherr von Löhneysen. Mit Anmerkungen Schopenhauers und Beiträgen aus dem Nachlaß. 1960 (F): 46.–51. Tsd. – 7 Auflagen

56 [1A] *Ein kurzweilig Lesen vom Till Ulenspiegel.* Mit 57 Holzschnitten der Fischart-Ausgabe von 1572 [statt 1573]. Auswahl: Christian Heinrich Kleukens. Nachwort des Verlags. 1913: 1.–20. Tsd. – 1917: 40. Tsd.

– [1B] –. Um 18 Schwänke gekürzt. Mit 42 Holzschnitten [41 aus 1A und Titelholzschnitt]. 1924: 41.–50. Tsd. – 1941: 65. Tsd. – 1950 (L): 85. Tsd. – 1955 (L): 105. Tsd. – 9 Auflagen

57 [1A] *Prosper Mérimée: Carmen.* Novelle. Übertragung: Franz Schnabel. 1913: 1.–15. Tsd. – 1922: 40. Tsd. – [41.–61. Tsd. unter 1B.] – 1954 (L): 62.–71. Tsd.

– [1B] –. Ohne das die Novelle erläuternde 4. Kapitel. 1951 (L): 41.–50. Tsd. – 1952 (L): 61. Tsd. – 7 Auflagen

– [1C] –. Mit 7 Zeichnungen von Christiane Knorr. Nachwort: Herbert Kühn. 1973 (L): 1.–20. Tsd.

58 *Ricarda Huch: Lebenslauf des heiligen Wonnebald Pück.* Eine Erzählung. 1913: 1.–20. Tsd. – 1918: 50. Tsd. – 1936: 100. Tsd. – 1941: 115. Tsd. – 1950 (W): 125. Tsd. – 1964 (L): 207. Tsd. [20. statt 18. Auflage.] – 20 Auflagen

59 [1A] *Friedrich Hebbel: Gedichte.* Auswahl und Nachwort: Friedrich Bartels. 1913: 1.–15. Tsd.

– [1B] –. Auswahl und Nachwort: Albrecht Schaeffer. 1917: 16. bis 20. Tsd. – 1937: 38. Tsd.

– [1C] –. Um zwei Gedichte gekürzt. Ohne Nachwort. 1941: 39. bis 43. Tsd. – 7 Auflagen

60 [1A] *Kinderlieder aus des Knaben Wunderhorn.* Mit Titelbild und gezeichnetem Titel von Emil Ludwig Grimm. Nachwort des Verlags. 1913: 1.–15. Tsd. – 1929: 34. Tsd.

– [1B] –. Mit Nachtrag. 1938: 35.–40. Tsd. [Ein Lied weggelassen.] – 1956 (W): 50. Tsd. [Mit Titelvignette.]

– [1C] –. Mit einer anderen Titelvignette und einem Stich von Emil Ludwig Grimm. Nachwort: Werner Vordtriede. 1964 (F): 51.–58. Tsd. – 8 Auflagen – Siehe auch IB 439 und 990,2

61 *Goethes Faust in ursprünglicher Gestalt.* ›Der Urfaust‹. Mit Nachwort. 1913: 1.–15. Tsd. – 1922: 50. Tsd. – 1940: 70. Tsd. – 1952 (L): 79. Tsd. – 1955 (L): 89. Tsd. – 12 Auflagen

62 [1] *Heinrich Mann: Auferstehung.* Novelle. 1913: 1.–10. Tsd. – 1929: 50. Tsd. – 1949 (L): 59. Tsd. – 1956 (L): 79. Tsd. – 9 Auflagen

– [2] *Hermann Stehr: Gudnatz.* Eine Novelle. 1934: 1. bis 10. Tsd. – 1936: 20. Tsd. – 2 Auflagen

63 [1] *Hippolyte Taine: Balzac.* Ein Essay. Mit Anmerkungen Taines. Übertragung: E. von Krauss. 1913: 1.–10. Tsd. – 1919: 20. Tsd. – 3 Auflagen

– [2] *Detlev von Liliencron: Ausgewählte Gedichte.* 1933: 1. bis 10. Tsd. – 1940: 15. Tsd. – 2 Auflagen

64 *Per Hallström: Drei Novellen.* Thanatos. Der Kuckuck. Dornröschen. Übertragung: Francis Maro [Marie Franzos]. 1913: 1. bis 15. Tsd. – 1941: 47. Tsd. [Ohne die Untertitel.] – 6 Auflagen

65 *[Friedrich von] Stendhal: Römerinnen.* Zwei Novellen. [Vanina Vanini. Die Fürstin von Campobasso.] Übertragung und Nachbemerkung: Arthur Schurig. 1913: 1.–15. Tsd. – 1937: 48. Tsd. – 1951 (L): 58. Tsd. – 1955 (L): 78. Tsd. – 9 Auflagen

66 [1] *Rudolf Alexander Schröder: Deutsche Oden.* 1913: 1. bis 10. Tsd. – 1916: 15. Tsd. – 2 Auflagen

– [2] *Heinrich Hoffmann: Der Struwwelpeter oder Lustige Geschichten und drollige Bilder.* 24 farbige Tafeln. Reproduktion nach den ersten Ausgaben. Nachwort des Verlags. 1933: 1. bis 54. Tsd. – 1939: 120. Tsd. – 1956 (L+W): 170. Tsd. – 1966 (L+F): 230. Tsd. [Teilauflage F (196.–210. Tsd.) mit gekürztem Nachwort.] – 1987 (F) [In Vorbereitung.] – 7 Auflagen

67 [1] *Hermann Bahr: Dialog vom Marsyas.* 1913: 1.–20. Tsd. – 1949 (W): 25. Tsd. – 2 Auflagen

– [2] *Johann Peter Hebel: Alemannische Gedichte.* Auswahl: Eberhard Meckel. Mit Nachwort und Worterklärungen. [1. bis 10. Tsd. unter IB 254,1 – ab 11. Tsd. veränderte Auswahl: 5 Gedichte ausgetauscht.] – 1939: 11.–15. Tsd. – 1943: 25. Tsd. – 3 Auflagen

68 *Leo N. Tolstoi: Volkserzählungen.* [Wovon die Menschen leben. Die Wallfahrer. Wieviel Erde braucht der Mensch? Die drei Greise.] Übertragung: Alexander Eliasberg. 1913: 1. bis 15. Tsd. – 1922: 50. Tsd. – 1939: 80. Tsd. – 9 Auflagen

69 *Adalbert Stifter: Nachkommenschaften.* Erzählung. 1913: 1. bis 15. Tsd. – 1942: 45. Tsd. – 1951 (W): 55. Tsd. – 1955 (L): 65. Tsd. – 7 Auflagen

70 *Die schönsten Legenden des heiligen Franz.* Mit Titelholzschnitt. Übertragung und Vorwort: Rudolf G. Binding. 1913: 1.–15. Tsd. – 1925: 50. Tsd. – 1933: 60. Tsd. [Seitdem mit Titelholzschnitt und Initiale von Ernst Dölling.] – 1937: 75. Tsd. [Seitdem ohne Initiale.] – 1942: 80. Tsd. – 1957 (W): 90. Tsd. [Auch ohne Titelholzschnitt.] – 12 Auflagen

71 [1] *Historie eines edeln Fürsten. Herzog Ernst von Bayern und von Österreich.* Mit 31 Holzschnitten des Erstdrucks [um 1480]. Textrevision und Nachwort: Severin Rüttgers. 1913: 1.–20. Tsd.

– [2] *Maxim Gorki: Geschichten von Landstreichern.* [Kain und Artem. Jemeljan Piliaj. Die Geschichte von den Schließen.] Übertragung: Arthur Luther. 1927: 1.–10. Tsd. – 1930: 20. Tsd. – 1948 (L): 30. Tsd. – 3 Auflagen

– [3] *Ernst Moritz Arndt: Katechismus für den deutschen Kriegs- und Wehrmann. Die deutsche Wehrmannschaft.* [1.–25. Tsd. unter IB 157,1.] – 1937: 26.–30. Tsd. – 1943: 65. Tsd. – 4 Auflagen

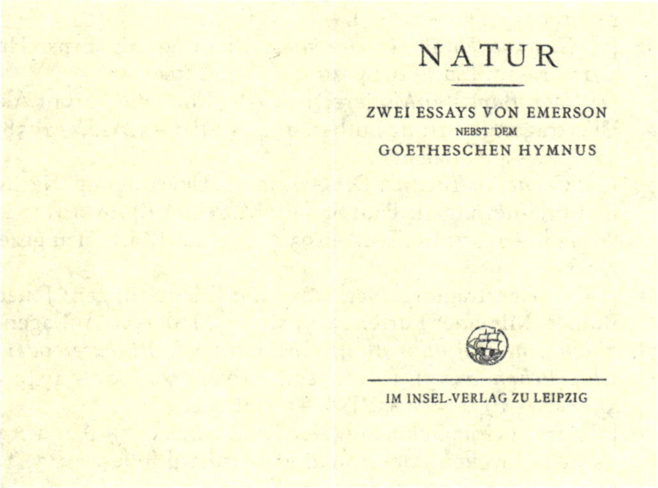

IB 72 Titel

72 *Natur. Zwei Essays von Emerson nebst dem Goetheschen Hymnus an die Natur.* Übertragung: Thora Weigand [Natur II] und Wilhelm Weigand [Natur I]. Nachwort: Wilhelm Weigand. 1913: 1.–10. Tsd. – 1935: 28. Tsd. – 5 Auflagen

73 *Leo N. Tolstoi: Der Schneesturm. Die drei Tode.* Zwei Novellen. Übertragung: Alexander Eliasberg. 1913: 1.–15. Tsd. – 1925: 50. Tsd. – 1950 (L): 60. Tsd. – 5 Auflagen

74 [1A] *Portugiesische Briefe.* Die Briefe der Marianna Alcoforado. Übertragung: Rainer Maria Rilke. Nachwort: Fritz Bergemann. 1913: 1.–10. Tsd. – 1920: 25. Tsd. – 1937: 50. Tsd. – 1941: 60. Tsd. – 1949 (W): 70. Tsd. – 1950 (W): 80. Tsd.

– [1B] –. Nachwort: Rainer Maria Rilke. Nachbemerkung: Ernst Zinn. 1955 (W): 81.–90. Tsd. – 1966 (F): 95. Tsd. – 13 Auflagen

75 [1A] *Eduard Mörike: Gedichte.* Auswahl und Nachwort: Harry Maync. 1913: 1.–10. Tsd. – 1917: 25. Tsd.

– [1B] –. Um 5 Gedichte erweitert. 1919: 26.–35. Tsd. – 1934: 55. Tsd.

– [1C] –. Nochmals um 1 Gedicht erweitert. 1938: 56.–60. Tsd. – 1940: 65. Tsd.

– [1D] –. Neue Ausgabe. Auswahl und Nachwort: Walter Höllerer. 1961 (F): 66.–74. Tsd. – 12 Auflagen

76 [1] *Gustave Flaubert: Herodias.* Übertragung: Ernst Hardt. 1913: 1.–10. Tsd. – 1924: 30. Tsd. – 4 Auflagen

– [2] *[Jean Baptiste] Molière: Tartuffe.* Komödie in fünf Akten. Übertragung: Arthur Luther. 1947 (W): 1.–5. Tsd. – 1958 (L): 32. Tsd. – 4 Auflagen

77 [1A] *Cornelius Tacitus: Die Germania.* Übertragung, Nachwort und Erläuterungen: Paul Stefan. Mit einer Karte. 1913: 1. bis 10. Tsd. – 1917: 25. Tsd. – 1937: 53. Tsd. [Karte neu gezeichnet.]

– [1B] –. Übertragung, Nachwort und Erläuterungen: Johannes Bühler. Mit einer Karte. 1939: 54.–63. Tsd. – 10 Auflagen

78 *Hugo von Hofmannsthal: Das kleine Welttheater oder Die Glücklichen.* 1913: 1.–10. Tsd. – 1929: 30. Tsd. – 1949 (W): 35. Tsd. – 1952 (W): 45. Tsd. – 7 Auflagen

79 [1] *Arthur Graf Gobineau: Der Turkmenenkrieg.* Aus den asiatischen Novellen. Übertragung: Bernhard Jolles. 1913: 1. bis 10. Tsd. – 1922: 30. Tsd. – 4 Auflagen

– [2] *Blaise Pascal: Gedanken über Gott und den Menschen.* Auswahl, Übertragung [nach der Pascal-Ausgabe von Fortunat Strowski] und Nachwort: Wilhelm Willige. 1944: 1.–10. Tsd. – [11.–26. Tsd. nicht IB – IK 1222.] – 1960 (W): 36. Tsd. – 2 Auflagen

80 *Friedrich Hebbel:* [Meister] *Schnock.* Ein niederländisches Gemälde. Mit 22 [statt 27] Holzschnitten von Gustav Schlick nach der Erstausgabe von 1850. 1913: 1.–15. Tsd. – 1937: 40. Tsd. – 5 Auflagen

81 [1A] *Von Gottes- und Liebfrauenminne.* Lieder aus der deutschen Mystik. Übertragung ins Neuhochdeutsche und Geleitwort: Heinrich Adolf Grimm. 1913: 1.–10. Tsd. – 1917: 20. Tsd.

– [1B] *In Gottes und Marien Minne.* Lieder und Gedichte aus der Inbrunst altdeutschen Glaubens. Auswahl und Nachwort: Severin Rüttgers. 1923: 21.–25. Tsd. – 1938: 28. Tsd. – 4 Auflagen

82 *Franz Grillparzer: Der arme Spielmann.* Erzählung. 1913: 1. bis 10. Tsd. – 1918: 30. Tsd. – 1944: 61. Tsd. – 1946 (W): 66. Tsd. – 1956 (L): 87. Tsd. – 1983 (L): 124. Tsd. [Mit Initiale von Aristide Maillol.] – 16 Auflagen

83 [1] *Briefe Kaiser Wilhelms I. an Bismarck.* Auswahl, Nachwort und Anmerkungen: Erich Brandenburg. 1913: 1.–10. Tsd. – 1917: 30. Tsd. – 3 Auflagen

– [2] *Grigol Robakidse: Kaukasische Novellen.* [Magische Quellen. Die Tötung des heiligen Stieres. Der Imam Schamyl.] Mit Vorwort des Verfassers. Übertragung: Richard Meckelein und Käthe Rosenberg. 1932: 1.–10. Tsd. – 1943: 30. Tsd. – 4 Auflagen

84 *Aischylos: Der gefesselte Prometheus.* Übertragung: Carlo Philips. 1913: 1.–10. Tsd. – 1938: 23. Tsd. – 4 Auflagen – Siehe auch IB 573,2

85 *Leo N. Tolstoi: Herr und Knecht.* Novelle. Übertragung: Hermann Röhl. 1913: 1.–10. Tsd. – 1916: 30. Tsd. – 1928: 50. Tsd. – 1940: 56. Tsd. – 9 Auflagen

86 [1] *Gottfried August Bürger: Liebeslieder.* Mit einer Silhouette auf dem Titel. Auswahl und Nachwort: Erich Ebstein. 1913: 1.–10. Tsd. – 1920: 20. Tsd. – 3 Auflagen

– [2] *Paul Heyse: Andrea Delfin.* Novelle. 1927: 1.–10. Tsd. – 1935: 15. Tsd. – 2 Auflagen

87 [1] *Henrik Pontoppidan: Aus jungen Tagen.* Blätter aus einer Dornenkrone. Übertragung: Mathilde Mann. 1913: 1. bis 10. Tsd. – 1917: 25. Tsd. – 3 Auflagen

– [2] *Albrecht Schaeffer: Die Sage von Odysseus.* Neu erzählt nach den ursprünglichen Motiven. Mit Nachwort des Verfassers. 1930: 1.–10. Tsd.

– [3] *Persische Spruchgedichte.* Auswahl und Fassung von Ernst Bertram. 1944: 1.–10. Tsd. – 1949 (W): 15. Tsd. – 1951 (W): 22. Tsd. – 3 Auflagen

88 [1A] *Georg Büchner: Dantons Tod.* Ein Drama. Nachwort: Fritz Bergemann. 1913: 1.–10. Tsd. – 1918: 35. Tsd.

– [1B] –. Nach der Handschrift des Dichters revidierte Ausgabe. Vor- und Nachwort: Fritz Bergemann. 1920: 36.–45. Tsd. – 1922: 57. Tsd. – [58.–80. Tsd. unter 1C.] – 1947 (W): 85. Tsd. [Mit Nachbemerkung ›Zur Textgestaltung‹.] – [86.–95. Tsd. nicht IB – IK 244.]

– [1C] –. Ohne Vorwort. Mit Nachbemerkung ›Zur Textgestaltung‹. 1924: 58.–63. Tsd. – 1930: 80. Tsd. – 10 Auflagen – Siehe auch IB 799

89 [1A] *Charles Dickens: Die Silvesterglocken.* Ein Märchen von Glocken, die ein altes Jahr aus- und ein neues Jahr einläuteten. Übertragung nach älteren Vorlagen: Leo Feld. Mit 11 Federzeichnungen nach der Erstausgabe von 1845. 1913: 1.–15. Tsd. – 1922: 50. Tsd. [Seitdem mit 9 Zeichnungen.] – 1929: 55. Tsd.

– [1B] –. Eine Geistergeschichte von Glocken, die ein altes Jahr aus- und ein neues Jahr einläuten. Übertragung: Richard Otto Wagner. Ohne Illustrationen. 1937: 56.–60. Tsd. – 7 Auflagen

90 [1] *Otto Friedrich von der Groeben: Guineische Reise-Beschreibung.* Auswahl, Textrevision und Nachwort: Gertrud Siemes. 1913: 1.–10. Tsd. – 1916: 15. Tsd. – 2 Auflagen

– [2] *Abraham a Sancta Clara.* Auswahl, Einleitung und Schlußwort: Richard von Kralik. [1915: 1.–10. Tsd. – 1917 (?): 15. Tsd. = Österreichische Bibliothek Nr. 8. Restbestand in IB-Ausstattung.]

– [3A] *Theodor Fontane: Mathilde Möhring.* Ein Roman. 1929: 1.–10. Tsd. – 1943: 25. Tsd. – [26.–35. Tsd. nicht IB – IK 472.]

– [3B] –. In der von Gottfried Erler nach der Handschrift hergestellten Textfassung. Mit Erläuterungen. 1977 (L): 36. bis 50. Tsd. – 4 Auflagen

91 [1A] *Georg Büchner: Leonce und Lena.* Ein Lustspiel. Nachwort: Fritz Bergemann. 1913: 1.–10. Tsd. – 1920: 20. Tsd. – 3 Auflagen – Siehe auch IB 799

– [1B] –: *Leonce und Lena. Lenz.* Nachwort: Fritz Bergemann. 1924: 21.–25. Tsd. – 1932: 39. Tsd. – 4 Auflagen

92 [1A] *Georg Büchner: Wozzeck. Lenz.* Zwei Fragmente. Mit Nachwort. 1913: 1.–10. Tsd. – 1918: 20. Tsd.

– [1B] –: *Woyzeck.* Eine Tragödie. Nach den neu entzifferten Handschriften für Leser und Bühne hergestellt [und mit Nachwort] von Ernst Hardt. 1921: 21.–30. Tsd. – 1936: 43. Tsd.

92 [1C] –: *Woyzeck. Lenz.* Ohne Nachwort. 1950 (W): 44. bis 53. Tsd.
– [1D] –. Nachwort: Fritz Bergemann. 1957 (W): 54.–63. Tsd. – 9 Auflagen – Siehe auch IB 799 und 1056
93 [1] *Richard Wagner: Das Rheingold.* Vorabend zu dem Bühnenfestspiel ›Der Ring des Nibelungen‹. 1913: 1.–20. Tsd.
– [2] *Rudolf Borchardt: Das Buch Joram.* Mit Nachwort des Verfassers. 1920: 1.–11. Tsd.
– [3] *Friedrich Hölderlin: Hyperion oder Der Eremit in Griechenland.* 1940: 1.–10. Tsd. – 1941: 20. Tsd. – [21.–30. Tsd. nicht IB – IK 746 A.] – 2 Auflagen
94 [1] *Richard Wagner: Die Walküre.* Des Bühnenfestspiels ›Der Ring des Nibelungen‹ Erster Tag. 1913: 1.–20. Tsd.
– [2] *Theodor Storm: Beim Vetter Christian. Die Söhne des Senators.* Zwei Novellen. 1920: 1.–15. Tsd. – 1940: 28. Tsd. – 4 Auflagen
95 [1] *Richard Wagner: Siegfried.* Des Bühnenfestspiels ›Der Ring des Nibelungen‹ Zweiter Tag. 1913: 1.–20. Tsd.
– [2] *Theodor Storm: Im Schloß.* Novelle. 1920: 1.–10. Tsd. – 1925: 15. Tsd. – 2 Auflagen
– [3A] *Hans Holbein d. J. Bildnisse.* 24 farbige Handzeichnungen. Geleitwort: Wilhelm Waetzoldt; Auswahl und Tafelverzeichnis gemeinsam mit Detlev von Einsiedel. 1938: 1.–27. Tsd. [Bildgrößen irrtümlich mit ›cm‹ statt ›mm‹ bezeichnet; spätere Bindequote mit Korrekturvermerk.] – 1938: 55. Tsd.
– [3B] –. Eine Tafel ausgetauscht, Reihenfolge geändert. 1939: 56.–105. Tsd. – 1954 (L+W): 211. Tsd. – 5 Auflagen
96 [1] *Richard Wagner: Götterdämmerung.* Des Bühnenfestspiels ›Der Ring des Nibelungen‹ Dritter Tag. 1913: 1.–20. Tsd.
– [2] *Comenius und die Böhmischen Brüder.* Auswahl, Einleitung und bibliographische Nachbemerkung: Friedrich Eckstein. [1915: 1. Auflage = Österreichische Bibliothek Nr. 13. Restbestand in IB-Ausstattung.]
– [3] *Carl Gustav Carus: Gedanken über große Kunst.* Auswahl und Nachwort: Paul Stöcklein. 1940: 1.–10. Tsd. – 1943: 60. Tsd. – 1944: 131. Tsd. – 1947 (W): 136. Tsd. – 1958 (W): 156. Tsd. – 8 Auflagen
97 [1] *Richard Wagner: Rienzi, der letzte der Tribunen.* Große tragische Oper in fünf Akten. 1913: 1.–20. Tsd.
– [2] *Selma Lagerlöf: Eine Gutsgeschichte.* Übertragung: M. v.

Borch. 1925: 1.–10. Tsd. – 1930: 30. Tsd. – 1940: 55. Tsd. – 6 Auflagen

98 [1] *Richard Wagner: Der fliegende Holländer.* 1913: 1. bis 20. Tsd.

– [2A] *Honoré de Balzac: Der Pfarrer von Tours.* Übertragung: Johannes Schlaf. 1925: 1.–10. Tsd. – 1940: 13. Tsd.

– [2B] –. Erzählung. Nachwort: Udo Wolf. 1968 (L): 14. bis 23. Tsd. – 3 Auflagen

99 [1] *Richard Wagner: Tannhäuser und der Sängerkrieg auf der Wartburg.* 1913: 1.–20. Tsd.

– [2] *Alexander Pope: Der Lockenraub.* Ein komisches Heldengedicht. Mit 9 Zeichnungen von Aubrey Beardsley. Übertragung und Nachwort: Rudolf Alexander Schröder. 1920: 1. bis 10. Tsd. – Seit 1968 IB 879

– [3] *Edwin Redslob: Des Jahres Lauf.* Ein Kalender der Feste, Bräuche und Jahreszeiten. Mit 103 Holzschnitten von Fritz Kredel und Lisa Hampe. Nachwort: Edwin Redslob. 1943: 1. bis 10. Tsd. – 1944: 21. Tsd. – 2 Auflagen.

– [4] *Anna Seghers: Crisanta.* Mexikanische Novelle. 1951 (L): 1.–10. Tsd. – 1958 (L): 26 Tsd. – 3 Auflagen

100 [1] *Richard Wagner: Die Meistersinger von Nürnberg.* 1913: 1.–20. Tsd. – Seit 1937 IB 502,1

– [2] *Theodor Storm: Hans und Heinz Kirch.* Novelle. 1920: 1. bis 15. Tsd.

– [3] *Das kleine Buch der Vögel und Nester.* 32 farbige Bilder des Vogelbuches von Schinz [1819] nach Kupfern von W. Hartmann und J. Kull. Geleitwort: Heinz Graupner. 1934: 1. bis 33. Tsd. – 1934: 78. Tsd. – 1983 (F): 83. Tsd. – 1986 (F): 87. Tsd. – 5 Auflagen

– [4] –. [24] Farbige Bilder von Fritz Kredel. Geleitwort: Heinz Graupner. 1935: 1.–30. Tsd. – 1940: 181. Tsd. – 1955 (L+W): 231. Tsd. – 6 Auflagen

101 [1] *Richard Wagner: Lohengrin.* 1913: 1.–20. Tsd.

– [2] *Nikolaus Lenau: Briefe an Sophie Löwenthal.* Auswahl und Nachbemerkung: Stefan Zweig. [1916: 1.–6. Tsd. = Österreichische Bibliothek Nr. 16. Restbestand in IB-Ausstattung.] – 1924: 7.–11. Tsd.

– [3A] *Dantes Neues Leben.* Übertragung, Nachwort und Erläuterungen [der Danteschen Kommentare]: Friedrich Frhr. von Falkenhausen. 1942: 1.–20. Tsd.

101 [3B] *Dante Alighieri: Das Neue Leben.* Italienisch und deutsch. Mit Titelbild von Sandro Botticelli. Deutsch nach der von Berthold Wiese durchgesehenen Übertragung von Karl Förster sowie Karl Witte und Karl Friedrich Ludwig Kannegießer. Nachwort: Werner Bahner. 1965 (L): 21.–30. Tsd. – 2 Auflagen

102 [1] *Richard Wagner: Tristan und Isolde.* 1913: 1.–20. Tsd.

– [2] *Theodor Storm: Renate.* Novelle. 1920: 1.–10. Tsd. – 1926: 20. Tsd. – 1940: 35. Tsd. – 6 Auflagen

103 [1] *Richard Wagner: Parsifal.* Ein Bühnenweihfestspiel. 1913: 1.–20. Tsd. – 1917: 30. Tsd. – 2 Auflagen

– [2] *Slowakische Anthologie.* Auswahl, Übertragung und Nachwort: Paul Eisner. 1920: 1.–10. Tsd.

– [3] *Conrad Ferdinand Meyer: Der Schuß von der Kanzel.* Novelle. 1927: 1.–10. Tsd. – 1941: 25. Tsd. – 3 Auflagen

104 [1] *Richard Wagner: Die Wibelungen.* Weltgeschichte aus der Sage. Mit einer Anmerkung. 1913: 1.–10. Tsd.

– [2] *Menandros: Das Schiedsgericht.* Komödie in fünf Akten. Mit einem Anhang ›Chorlieder für die Bühnenaufführung‹. Übertragung: Alfred Körte; ergänzt von Friedrich von Oppeln-Bronikowski. Vorwort: Alfred Körte. 1920: 1.–10. Tsd. – [11.–15. Tsd. nicht IB – IK 1094; seit 1961 stark verändert unter IB 497,2.]

– [3] *Honoré de Balzac: Leb wohl! El Verdugo.* Zwei Novellen. Übertragung: Felix Paul Greve. 1951 (L): 1.–10. Tsd. – 1955 (L): 30. Tsd. – 3 Auflagen

105 [1] *Richard Wagner: Wieland der Schmied, als Drama entworfen.* 1913: 1.–10. Tsd.

– [2A] *Walther von der Vogelweide: Gedichte und Sprüche in Auswahl.* Mit Anmerkungen. [1916: 1.–10. Tsd. = Österreichische Bibliothek Nr. 19.] – 1922: 20. Tsd. – 1940: 40. Tsd.

– [2B] –: *Gedichte.* Auswahl, Einleitung und Anmerkungen: Carl von Kraus. 1943: 41.–50. Tsd. – 1944: 61. Tsd. – 1947 (W): 71. Tsd. – [72.–81. Tsd. nicht IB – IK 1874; 92.–111. Tsd. s. unter 2C.] – 1956 (W): 126. Tsd.

– [2C] –. Ohne Einleitung. Nachwort: Fritz Adolf Hünich. 1951 (L): 92.–101. Tsd. – 1953 (L): 111. Tsd. – 12 Auflagen

106 [1] *Richard Wagner: Jesus von Nazareth.* Ein dichterischer Entwurf. 1913: 1.–10. Tsd.

– [2] *Tschechische Anthologie.* [Jaroslav] Vrchlický – [Antonín]

Sova – [Otokar] Březina. Auswahl, Übertragung und Nachwort: Paul Eisner. [1917: 1.–10. Tsd. = Österreichische Bibliothek Nr. 21; Restbestände in IB-Ausstattung.]

106 [3] *Heinrich von Kleist: Der zerbrochne Krug.* Ein Lustspiel. Mit 26 Holzschnitten von Adolph Menzel. 1933: 1.–20. Tsd. – 1952 (L): 40. Tsd. – 1961 (L): 58. Tsd. – 3 Auflagen

107 [1A] *Richard Wagner: Fünf Gedichte* [von Mathilde Wesendonck (!)] *für eine Frauenstimme in Musik gesetzt.* 1913: 1. bis 10. Tsd. – 1920: 25. Tsd. – 1939: 38. Tsd.

– [1B] *Fünf Gedichte von Mathilde Wesendonk. In Musik gesetzt von Richard Wagner.* Nachwort: Joachim Kaiser. [Querformat.] 1961 (F): 39.–48. Tsd. – 8 Auflagen

108 [1] *Richard Wagner: Ein deutscher Musiker in Paris.* Novellen und Aufsätze. 1913: 1.–15. Tsd. – 1922: 25. Tsd. – 3 Auflagen

– [2A] *Rembrandt: Handzeichnungen.* 48 Bildtafeln. Auswahl und Nachwort: Richard Graul. 1934: 1.–30. Tsd. – 1937: 91. Tsd. [Erkennungsmerkmal: Tafel 10 – Die Kreuztragung.]

– [2B] –. Zehn Tafeln ausgewechselt, Reihenfolge verändert. 1939: 92.–111. Tsd. [Erkennungsmerkmal: Tafel 10 – Krankenstube.]

– [2C] –. Weitere sieben Tafeln ausgewechselt, Reihenfolge verändert. Tafeln mehrfarbig und formatgrößer. 1957 (L+W): 112.–161. Tsd.

– [2D] –. Tafel Nr. 25 ausgewechselt. Nachwort: Peter H. Feist. 1969 (L): 162.–191. Tsd.

– [2E] –. Nachwort: Richard Graul. 1970 (F): 192.–196. Tsd. – 10 Auflagen

109 [1] *Richard Wagner: Über das Dirigieren.* 1913: 1.–15. Tsd.

– [2] *Gunnar Gunnarsson: Der Königssohn.* Eine Geschichte aus dem alten Norwegen. Mit Nachwort des Verfassers. Übertragung: Jóhann Jónsson. 1932: 1.–10. Tsd. – 1942: 30. Tsd. – 1951 (W): 35. Tsd. – 6 Auflagen

110 [1] *Richard Wagner: Zukunftsmusik.* An einen französischen Freund (Fr. Villot). 1913: 1.–15. Tsd.

– [2] *Hans Friedrich Blunck: Der Trost der Wittenfru.* Ein Märchenbuch. 1933: 1.–10. Tsd. – 1944: 50. Tsd. – 5 Auflagen

– [3] *Rudolf Kassner: Von der Eitelkeit.* Zwei Essays. [Über die Eitelkeit. Die Mitte.] Mit Nachbemerkung. 1951 (W): 1. bis 9. Tsd.

111 [1] *Richard Wagner: Beethoven.* Mit einem Vorwort des Au-

tors. 1913: 1.–15. Tsd. – 1924: 30. Tsd. – 1937: 38. Tsd. – 6 Auflagen

111 [2] *Gertrud von le Fort: Das Reich des Kindes. Die Vöglein von Theres.* Zwei Legenden. 1950 (W): 1.–10. Tsd. – 1952 (W): 36. Tsd. – 1968 (F): 59. Tsd. – 6 Auflagen

112 [1] *Richard Wagner: Kleine Aufsätze.* Auswahl und Nachwort: Paul Stefan. Mit Notenbeispielen. 1913: 1.–10. Tsd.

– [2] *Theodor Storm: Eekenhof.* Novelle. 1920: 1.–15. Tsd. – 1925: 30. Tsd. – 3 Auflagen

– [3] *Christian Morgenstern: Zeit und Ewigkeit.* Ausgewählte Gedichte. Auswahl und Nachbemerkung: Margareta Morgenstern. 1940: 1.–20. Tsd. – 1943: 70. Tsd. – 1949 (W): 80. Tsd. – 1951 (W): 100. Tsd. – 1960 (W): 139. Tsd. – 11 Auflagen

113 *Ricarda Huch: Gottfried Keller.* 1914: 1.–10. Tsd. – 1936: 43. Tsd. – 1951 (W): 48. Tsd. – 8 Auflagen

114 [1] *Die Geschichten von Karl dem Großen.* Aufgezeichnet durch Notker den Stammler. Übertragung, Anmerkungen und Nachwort: Karl Brügmann. 1915: 1.–10. Tsd. – 1916: 20. Tsd. – 2 Auflagen – Seit 1933 IB 440

– [2] *Geschichten aus Herodot.* Übertragung: Theodor Braun. Auswahl und Nachwort: Wilhelm Rechnitz. 1931: 1. bis 10. Tsd. – 1943: 20. Tsd. – 2 Auflagen

115 [1] *Karl Vollmoeller: Parcival.* 1914: 1.–10. Tsd. – 1919: 15. Tsd. – 2 Auflagen

– [2] *Rainer Maria Rilke: Die Sonette an Orpheus.* Geschrieben als ein Grab-Mal für Wera Ouckama Knoop. Mit Anmerkungen. 1930: 1.–10. Tsd. – 1942: 50. Tsd. – 1946 (W): 60. Tsd. – [61.–69. Tsd. nicht IB – IK 1357 A.] – 1956 (W): 100. Tsd. – 1964 (F): 119. Tsd. – 10 Auflagen

116 *Fjodor M. Dostojewski: Die Sanfte.* Eine phantastische Erzählung. Mit der Vorrede des Verfassers. Übertragung: Alexander Eliasberg. 1914: 1.–10. Tsd. – 1922: 50. Tsd. – 1939: 80. Tsd. – 1947 (L): 90. Tsd. – 11 Auflagen

117 [1A] *Clemens Brentano: Gedichte.* Auswahl und Nachwort: Albrecht Schaeffer. 1914: 1.–10. Tsd. – 1925: 25. Tsd.

– [1B] –. Auswahl und Nachwort: Werner Vordtriede. 1963 (F): 26.–35. Tsd. – 5 Auflagen

118 [1] *Christopher Marlowe: Eduard II.* Tragödie. Übertragung und Nachwort: Alfred Walter Heymel. 1914: 1.–10. Tsd.

118 [2] *Alfred Walter Heymel: Gedichte. Der Tag von Charleroi. Feldpostbriefe.* Auswahl und Nachwort: Rudolf Alexander Schröder. 1925 (?): 1.–10. Tsd.

– [3] *Stephan Hermlin: Die Zeit der Einsamkeit.* Erzählung. 1951 (L): 1.–10. Tsd.

119 [1] *Charles Baudelaire: Vers choisis des Fleurs du mal.* [Nur französisch.] 1914: 1.–10. Tsd. – 1919: 20. Tsd. – 1937: 33. Tsd. – 6 Auflagen

– [2] –: *Gedichte.* In deutschen Übertragungen. Auswahl und Nachwort: Friedhelm Kemp. 1958 (W): 1.–10. Tsd.

120 [1] *Jacob Grimm: Über die deutsche Sprache.* [Alte und neue deutsche Sprache. Deutsche Dialekte. Fremde Wörter. Über das Pedantische in der deutschen Sprache. Gegen die Puristen.] Mit einem Vorspruch des Verfassers. Nachwort: Heinz Amelung. 1914: 1.–10. Tsd. [Seite mit Vorspruch eingeklebt, jedoch nur in einem Teil der Auflage.] – 1916: 15. Tsd. [Ohne Vorspruch.] – 1941: 29. Tsd. – 6 Auflagen

– [2] –: *Über den Ursprung der Sprache.* Gelesen in der Preußischen Akademie der Wissenschaften am 9. Januar 1851. Anmerkungen und Nachwort: M. Rassem. 1958 (W): 1.–5. Tsd.

121 [1] *Das Buch Judith.* Mit 3 Holzschnitten der Züricher Bibel (1536) nach Hans Holbein d. J. Nachwort: Martin Luther. 1914: 1.–10. Tsd.

– [2] *Das Buch Ruth. Das Buch Judith.* Mit 5 Holzschnitten. [Sonst wie IB 121,1.] 1919: 1.–5. [statt 11.–20.]Tsd. – Siehe auch IB 152,1

122 [1] *Stefan Zweig: Brennendes Geheimnis.* Erzählung. 1914: 1.–10. Tsd. – 1922: 55. Tsd. – 1928: 110. Tsd. – 1932: 170. Tsd. – 14 Auflagen

– [2] *Plutarch: Das Leben des Themistokles.* Übertragung und Einleitung: Wilhelm Capelle. Mit einer Karte. [1.–10. Tsd. unter IB 298,1.] – 1937: 11.–13. Tsd.

123 [1] *Walt Whitman: Hymnen für die Erde.* Übertragung und Nachbemerkung: Franz Blei. 1914: 1.–10. Tsd. – 1930: 25. Tsd. – 1946 (W): 35. Tsd. – 1947 (L): 41. Tsd. [Seitdem Nachbemerkung des Verlags.] – 1958 (L): 51. Tsd. – 7 Auflagen

– [2] –: *Grashalme.* Eine Auswahl. Englisch und deutsch. Übertragung: Hans Reisiger. Auswahl und Nachwort: Hans Klähn. 1968 (L): 1.–10. Tsd.

124 [1] *Griechische Lyrik.* Auswahl: Karl Preisendanz. 1914: 1. bis 10. Tsd. – 1924: 25. Tsd. – 4 Auflagen – Seit 1936 wesentlich verändert unter IB 488,1 A

– [2A] *Häusliches Leben.* [22] Schattenbilder [und 2 Schriftblätter] von Rudolf Koch. Nachwort: Ernst Kellner. 1934: 1. bis 30. Tsd.

– [2B] –. 23 Schattenbilder, Reihenfolge verändert. 1935: 31. bis 40. Tsd. – 1941: 60. Tsd. – 4 Auflagen

125 [1A] *Das Puppenspiel vom Doktor Johannes Faust.* Nachwort: Conrad Höfer. 1914: 1.–10. Tsd. – 1917: 15. Tsd. [Seitdem Titel ›Das Puppenspiel vom Doktor Faust‹.] – 1922: 25. Tsd. – 1939: 36. Tsd.

– [1B] *Das Puppenspiel vom Doktor Faust.* Mit Nachwort des Verlags. 1951 (L): 37.–46. Tsd. – 8 Auflagen

126 [1] *Betrachtungen oder Moralische Sentenzen und Maximen des Herzogs von La Rochefoucauld.* Mit Auszügen aus des Verfassers Vorrede zur 1. Auflage 1665. Übertragung: Fritz Adler und Wilhelm Willige. Einleitung: Wilhelm Weigand. 1914: 1.–10. Tsd. – 1920: 20. Tsd. – 3 Auflagen – Seit 1938 IB 537

– [2A] *Jacob Burckhardt: Größe, Glück und Unglück in der Weltgeschichte.* (Aus den ›Weltgeschichtlichen Betrachtungen‹.) 1930: 1.–10. Tsd. – 1932: 15. Tsd.

– [2B] –. Nachwort: Hermann von Braunbehrens. 1937: 16. bis 20. Tsd. – 1942: 45. Tsd. – 1948 (W): 50. Tsd. – 1959 (W): 75. Tsd. – 9 Auflagen

127 [1] *Gräfin A. A. Tolstoi: Erinnerungen an Leo N. Tolstoi.* Einleitung: Adolf Heß. 1914: 1.–10. Tsd. – 1920: 20. Tsd. – 3 Auflagen

– [2] *Maxim Gorki: Konowalow.* Novelle. Übertragung: Arthur Luther. 1930: 1.–10. Tsd. – 1949 (L): 20. Tsd. – 1951 (L): 30. Tsd. – 3 Auflagen

– [3] *Das Evangelium und die Briefe Sankt Johannis.* In der letzten Fassung der Lutherschen Übertragung. Nachwort: Adolf von Harnack. Mit einem Schriftblatt von Rudolf Koch. [1. bis 10. Tsd. ohne dieses unter IB 251,1.] – 1937: 11. – 15. Tsd.

128 [1A] *Die Abenteuer Sindbads des Seefahrers wie sie aufgezeichnet sind in dem Buche genannt Tausend und eine Nacht.* Nach der englischen Fassung von Burton übertragen von Felix Paul Greve. 1914: 1.–10. Tsd. – 1918: 30. Tsd.

128 [1B] –. Aus dem arabischen Urtext übertragen von Enno Littmann. 1926: 31.–40. Tsd.

– [1C] *Die Abenteuer Sindbads des Seefahrers.* Wie [1A], erweitert um ›Die siebente Reise Sindbads des Seefahrers‹ nach der ersten Kalkuttaer Ausgabe von ›Tausendundeiner Nacht‹. 1965 (L): 41.–59. Tsd. – 6 Auflagen

129 [1A] *Edgar Allan Poe: Phantastische Erzählungen.* Der Goldkäfer. Die Maske des roten Todes. Morella. Übertragung: Bruno Busse. Mit Nachwort. 1914: 1.–10. Tsd. – 1925: 45. Tsd.

– [1B] –. [Die Maske des roten Todes. Der Goldkäfer. Die Wassergrube und das Pendel.] Mit 22 Federzeichnungen von Fritz Fischer. Übertragung: Grete Rambach. Ohne Nachwort. 1936: 46.–55. Tsd.

– [1C] –. Ohne Illustrationen. 1950 (L): 56.–65. Tsd. – 1955 (L): 75. Tsd.

– [1D] –. Mit [13] Zeichnungen von Hans Fronius. 1959 (W): 76.–85. Tsd. – [86.–100. Tsd. s. unter 1E.] – 1963 (F): 109. Tsd.

– [1E] –: *Der Goldkäfer.* Phantastische Erzählungen. Inhalt wie [1B], vermehrt um ›Der Doppelmord in der Rue Morgue‹ und ›Im Wirbel des Malstroms‹. Mit [5] Zeichnungen von Walter Nauer. Übertragung: Grete Rambach und Carl W. Neumann. 1963 (L): 86.–100. Tsd. – [101.–109. Tsd. s. unter 1D.]

– [1F] –. Wie [1E], aber ohne Illustrationen. 1978 (L): 110. bis 129. Tsd. – 13 Auflagen

130 *Johann Joachim Winckelmann: Ausgewählte Schriften.* [Gedanken über die Nachahmung der griechischen Werke in der Malerei und Bildhauerkunst. Erinnerung über die Betrachtung der alten Kunst. Von der Grazie in Werken der Kunst. Beschreibung des Torso im Belvedere zu Rom.] Einleitung: Hermann Uhde-Bernays. 1914: 1.–10. Tsd. – 1939: 23. Tsd. – 4 Auflagen

131 [1] *Paul Verlaine: Meine Gefängnisse.* Übertragung: Johannes Schlaf. 1914: 1.–10. Tsd. – 1922: 25. Tsd. – 4 Auflagen

– [2] *Blumen vom Gipfel der Berge.* [24 farbige Tafeln.] Nach Aquarellen von Josef Weisz. Geleitwort: Max Hirmer. 1944: 1.–30. Tsd.

132 [1A] *Das Rollwagenbüchlein ... an Tag bracht und zusammen gelesen durch Jörg Wickrammen, Stadtschreiber zu Burgheim, Anno 1555.* 54 Schwänke. Mit Titelholzschnitt. Aus-

wahl und Nachbemerkung: Christian Heinrich Kleukens. 1914: 1.–10. Tsd. – 1917: 20. Tsd.

132 [1B] –. Um zwei Schwänke gekürzt. 1919: 21.–25. Tsd. – 1940: 40. Tsd.

– [1C] –. Neue Textfassung und um weitere 17 Schwänke gekürzt. Mit 24 Holzstichen von Gertraud Thieme. Auswahl: Grete Ebner-Eschenhaym. Nachwort: Fritz Adolf Hünich. Mit Worterklärungen. 1958 (L): 41.–55. [statt 50.] Tsd. – 1962 (L): 75. Tsd. – 9 Auflagen

133 [1] *Willy Seidel: Yali und sein weißes Weib. Vom kleinen Albert.* [Novellen.] 1914: 1.–10. Tsd. – 1917: 25. Tsd. – 3 Auflagen

– [2A] *Das Ständebuch.* 115 [statt 114] Holzschnitte von Jost Amman mit Reimen von Hans Sachs. Nachwort: Richard Graul. Mit Worterklärungen. 1934: 1.–30. Tsd. – 1936: 40. Tsd. [Bildreihenfolge verändert, dabei Texte zu ›Der Nadler‹ und ›Der Hefftelmacher‹ irrtümlich vertauscht.] – 1960 (L+W): 61.–80. Tsd. [Holzschnitte wieder in ursprünglicher Reihenfolge; Irrtum nicht korrigiert.]

– [2B] *Jost Amman: Das Ständebuch.* 134 [statt 133] Holzschnitte mit Versen von Hans Sachs und Hartmann Schopper. [Gegenüber 2A um 19 Holzschnitte der lateinischen Ausgabe erweitert.] Nachwort, Anmerkungen, Wort- und Sacherklärungen: Manfred Lemmer. 1975: 81.–97. Tsd. (L) und 98. bis 100. Tsd. (F) – 1983 (F): 106. Tsd. [= 9. Tsd. (F) von 2 B.] – 1987 (L): 107.–121. Tsd. [In Vorbereitung.] – 9 Auflagen

134 [1A] *[Josef Winckler:] Eiserne Sonette.* Der Nyland-Werke Erster Band. Mit Nachwort. 1914: 1.–10. Tsd.

– [1B] –. Ohne Nachwort. 1918: 11.–15. Tsd. – 2 Auflagen

– [2] *Hugo von Hofmannsthal: Alkestis.* Ein Trauerspiel nach Euripides. 1930: 1.–10. Tsd. – 1949 (W): 15. Tsd. – 1959 (W): 30. Tsd. – 4 Auflagen

135 *Charles Baudelaire: Gedichte in Prosa.* Übertragung: Camill Hoffmann. 1914: 1.–10. Tsd. – 1937: 28. Tsd. – 5 Auflagen

136 [1] *Leo N. Tolstoi: Luzern. Albert.* Übertragung: Alexander Eliasberg. 1914: 1.–10. Tsd. – 1917: 20. Tsd. – 2 Auflagen

– [2] –: *Der Morgen eines Gutsbesitzers.* Bruchstücke aus einem unvollendeten Roman ›Ein russischer Gutsbesitzer‹. Übertragung und Nachwort: Karl Nötzel. 1922: 1.–10. Tsd.

137 [1A] *Ernst Elias Niebergall: Datterich.* Lokalposse in sechs Bil-

dern in der Mundart der Darmstädter. Mit gezeichnetem Doppeltitel von Emil Preetorius. Nachwort, Lauterklärungen und Wortverzeichnis: Georg Fuchs. 1914: 1.–10. Tsd. – 1917: 20. Tsd.

137 [1B] –. Nachwort, Wort- und Sacherklärungen: Ludwig Voltz. 1921: 21.–25. Tsd. – 1934: 35. Tsd. – 1958 (W): 42. Tsd. [Ohne gezeichneten Titel.]

– [1C] –. Mit 7 Lithographien und einer Zeichnung von Emil Preetorius [aus der 1913 als Druck der Ernst-Ludwig-Presse erschienenen Ausgabe; vgl. IK 1192]. 1984 (F): 43.–45. Tsd. – 8 Auflagen

138 *Arthur Schopenhauer: Über Lesen und Bücher.* 1914: 1. bis 10. Tsd. – 1918: 25. Tsd. – 1938: 50. Tsd. – 8 Auflagen

139 [1A] *Annette von Droste-Hülshoff: Gedichte.* Auswahl und Nachwort: Albrecht Schaeffer. 1914: 1.–10. Tsd. – 1919: 25. Tsd. – 1937: 50. Tsd. – 1940: 55. Tsd. [5 Gedichte in veränderter Fassung; Reihenfolge geändert.] – 1945: 65. Tsd. – 11 Auflagen

140 [1] *Serbische Volkslieder.* Auswahl, Einleitung und Anmerkungen: M. Curčin. Übertragungen: J. W. v. Goethe, Siegfried Kapper, Talvj [Therese von Jakob], Jacob Grimm. 1914: 1.–10. Tsd. – 1919: 15. Tsd. – 2 Auflagen – Seit 1939 IB 197,2

– [2] *Die Bildwerke des Bamberger Doms.* 46 Bildtafeln. Aufnahmen und Geleitwort: Karl Gröber. 1938: 1.–50. Tsd. – 1945: 110. Tsd. – 1958 (L+W): 115. Tsd. [Geleitwort überarbeitet.] – 5 Auflagen

141 *Charles Sealsfield* [Karl Anton Postl]: *Die Prärie am Jacinto.* Mit Nachwort. 1914: 1.–10. Tsd. – 1920: 30. Tsd. [Seitdem Nachwort gekürzt.] – 1940: 38. Tsd. – 1944: 98. Tsd. – 1959 (L): 108. Tsd. [Mit neuem Nachwort.] – 9 Auflagen

142 *E. T. A. [Ernst Theodor Amadeus] Hoffmann: Musikalische Novellen und Aufsätze.* [Ritter Gluck. Don Juan. Ombra adorata! Beethovens Instrumentalmusik. Der Freischütz. Nachträgliche Anmerkungen über Spontinis Oper ›Olympia‹.] Auswahl und Nachwort: Paul Stefan. 1914: 1.–10. Tsd. – 1917: 25. Tsd. – 1932: 50. Tsd. – 1940: 58. Tsd. – 9 Auflagen

143 *André Gide: Die Rückkehr des verlorenen Sohnes.* Übertragung: Rainer Maria Rilke. 1914: 1.–10. Tsd. – 1930: 45. Tsd.

– 1949 (W): 55. Tsd. – 1956 (W): 103. Tsd. – 1966 (F): 120. Tsd. – 15 Auflagen

144 [1] *Martin Luthers Geistliche Lieder.* Mit Luthers Vorrede zum Waltherschen Chorgesangbüchlein. Auswahl und Nachwort: Conrad Höfer. 1914: 1.–10. Tsd. – 1919: 25. Tsd. – 1983 (F): 30. Tsd. – 5 Auflagen

– [2A] *Ricarda Huch: Herbstfeuer.* Gedichte. 1944: 1.–10. Tsd. – [11.–25. Tsd. nicht IB – IK 796.]

– [2B] –. Verändert und erweitert: 9 Gedichte hinzugefügt, 2 Gedichte weggelassen. 1955 (W): 26.–35. Tsd. – 1966 (F): 41. Tsd. – 3 Auflagen

145 *Unser Lieben Frauen Wunder.* Altfranzösische Marienlegenden. Übertragung und Nachbemerkung: Severin Rüttgers. 1914: 1.–10. Tsd. – 1922: 25. Tsd. [Nachbemerkung als Vorwort.] – 1940: 31. Tsd. – 6 Auflagen

146 [1] *Paul Claudel: Aus der Erkenntnis des Ostens.* Übertragung: Jakob Hegner. 1914: 1.–10. Tsd. – 1919: 15. Tsd. – 2 Auflagen

– [2] *Friedrich Nietzsche: Die Geburt der Tragödie aus dem Geiste der Musik.* Nachwort: Richard Oehler. 1940: 1.–10. Tsd. – 1943: 25. Tsd. – 3 Auflagen

147 *Karl Scheffler: Du sollst den Werktag heiligen.* Neun Essays. 1914: 1.–10. Tsd. – 1918: 30. Tsd. – 1939: 52. Tsd. – 1946 (W): 62. Tsd. – 9 Auflagen

148 [1] *Robert Browning: Pippa geht vorüber.* Übertragung: Henry Heiseler. 1914: 1.–10. Tsd. – 1919: 15. Tsd. – 2 Auflagen

– [2] *Theodor Fontane: Schach von Wuthenow.* Erzählung aus der Zeit des Regiments Gensdarmes. 1928: 1.–10. Tsd. – 1943: 25. Tsd. – 3 Auflagen

149 *Fjodor M. Dostojewski: Der Großinquisitor.* Übertragung und Nachwort: Rudolf Kassner. 1914: 1.–10. Tsd. – 1922: 55. Tsd. – 1930: 100. Tsd. – 1940: 135. Tsd. – 1946 (W): 145. Tsd. – 1958 (W): 197. Tsd. – 1986 (F): 224. Tsd. – 27 Auflagen

150 [1A] *Albrecht Dürer: Tagebuch der Reise in die Niederlande.* Mit 8 Handzeichnungen [auf Bildtafeln]. Bearbeitung, Einführung und Anmerkungen: Fritz Bergemann. 1914: 1. bis 10. Tsd. – 1922: 30. Tsd. [Seitdem veränderte Bildreihenfolge.] – 1933: 40. Tsd.

– [1B] –. Mit 16 [Handzeichnungen auf] Bildtafeln. Textrevision und Einführung: Richard Graul. Mit Erklärungen von Münzsorten, Personen- und Ortsnamen sowie einem Bildverzeichnis. 1936: 41.–50. Tsd. – 1939: 60. Tsd. – 9 Auflagen

151 [1A] *Hippokrates. Grundsätze seiner Schriftensammlung.* Auswahl und Einleitung: Erich Ebstein. Übertragung: Robert Fuchs. 1914: 1.–10. Tsd. – 1922: 15. Tsd. [U. d. T. *Grundsätze der Hippokratischen Schriftensammlung.*]

– [1B] –. Auswahl aus der Hippokratischen Schriftensammlung [und Einleitung] von Karl Sudhoff [und Georg Sticker]. 1939: 16.–20. Tsd. – 3 Auflagen

RUTH

IM INSEL-VERLAG ZU LEIPZIG

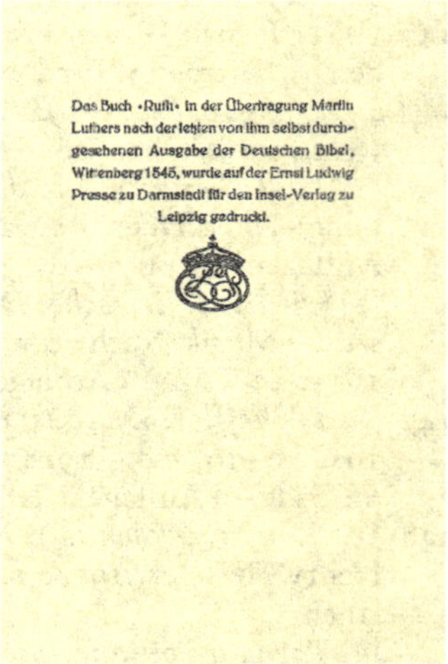
Das Buch »Ruth« in der Übertragung Martin Luthers nach der letzten von ihm selbst durchgesehenen Ausgabe der Deutschen Bibel, Wittenberg 1545, wurde auf der Ernst Ludwig Presse zu Darmstadt für den Insel-Verlag zu Leipzig gedruckt.

IB 152,1 Titel und Impressum

152 [1] *Das Buch Ruth.* Mit einem Holzschnitt. In der Übertragung Martin Luthers nach der Deutschen Bibel von 1545. Von Hand gesetzt und auf der Ernst-Ludwig-Presse zu Darmstadt auf dem handgeschöpften Wasserzeichenbütten der Ernst-Ludwig-Presse in Rot und Schwarz gedruckt. 1914: 1. bis 10. Tsd. – Siehe auch IB 121,2

– [2A] *Theodor Storm: Der Schimmelreiter.* Novelle. Mit Worterklärungen [›für binnenländische Leser‹]. 1919: 1. bis 20. Tsd. – 1924: 50. Tsd. – 1934: 100. Tsd. – 1941: 150. Tsd.

152 [2B] –. Unveränderter Text der kritisch-historischen Ausgabe von Albert Köster 1920/21. Mit 14 Zeichnungen von Hans Mau. 1968 (L): 151.–170. Tsd. – 13 Auflagen

153 [1A] *Deutsche Kriegslieder (1515–1914).* Auswahl: Fritz Adolf Hünich. 1914: 1.–8. Tsd.

– [1B] –. Veränderte Auswahl: 6 Lieder weggelassen, 11 hinzugefügt. 1915 [?]: 9.–20. Tsd.

– [1C] –. Erneut verändert und gekürzt: 12 Lieder weggelassen, 4 hinzugefügt. 1916: 21.–30. Tsd. – 3 Auflagen

– [2A] *Thomas B. Macaulay: Lord Clive.* Ein Essay. Übertragung: Annette Baudert. Mit einer Übersichtskarte ›Indien um 1750‹. 1925: 1.–10. Tsd.

– [2B] –. Einführung und Anmerkungen: Christfried Coler. 1953 (L): 11.–19. Tsd. – 2 Auflagen

154 [1A] *Deutsche Vaterlandslieder.* Auswahl: Fritz Adolf Hünich. 1914: 1.–8. Tsd.

– [1B] –. Veränderte Auswahl: 9 Lieder weggelassen, 8 hinzugefügt, eine Ode von R. A. Schröder gekürzt. 1916: 9. bis 20. Tsd.

– [1C] –. Gekürzt: 11 Gedichte aus 1B weggelassen. 1922: 21. bis 25. Tsd. – 3 Auflagen

– [2] *Ernst Bertram: Gedichte und Sprüche.* Auswahl vom Verfasser. 1951 (W): 1.–9. Tsd.

155 [1A] *Deutsche Choräle.* Auswahl und Nachwort: Katharina Kippenberg. 1914: 1.–8. Tsd.

– [1B] –. Um 6 Choräle gekürzt. 1916: 9.–13. Tsd.

– [1C] –. Um weitere 10 Choräle gekürzt. 1922: 14.–18. Tsd. – 1947 (W): 23. Tsd. – 1953 (W): 43. Tsd. – 7 Auflagen

156 *Heinrich von Kleist: Die Hermannsschlacht.* Ein Drama. 1914: 1.–10. Tsd. – 1939: 28. Tsd. – 4 Auflagen

157 [1] *Ernst Moritz Arndt: Katechismus für den deutschen Kriegs- und Wehrmann. Die deutsche Wehrmannschaft.* 1914: 1.–10. Tsd. – 1916: 25. Tsd. – 3 Auflagen – Seit 1937 IB 71,3

– [2] *Bekannte und unbekannte Historien von ... Rübezahl welche ... zuwege gebracht hat M. Johannes Praetorius ...* Mit 13 Holzschnitten. Auswahl und Nachwort: Fritz Bergemann. 1926: 1.–10. Tsd. – 1939: 15. Tsd. – 2 Auflagen

158 [1] *Lieder der Landsknechte.* Mit Holzschnitten von Hans Burgkmair [7] und Hans Schäufelein [1]. Auswahl, Nachwort

und Erläuterungen: Fritz Adolf Hünich. 1915: 1.–10. Tsd. – 1922: 20. Tsd. – 3 Auflagen

158 [2] *Maxim Gorki: Erinnerungen an Leo N. Tolstoi.* Übertragung: Erich Boehme. Mit Namenverzeichnis. 1928: 1. bis 10. Tsd.

– [3] *Das kleine Buch der Meereswunder.* ›Muscheln und Schnecken‹. Kolorierte Stiche [auf 24 Tafeln] von Franz Michael Regenfuß. Geleitwort: Friedrich Schnack. Wissenschaftliche Textbearbeitung: Prof. Dr. Wolff. 1936: 1. bis 17. Tsd. – 1937: 50. Tsd. – 1940: 72. Tsd. [Mit Tafelverzeichnis.] – 3 Auflagen

159 [1A] *Anekdoten von Friedrich dem Großen.* Mit 6 Holzschnitten von Adolph Menzel. Mit Friedrich Nicolais Vorrede zur 1788 bis 1792 erschienenen Sammlung. Auswahl, Nachwort und Anmerkungen: Emil Schaeffer. 1915: 1.–10. Tsd. – 1919: 30. Tsd. [Anmerkungen gekürzt.]

– [1B] –. Mit 5 Holzschnitten von Adolph Menzel. Ohne Friedrich Nicolais Vorrede. Auswahl: Arthur Schurig. 1922: 31. bis 40. Tsd. – 1935: 56. Tsd.

– [1C] –. Mit 12 Holzschnitten von Adolph Menzel. Auswahl und Einleitung: Reinhold Schneider. 1936: 57.–70. Tsd. – 1938: 100. Tsd. – 1942: 180. Tsd. – 15 Auflagen

160 *[Johann Wolfgang von] Goethe: Geschichte Gottfriedens von Berlichingen mit der eisernen Hand.* Dramatisiert. (Der Urgötz.) Mit Nachwort. 1915: 1.–10. Tsd. – 1937: 25. Tsd. – 1955 (L): 35. Tsd. [Nachwort bearbeitet.] – 5 Auflagen

161 [1A] *Heinrich von Kleist: Michael Kohlhaas.* Aus einer alten Chronik. 1915: 1.–10. Tsd. – 1935: 50. Tsd. – 1940: 70. Tsd. – 1957 (L): 80. Tsd.

– [1B] –. Nachwort: Siegfried Streller. 1968 (L): 81.–95. Tsd.

– [1C] –. Mit 20 Zeichnungen von Gerhard Kurt Müller. 1977 (L): 96.–115. Tsd. – 11 Auflagen

162 [1] *Weimars Kriegsdrangsale in den Jahren 1806–1814.* Berichte der Zeitgenossen. Auswahl und Nachwort: Friedrich Schulze. 1915: 1.–10. Tsd. – 1917: 15. Tsd. – 2 Auflagen

– [2] *Christian Dietrich Grabbe: Scherz, Satire, Ironie und tiefere Bedeutung.* Ein Lustspiel in drei Aufzügen. Nachwort und Anmerkungen: Alfred Bergmann. 1925: 1.–10. Tsd.

– [3] *Marcus Aurelius: Selbstgespräche.* Auswahl, Nachwort und Anmerkungen: Karl Preisendanz. 1950 (W): 1.–11. Tsd.

163 [1] *Ernst Moritz Arndt: Gedichte.* Auswahl und Nachwort: Albrecht Schaeffer. 1915: 1.–10. Tsd. – 1924: 19. Tsd. – 3 Auflagen

– [2] *Jack London: Der Mexikaner Felipe Rivera. Der Schrei des Pferdes.* Zwei Erzählungen. Übertragung: Erwin Magnus. 1951 (L): 1.–10. Tsd. – 1954 (L): 42. Tsd. – 1960 (L): 62. Tsd. – 5 Auflagen

164 [1] *Krieg und Friede 1870.* Zwei Briefe von David Friedrich Strauß an Ernst Renan und dessen Antwort [Übertragung: D. F. Strauß]. Mit einem Anhang ›Carlyle an die Times‹ [Übertragung: Hedwig Lachmann]. 1915: 1.–10. Tsd. – 1919: 20. Tsd. – 3 Auflagen

– [2A] *Émile Zola: Der Sturm auf die Mühle.* Novelle. Übertragung: Li Wegner. 1925: 1.–10. Tsd. – 1949 (L): 20. Tsd. – 1951 (L): 30. Tsd.

– [2B] –. Mit 13 Zeichnungen von Joachim Kratsch. Nachwort: Eberhard Wesemann. 1973 (L): 31.–50. Tsd. – 4 Auflagen

– [3] *Chinesische Holzschnitte.* Bildwahl und Geleitwort: Emil Preetorius. 12 Abbildungen auf 23 Tafeln. 1942: 1. bis 50. Tsd. – 1954 (L+W): 100. Tsd. – 1958 (L+W): 150. Tsd. – 3 Auflagen

165 [1A] *Friedrich Schiller: Belagerung von Antwerpen durch den Prinzen von Parma in den Jahren 1584 und 1585.* Mit Erläuterungen und einer Übersichtskarte [Flandern und Brabant]. 1915: 1.–10. Tsd. – 1917: 15. Tsd. – 2 Auflagen

– [1B] –: *Merkwürdige Belagerung von Antwerpen in den Jahren 1584 und 1585.* Mit 5 Kupfern aus dem Jahre 1705. Nachwort: Karl-Heinz Hahn. Mit Anmerkungen und einer Übersichtskarte. 1975 (L): 1.–15. Tsd.

– [2] *Stefan Zweig: Sternstunden der Menschheit.* Fünf historische Miniaturen. [Die Weltminute von Waterloo. Die Marienbader Elegie. Die Entdeckung Eldorados. Heroischer Augenblick. Der Kampf um den Südpol.] Mit einem Vorwort von Stefan Zweig. 1927: 1.–20. Tsd. – 1928: 100. Tsd. – 1929: 200. Tsd. – 1930: 250. Tsd. – 1931: 300. Tsd. – 1935: 320. Tsd. – 1948 (L): 335. Tsd. – 1952 (W): 403. Tsd. – 1955 (W): 511. Tsd. – 1961 (F): 615. Tsd. – 1986 (F): 695. Tsd. [Die Leipziger Ausgaben seit 1952 ohne das Vorwort von Stefan Zweig.] – 40 Auflagen

– [3] *Michelangelo: Sibyllen und Propheten.* 24 farbige Bilder nach den Fresken in der Sixtinischen Kapelle. Geleitwort: Bettina Seipp. 1939: 1.–29. Tsd. – 1939: 102. Tsd. – 1940: 154. Tsd. – 1941: 174. Tsd. [Die nach 1948 ausgelieferten Exemplare erhielten die IB-Nr. 616.] – 4 Auflagen

166 [1] *Reden Bismarcks nach seinem Ausscheiden aus dem Amte*. Mit Anmerkungen. 1915: 1.–10. Tsd. – 1916: 20. Tsd. – 2 Auflagen

– [2] *Bismarck-Brevier*. Auswahl und Vorwort: Wilhelm Schüßler. 1933: 1.–10. Tsd. – 1942: 35. Tsd. – 3 Auflagen

– [3] *Henry Becque: Die Raben*. Komödie in vier Akten. Mit einer Nachbemerkung des Autors. Übertragung und Nachwort: Karin Rohde. 1967 (L): 1.–10. Tsd.

167 [1A] *Wilhelm Weigand: Wendelins Heimkehr*. Eine Erzählung aus der Fremdenlegion. 1915: 1.–10. Tsd. – 1916: 20. Tsd.

– [1B] –. Um zwei Absätze (am Schluß) erweitert. 1919: 21.–25. [statt 26.] Tsd. – 3 Auflagen

– [2] *Max Mell: Das Apostelspiel*. [1.–4. Tsd. bei Ulrich Moser, Graz.] – 1926: 5.–14. Tsd. – 1937: 40. Tsd. – 1949 (W): 50. Tsd. – 1970 (F): 91. Tsd. – 10 Auflagen

168 [1] *Kaiser Wilhelm I.: Briefe aus den Kriegsjahren 1870/1871*. Mit Anmerkungen. 1915: 1.–10. Tsd. – 1918: 15. Tsd. – 2 Auflagen

– [2A] *Schubert im Freundeskreis*. Ein Lebensbild aus Briefen, Erinnerungen, Tagebuchblättern, Gedichten. Auswahl und Nachwort: Felix Braun. [1917: 1.–10. Tsd. = Österreichische Bibliothek Nr. 26; ab 11. Tsd. geringfügig veränderte Auswahl] – 1925: 11.–20. Tsd. – 1937: 28. Tsd.

– [2B] –. Ohne Nachwort. 1951 (L): 29.–38. Tsd.

– [2C] –. Nachbemerkung: Fritz Adolf Hünich. 1954 (L): 39. bis 48. Tsd. – 5 Auflagen

169 [1] *General Karl von Clausewitz: Grundgedanken über Krieg und Kriegführung*. Auswahl und Vorwort: Arthur Schurig. 1915: 1.–10. Tsd. – 1938: 40. Tsd. – 1941: 50. Tsd. – 1943: 70. Tsd. – 8 Auflagen

– [2] *Der König und der Bettler*. Indische Märchen. Übertragung und Nachwort: Friedrich v. der Leyen. 1951 (W): 1. bis 8. Tsd. – 1953 (W): 13. Tsd. [Worterklärungen seitdem am Schluß.] – 1962 (F): 30. Tsd. – 4 Auflagen

170 [1] *Blüchers Briefe*. Auswahl und Einleitung: Wilhelm Ca-

pelle. 1915: 1.–10. Tsd. – 1918: 21. Tsd. – 3 Auflagen – Seit 1937 verändert unter IB 357,2

170 [2] *Theodor Fontane: L'Adultera.* Ein Roman. 1928: 1. bis 10. Tsd.

– [3] *Die Tempel von Paestum.* 41 Bildtafeln. Aufnahmen und Erläuterungen: Carl Lamb. Geleitwort: Ludwig Curtius. Mit schematischen Grundrissen. 1944: 1.–50. Tsd. – 1957 (L): 80. Tsd. [Seitdem Bildteil vor Textteil.] – 1962 (L): 110. Tsd. – 3 Auflagen

171 [1] *Der alte deutsche Kriegsgesang in Worten und Weisen.* Liedauswahl: Georg Witkowski. Bearbeitung der Weisen: Martin Seydel. Mit je einem Nachwort der Bearbeiter und mit Erläuterungen. 1915: 1.–10. Tsd. – 1918: 15. Tsd. – 2 Auflagen

– [2A] *Voltaire: Zadig oder Das Geschick.* Eine morgenländische Geschichte. Übertragung: Ernst Hardt. 1925: 1.–10. Tsd. – 1950 (L): 20. Tsd. – 1955 (L): 30. Tsd.

– [2B] –: *Zadig oder Das Schicksal.* Eine morgenländische Geschichte. Mit 38 [statt 40] Illustrationen von Marcus Behmer. Mit Anmerkungen. 1975 (L): 31.–46. Tsd. – 4 Auflagen

172 [1] *Der Koran.* Auswahl und Nachwort: Ernst Harder. Mit Anmerkungen. 1915: 1.–10. Tsd. – 1921: 25. Tsd. – 3 Auflagen

– [2] *Ricarda Huch: Der letzte Sommer.* Eine Erzählung in Briefen. 1931: 1.–20. Tsd. – 1937: 50. Tsd. – 1942: 85. Tsd. – 1950 (W): 95. Tsd. – 1962 (F): 190. Tsd. – 1976 (F): 222. Tsd. – 19 Auflagen

173 [1] *Emanuel Geibel: Heroldsrufe.* Ausgewählt und mit einer Schlußbemerkung [vom Verlag]. 1915: 1.–10. Tsd.

– [2] *Theodor Storm: Ein Fest auf Haderslevhuus.* Novelle. 1919: 1.–15. Tsd. – 1938: 40. Tsd. – 5 Auflagen

174 [1A] *Die deutschen Lande im deutschen Gedicht.* Auswahl und Nachbemerkung: Fritz Adolf Hünich. 1915: 1.–10. Tsd.

– [1B] –. Veränderte Auswahl: 14 Gedichte weggelassen, 8 Gedichte hinzugefügt. 1916: 11.–15. Tsd. – 1920: 25. Tsd. – 4 Auflagen – Siehe auch IB 553,1

– [2] *Wolfgang Goetz: Franz Hofdemel.* Eine Mozart-Novelle. 1932: 1.–10. Tsd.

– [3] *Stefan Zweig: Ausgewählte Gedichte.* [1.–20. Tsd. unter IB 422,1.] – 1950 (W): 21.–29. Tsd. – 1953 (W): 39. Tsd. – 2 Auflagen

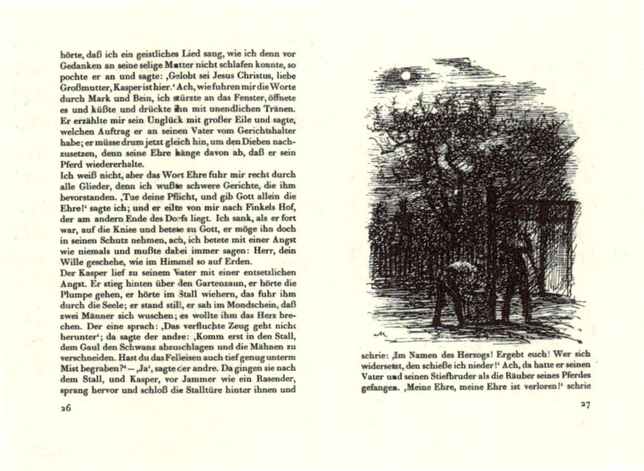

hörte, daß ich ein geistliches Lied sang, wie ich denn vor Gedanken an seine selige Mutter nicht schlafen konnte, so pochte er an und sagte: ‚Gelobt sei Jesus Christus, liebe Großmutter, Kasper ist hier.‘ Ach, wie fuhren mir die Worte durch Mark und Bein, ich stürzte an das Fenster, öffnete es und küßte und drückte ihn mit unendlichen Tränen. Er erzählte mir sein Unglück mit großer Eile und sagte, welchen Auftrag er an seinen Vater vom Gerichtshalter habe; er müsse drum jetzt gleich hin, um den Dieben nachzusetzen, denn seine Ehre hänge davon ab, daß er sein Pferd wiedererhalte.

Ich weiß nicht, aber das Wort Ehre fuhr mir recht durch alle Glieder, denn ich wußte schwere Gerichte, die ihm bevorstanden. ‚Tue deine Pflicht, und gib Gott allein die Ehre!‘ sagte ich; und er eilte von mir nach Finkels Hof, der am andern Ende des Dorfs liegt. Ich sank, als er fort war, auf die Kniee und betete zu Gott, er möge ihn doch in seinen Schutz nehmen, ach, ich betete mit einer Angst wie niemals und mußte dabei immer sagen: Herr, dein Wille geschehe, wie im Himmel so auf Erden.

Der Kasper lief zu seinem Vater mit einer entsetzlichen Angst. Er stieg hinten über den Gartenzaun, er hörte die Plumpe gehen, er hörte im Stall wiehern, das fuhr ihm durch die Seele; er stand still, er sah im Mondschein, daß zwei Männer sich wuschen; es wollte ihm das Herz brechen. Der eine sprach: ‚Das verfluchte Zeug geht nicht herunter‘; da sagte der andre: ‚Komm erst in den Stall, dem Gaul den Schwanz abzuschlagen und die Mähnen zu verschneiden. Hast du das Felleisen auch tief genug unterm Mist begraben?‘ – ‚Ja‘, sagte der andre. Da gingen sie nach dem Stall, und Kasper, vor Jammer wie ein Rasender, sprang hervor und schloß die Stalltüre hinter ihnen und

26

schrie: ‚Im Namen des Herzogs! Ergebt euch! Wer sich widersetzt, den schieße ich nieder!‘ Ach, da hatte er seinen Vater und seinen Stiefbruder als die Räuber seines Pferdes gefangen. ‚Meine Ehre, meine Ehre ist verloren!‘ schrie

27

IB 175,1B Doppelseite mit Illustration

175 [1A] *Clemens Brentano: Geschichte vom braven Kasperl und dem schönen Annerl.* Mit einigen Soldatenliedern [Brentanos] als Anhang. 1915: 1.–10. Tsd. – 1938: 46. Tsd.

– [1B] –. Mit 14 Federzeichnungen von Hans Meid. Ohne Anhang. 1942: 47.–55. Tsd. – 1951 (W): 65. Tsd.

– [1C] –. Mit 14 veränderten Zeichnungen von Hans Meid zu den gleichen Motiven. Ohne Anhang. 1956 (W): 66.–75. Tsd.

– [1D] –. Mit 12 Holzstichen von Helga Paditz. Ohne Anhang. Nachwort: Gerhard Seidel. 1974 (L): 76.–90. Tsd. [12. statt 10. Auflage.] – 12 Auflagen

176 [1A] *Ostpreußisches Sagenbuch.* Auswahl und Nachwort: Christian Krollmann. 1915: 1.–10. Tsd. – 1917: 25. Tsd.

– [1B] –. Um eine Sage (Nr. 105) gekürzte Ausgabe. 1919: 26. bis 30. Tsd. – 1938: 45. Tsd. – 7 Auflagen

177 *Die schönsten Erzählungen aus Johann Peter Hebels Schatzkästlein des rheinländischen Hausfreundes.* Auswahl und Nachwort: Heinrich E. Kromer. 1915: 1.–10. Tsd. – 1935: 45. Tsd. – 1943: 115. Tsd. – 1950 (W): 125. Tsd. – 1954 (W): 135. Tsd. [Seitdem unter dem Titel ›Johann Peter Hebel:

Die schönsten Erzählungen ...‹.] – 1958 (W): 145. Tsd. – 13 Auflagen

178 [1] *Regina Ullmann: Feldpredigt.* Dramatische Dichtung in einem Akt. 1915: 1.–10. Tsd.

– [2] *Giovanni Verga: Sizilianische Geschichten.* [Nedda. Cavalleria rusticana. Jeli, der Hirte.] Übertragung und Nachwort: Bettina Seipp. 1940: 1.–10. Tsd. – 1943: 40. Tsd. – 1951 (L): 50. Tsd. – 1953 (L): 70. Tsd. – 6 Auflagen

179 [1] *Friedrich Schlegel: Fragmente.* Auswahl, Vorwort und Anmerkungen: Carl Enders. 1915: 1.–10. Tsd. – 1919: 15. Tsd. – 2 Auflagen

– [2] *Albrecht Schaeffer: Nachtschatten.* Vier Novellen aus kriegerischen Zeiten. [Der Hund. Zwillingsbrüder. Der höllische Sebastian. Der Major.] 1932: 1.–10. Tsd.

– [3] *Die Goldene Pforte zu Freiberg.* 48 Bildtafeln. Aufnahmen: Erich Kirsten unter Mitwirkung von Herbert Küas. Geleitwort: Herbert Küas. Mit einem schematischen Figurenplan. 1943: 1.–40. Tsd.

180 [1] *Friedrich Hölderlin: Hymnen an die Ideale der Menschheit.* Der ausgewählten Gedichte zweiter Teil. Auswahl und Nachwort: Emil Lehmann. 1915: 1.–10. Tsd. – 1930: 30. Tsd. – 5 Auflagen – Siehe auch IB 50

– [2] *Gerhart Hauptmann: Hanneles Himmelfahrt.* Traumdichtung in zwei Akten. 1942: 1.–40. Tsd. – 1949 (W): 50. Tsd. – 1957 (W): 92. Tsd. – 1963 (F): 112. Tsd. – 1970 (F): 123. Tsd. – 10 Auflagen

181 *Alfred Mombert: Musik der Welt.* Aus meinem Werk. 1915: 1.–10. Tsd. – 1925: 18. Tsd. – 1951 (W): 23. Tsd. – 1958 (W): 27. Tsd. – 5 Auflagen

182 [1] *Heinrich von Treitschke: Das deutsche Ordensland Preußen.* 1915: 1.–10. Tsd. – 1938: 45. Tsd. – 6 Auflagen

– [2] *Das unergründliche Herz.* Drei Erzählungen. [Prosper Mérimée: Matteo Falcone. Maxim Gorki: Die Mutter des Verräters. Heinrich Mann: Das Herz.] Mit 3 Initialen von Horst Erich Wolter. 1952 (L): 1.–10. Tsd.

183 *Dumpfe Trommel und berauschtes Gong.* Nachdichtungen chinesischer Kriegslyrik [und Nachwort] von Klabund. 1915: 1.–10. Tsd. – 1933: 35. Tsd. – 1952 (W): 45. Tsd. – 7 Auflagen

184 *Ludwig Tieck: Des Lebens Überfluß.* Erzählung. 1915: 1. bis 10. Tsd. – 1919: 20. Tsd. – 1930: 30. Tsd. – 5 Auflagen

Am Ufer eines Stroms sich sahn.
Der Treiber, dem die Furt hier wohlbekannt,
Bestieg den Esel, der die Schwämme trug,
Worauf er mit geübter Hand
Den andern Esel kräftig schlug,
Bis der als erster in die Flut sich wagte.
Ein Fehltritt – und er war nicht mehr zu sehn;
Doch da's ihm unter Wasser nicht behagte,
Gelang es ihm, bald wieder fest zu stehn
Und heiler Haut das Ufer zu erklimmen;
Denn unser Esel, dem beim Schwimmen
Das ganze Salz vom Rücken schmolz,
War nun auf einmal bürdeleer
Und stieg ans Ufer leicht und stolz.
Dem Schwammbeladenen gefiel das sehr;
Und wie ein jedes Schaf das gleiche tut,
Was ihm ein andres zeigt,
So taucht nun auch der zweite Esel unter Flut,
Die gleich dem Treiber bis zum Scheitel steigt.
Und alles ward von Wasser tüchtig voll,
Der Esel, Treiber und die Schwämme.
Die erst so leichte Ladung schwoll und schwoll,
Und ruderte der Esel auch wie toll,
Er kam nur immer tiefer in die Klemme.
Der Treiber hielt sich an des Tieres Halse fest
Und harrte gottergeben auf den Tod –
Doch irgendeiner kam und half ihm aus der Not.
Wie meine Fabel euch erkennen läßt,
Ists falsch, wenn einer gleich dem andern tut,
Denn nicht für jeden ist dasselbe gut.

20

Der Hahn und der Fuchs

Auf einem Baume saß ein alter Hahn,
Ein schlauer Kopf in allen Lebenslagen.
„Freund," sprach ein Fuchs und dämpfte sein Organ,
„Wir wollen uns von heute an vertragen,
Ein allgemeiner Friede ist befohlen.

21

IB 185,1A Doppelseite mit Illustration

185 [1A] *[Jean de] Lafontaine:* [50] *Fabeln.* Mit [9] Holzschnitten von I[gnace] I[sidore] Grandville [nach der ersten französischen Ausgabe 1838/40 (statt 1842)]. Übertragung: Theodor Etzel. 1915: 1.–10. Tsd. – 1922: 25. Tsd.

– [1B] –: *Lafontaines Fabeln.* Neue Auswahl: 31 Fabeln [21 aus 1A, 10 neue]. Mit 31 Holzschnitten von Grandville. 1935: 26. bis 35. Tsd. – 5 Auflagen

186 [1A] *Der Wandsbecker Bote.* Eine Auswahl aus den Werken von Matthias Claudius. Auswahl und Nachwort: Hermann Hesse. 1915: 1.–10. Tsd. – 1917: 20. Tsd.

– [1B] –. Um 6 Gedichte erweitert. 1922: 21.–25. Tsd. – 1936: 35. Tsd.

– [1C] –. Nochmals [um 1 Brief] erweitert. 1940: 36.–40. Tsd. – 1944: 92. Tsd. – [93.–102. Tsd. nicht IB – IK 315.] – 1950 (W): 112. Tsd. – 1965 (F): 159. Tsd. – 15 Auflagen

187 *Gustav Theodor Fechner: Das Büchlein vom Leben nach dem Tode.* Geleitwort: Wilhelm Wundt. 1915: 1.–10. Tsd. – 1922: 40. Tsd. – 1940: 60. Tsd. – 1950 (W): 70. Tsd. – 9 Auflagen

188 [1A] *Theodor Däubler: Das Sternenkind.* [Gedichte.] 1916: 1.–10. Tsd. – 1930: 26. Tsd. – 5 Auflagen

188 [1B] –. Gedichte. Erweitert um eine Nachbemerkung von Hans-Jörg Görlich. 1986 (L): 1.–15. Tsd.

189 *Das Nibelungenlied.* Nacherzählt von August Friedrich Christian Vilmar. 1915: 1.–10. Tsd. – 1938: 26. Tsd. – 5 Auflagen

190 *E. T. A. [Ernst Theodor Amadeus] Hoffmann: Das Fräulein von Scuderi.* Erzählung aus dem Zeitalter Ludwigs XIV. 1916: 1.–10. Tsd. – 1920: 35. Tsd. – 1939: 48. Tsd. – 1958 (L): 63. Tsd. [Nach der kritischen Ausgabe von Carl Georg von Maassen.] – 8 Auflagen

191 [1] *Joachim Nettelbeck. Stücke aus seiner Lebensbeschreibung.* Auswahl und Vorwort: Wilhelm Capelle. 1916: 1. bis 10. Tsd. – 1922: 20. Tsd. – 3 Auflagen

– [2] *Benjamin Franklin: Jugenderinnerungen.* Übertragung: Hedwig Lachmann-Landauer. Nachwort: Fritz Bergemann. [1.–15. Tsd. unter IB 223,1.] – 1952 (L): 16.–25. Tsd.

192 *Hans Christian Andersen: Bilderbuch ohne Bilder.* Übertragung: Bernhard Jolles. 1916: 1.–10. Tsd. – 1921: 40. Tsd. – 1941: 75. Tsd. – 1955 (W): 85. Tsd. – 12 Auflagen

193 *Ricarda Huch: Das Judengrab. Aus Bimbos Seelenwanderungen.* Zwei Erzählungen. 1916: 1.–10. Tsd. – 1918: 40. Tsd. – 1932: 50. Tsd. – 1949 (W): 60. [statt 11.–20.] Tsd. – 7 Auflagen

194 [1A] *Peter Schlemihls wundersame Geschichte. Mitgeteilt von Adelbert von Chamisso.* Mit 4 Radierungen [statt: Holzschnitten] von Adolf Schrödter [1838]. 1916: 1.–10. Tsd. – 1923: 35. Tsd. – 1940: 55. Tsd.

– [1B] –. Mit 10 Zeichnungen von Walter Nauer. 1959 (L): 56. bis 70. Tsd. – 9 Auflagen

195 *Karl Stieler: Ein Winteridyll.* Mit dem Vorwort zur Erstausgabe von 1885. 1916: 1.–10. Tsd. – 1918: 50. Tsd. – 1927: 100. Tsd. – 1942: 130. Tsd. – 1949 (W): 135. Tsd. – 1953 (W): 145. Tsd. – 15 Auflagen

196 *Joseph von Eichendorff: Die Glücksritter. Das Schloß Dürande.* 1916: 1.–10. Tsd. – 1938: 50. Tsd. – 1943: 100. Tsd. – 8 Auflagen

197 [1] *Arthur Graf Gobineau: Gamber-Alis Geschichte.* Aus den asiatischen Novellen. Übertragung: Bernhard Jolles. 1916: 1.–10. Tsd. – 1922: 30. Tsd. – 5 Auflagen

– [2] *Serbische Volkslieder.* Einleitung: M. Curčin. [1.–15. Tsd. unter IB 140,1.] – 1939: 16.–17. Tsd.

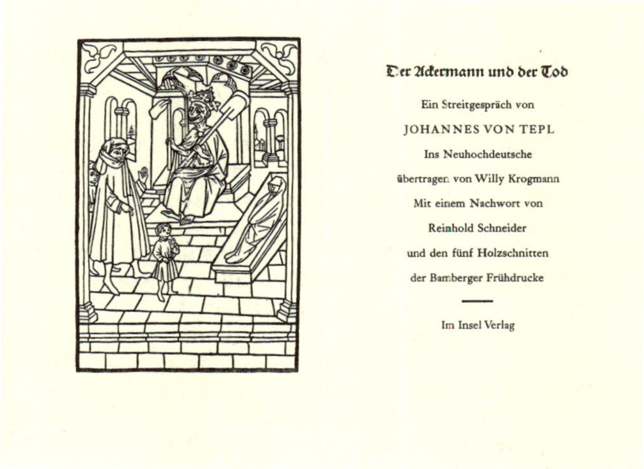
Der Ackermann und der Tod

Ein Streitgespräch von

JOHANNES VON TEPL

Ins Neuhochdeutsche

übertragen von Willy Krogmann

Mit einem Nachwort von

Reinhold Schneider

und den fünf Holzschnitten

der Bamberger Frühdrucke

Im Insel Verlag

IB 198,1C Doppeltitel

198 [1A] *Johannes von Saaz: Der Ackermann und der Tod.* Ein Streit- und Trostgespräch vom Tode aus dem Jahre 1400. Mit 2 zeitgenössischen Holzschnitten auf dem Titel. Übertragung, Vorrede und Anmerkungen: Alois Bernt. 1916: 1.–10. Tsd. – 1930: 40. Tsd.

– [1B] –. Mit 5 Holzschnitten des Bamberger Drucks von 1461. 1935: 41.–60. Tsd. – 1941: 70. Tsd.

– [1C] *Johannes von Tepl: Der Ackermann und der Tod.* Ein Streitgespräch. Mit 5 Holzschnitten. Übertragung ins Neuhochdeutsche und Anmerkungen: Willy Krogmann. Nachwort: Reinhold Schneider. 1957 (W): 71.–80. Tsd. – 1985 (F): 93. [statt 86.] Tsd. – 11 Auflagen

199 *Björnstjerne Björnson: Ein fröhlicher Bursch.* Eine Erzählung. Übertragung: Mathilde Mann. 1916: 1.–20. Tsd. – 1918: 40. Tsd. – 1929: 70. Tsd. – 1944: 100. Tsd. – 12 Auflagen

200 *Leopold von Ranke: Die großen Mächte.* Neu herausgegeben von Friedrich Meinecke. Einführung: Friedrich Meinecke. 1916: 1.–10. Tsd. – 1941: 45. Tsd. – 7 Auflagen

201 [1A] *Li-tai-pe.* Nachdichtungen von Klabund. Mit Nachwort

von Klabund. 1916: 1.–10. Tsd. – 1929: 50. Tsd. – 1938: 70. Tsd. – 1951 (L): 80. Tsd. – 1959 (W): 97. Tsd.

201 [1B] –. Mit [27] Zeichnungen und [4] Aquarellen von Hann Trier. Vorwort: Hann Trier. 1986 (F): 98.–101. Tsd. – 12 Auflagen

202 [1A] *Ferruccio Busoni: Entwurf einer neuen Ästhetik der Tonkunst.* ›Zweite erweiterte Ausgabe‹. 1916: 1.–10. Tsd. – 1928: 30. Tsd. [Ohne Untertitel.] – 1941: 33. Tsd.

– [1B] –. Mit Nachworten von Busoni und H. H. Stuckenschmidt. 1954 (W): 34.–43. Tsd. – 6 Auflagen

203 [1A] *Gilgamesch.* Eine Erzählung aus dem alten Orient. Zu einem Ganzen gestaltet von Georg E. Burckhardt. Nachwort: Georg E. Burckhardt. 1916: 1.–10. Tsd. – 1936: 55. Tsd. – 1949 (W): 60. [statt 65.] Tsd. [Revidierte Fassung mit erweitertem Nachwort.] – [95.–114. Tsd. unter 1B.] – 1963 (F): 125. Tsd. [Untertitel ›Eine Dichtung aus dem alten Orient‹.]

– [1B] *Das Gilgamesch-Epos.* Eine Dichtung aus dem alten Orient. Zu einem Ganzen gestaltet von Georg E. Burckhardt. Mit [12] Holzschnitten von Hans-Joachim Walch. Nachwort: Georg E. Burckhardt. 1958 (L): 95.–114. Tsd. – [115. bis 125. Tsd. unter 1A.] – 1964 (L): 126.–135. Tsd. – 16 Auflagen

204 [1] *Jizchok Lejb Perez: Jüdische Geschichten.* Übertragung aus dem Jiddischen: Alexander Eliasberg. 1916: 1.–10. Tsd. – 1923: 35. Tsd. – 5 Auflagen

– [2] *Karl Heinrich Waggerl: Du und Angela.* [Einundzwanzig Tage. Ein Mann namens Adam. Landstreicher. Martha.] Fünf Erzählungen. 1933: 1.–10. Tsd. – 1945: 60. Tsd. – 1950 (W): 70. Tsd. – 1986 (F): 130. Tsd. – 15 Auflagen

205 [1] *Émile Zola: Gustave Flaubert.* Übertragung: Leo Berg. Mit Schlußbemerkung [des Verlags]. 1916: 1.–5. Tsd. – 1919: 25. Tsd. – 4 Auflagen

– [2] *Felix Timmermans und Anton Thiry: Die Elfenbeinflöte.* [›Ecce Homo‹ und die ängstliche Pförtnerin. Der Springbrunnen im Pfarrgarten.] Seltsame Geschichten aus dem Beginenhof. Mit vier Illustrationen von Felix Timmermans. Übertragung und Nachwort: Peter Mertens. 1933: 1.–20. Tsd. – 1941: 45. Tsd. – 4 Auflagen

206 [1] *Jan van Ruisbroeck: Das Buch von den zwölf Beghinen.* Übertragung und Nachwort: Friedrich Markus Huebner. 1916: 1.–10. Tsd. – 1920: 15. Tsd. – 2 Auflagen

206 [2] *Theodor Fontane: Unterm Birnbaum.* Eine Novelle. 1929: 1.–10. Tsd. – 1943: 25. Tsd. – 3 Auflagen

207 [1] *Schwester Hadewich: Visionen.* Übertragung und Nachwort: Friedrich Markus Huebner. 1916: 1.–10. Tsd.

– [2A] *Adalbert Stifters Briefe.* [1917: 1.–10. Tsd. = Österreichische Bibliothek Nr. 22. Restbestände in IB-Ausstattung.]

– [2B] –. Um 11 Briefe und einige Briefstellen gekürzt. 1925: 11.–20. Tsd. – 1940: 25. Tsd. – 1946 (W): 35. Tsd. – 4 Auflagen

208 *Lanzelot und Sanderein.* Mit einem Holzschnitt. Übertragung und Nachwort: Friedrich Markus Huebner. 1916: 1.–10. Tsd. [Ein Teil der Auflage mit um 2 Seiten gekürztem Nachwort.] – 1922: 20. Tsd. – 3 Auflagen

209 [1] *Alte flämische Lieder.* Im Urtext mit den Singweisen. Auswahl und Nachwort: Johannes Bolte. Mit Wörterverzeichnis. 1916: 1.–10. Tsd. – 1919: 20. Tsd. – 2 Auflagen – Seit 1941 IB 290,2

– [2] *Isolde Kurz: Solleone.* Eine Geschichte von Liebe und Tod. 1933: 1.–10. Tsd. – 1944: 40. Tsd. – 4 Auflagen

210 [1] *Hendrik Conscience: Der Rekrut.* Erzählung. Übertragung: Herbert Alberti. 1916: 1.–10. Tsd. – 1925: 25. Tsd. – 3 Auflagen

– [2] *Gertrud von le Fort: Das Gericht des Meeres.* Erzählung. 1943: 1.–20. Tsd. – 1947 (W): 30. Tsd. –1952 (W): 125. Tsd. – 1955 (W): 159. Tsd. –1958 (W): 214. Tsd. –1983 (F): 300. Tsd. – 1986 (F): 302. Tsd. – 21 Auflagen

211 [1] *Anton Bergmann: Das Ziegelhaus.* Übertragung und Nachwort: Anton Kippenberg. 1916: 1.–10. Tsd. – 1919: 15. Tsd. – 2 Auflagen

– [2] *Theodor Storm: Zur Chronik von Grieshuus.* Novelle. 1928: 1.–10. Tsd. – 1941: 20. Tsd. – 3 Auflagen

212 *Charles de Coster: Herr Halewijn.* Eine flämische Märe. Übertragung und Nachwort: Albert Wesselski. 1916: 1. bis 10. Tsd. – 1941: 28. Tsd. – 4 Auflagen

213 [1] *Guido Gezelle: Gedichte.* Übertragung und Nachwort: Rudolf Alexander Schröder. 1916: 1.–10. Tsd. – 1918: 15. Tsd. – 2 Auflagen

– [2] *Das kleine Schmetterlingsbuch.* Die Tagfalter. [24] Kolorierte Stiche von Jakob Hübner [um 1800]. Geleitwort: Friedrich Schnack. 1934: 1.–27. Tsd. – 1956 (L+W): 253. Tsd. [Geleitwort vor Tafelverzeichnis.] – 1986 (F): 262. Tsd. – 9 Auflagen – Siehe auch IB 226,2

214 [1A] *Stijn Streuvels: Die Ernte.* Erzählung. Übertragung: Rudolf Alexander Schröder. 1916: 1.–10. Tsd. – 1919: 20. Tsd.

– [1B] –. Übertragung: Peter Mertens. 1940: 21.–25. Tsd. – 1941: 40. Tsd. – 1950 (L): 45. Tsd. – 5 Auflagen

215 [1] *Stijn Streuvels: Der Arbeiter.* Erzählung. Übertragung: Anton Kippenberg. 1916: 1.–10. Tsd. – 1917: 20. Tsd. – 2 Auflagen – Seit 1935 IB 468

– [2] *François Mauriac: Der Aussätzige und die Heilige.* Roman. Übertragung: Iwan Goll. 1928: 1.–10. Tsd.

216 [1] *Georges Eekhoud: Burch Mitsu.* Erzählung. Übertragung und Nachwort: Jean Paul von Ardeschah. 1916: 1.–10. Tsd.

– [2A] –: *Kees Doorik.* Ein flämischer Sittenroman. Übertragung und Einleitung: Tony Kellen. 1918: 1.–10. Tsd.

– [2B] –. Mit [6] Zeichnungen von Ulrike Triebel. Übertragung: Tony Kellen. Nachwort: Heide Riedel. 1981 (L): 11.–25. Tsd. – 2 Auflagen

– [3] *Das Perlenhemd.* Eine chinesische Liebesgeschichte. Übertragung: Franz Kuhn. Mit einer Abbildung und mit Anmerkungen. 1928: 1.–10. Tsd. – 1940: 20. Tsd. – 1948 (L): 30. Tsd. – 1957 (W): 75. Tsd. – 1962 (L): 108. Tsd. – 10 Auflagen

217 [1] *Herman Teirlinck: Johann Doxa.* Szenen aus dem Leben eines Brabanter Gotikers. Übertragung: Rudolf Alexander Schröder. 1916: 1.–10. Tsd. – 1918: 20. Tsd. – 2 Auflagen

– [2] *Conrad Ferdinand Meyer: Das Amulett.* Novelle. 1929: 1.–10. Tsd. – 1941: 25. Tsd. – 4 Auflagen

218 [1] *Ernst Hardt: Ninon von Lenclos.* Drama in einem Akt. 1917: 1.–10. Tsd. – 1930: 25. Tsd. – 3 Auflagen

– [2] *[Jean Baptiste] Molière: Der Menschenfeind.* Komödie in fünf Akten. Mit einer Vorbemerkung ›Goethe über den ‚Menschenfeind'‹. Übertragung: Arthur Luther. 1949 (W): 1. bis 5. Tsd.

219 [1] *Eine wunderbarliche und kurzweilige Historie, wie Schiltberger Einer aus der Stadt München in Bayern, von den Türken gefangen, in die Heidenschaft geführet und wieder ist heim kommen.* Item, was sich für Kriege und wunderbarliche Taten, dieweil er in der Heidenschaft gewesen, zugetragen,

ganz kurzweilig zu lesen. Mit 14 Holzschnitten des Erstdrucks [um 1475]. Übertragung, Auswahl, Nachwort und Anmerkungen: Gertrud Siemes. 1917: 1.–10. Tsd. – 1919: 20. Tsd. – 2 Auflagen

IB 219,2 Titel

219 [2] *Bilder-Rätsel in [50] Holz-Stichen von Karl Rössing*. 1934: 1.–10. Tsd.

– [3] *Benno Papentrigk's* [d. i. Anton Kippenberg] *Schüttelreime* wie er sie seiner Freundschaft auf den Ostertisch zu legen pflegte. [1.–20. Tsd. nicht IB – IK 914, 914 A.] – 1942: 21.–40. Tsd. – 1943: 60. Tsd. [Seitdem ein Reim hinzugefügt.] – 1944: 130. Tsd. – [131.–135. Tsd. nicht IB – IK 914 B.] – 1949 (W): 145. [statt 95.] Tsd. [Seitdem zwei Reime weggelassen, ein Reim hinzugefügt.] – 1956 (W): 152. Tsd. – 7 Auflagen

220 [1A] *Oscar Wilde: Die Ballade vom Zuchthaus zu Reading*. Übertragung: Albrecht Schaeffer. 1917: 1.–10. Tsd. – 1936: 50. Tsd. – 1950 (W): 60. Tsd. – 9 Auflagen

– [1B] –. Englisch und deutsch. Übertragung: Elfriede Mund. Nachwort: Klaus Udo Szudra. 1970 (L): 1.–20. Tsd.

221 [1A] *Hans Holbein [d. J.]: Bilder des Todes.* 41 [statt 42] Holzschnitte. Geleitwort: Emil Waldmann. 1917: 1.–10. Tsd. – 1934: 35. [statt 25.] Tsd. [Seitdem 42 Holzschnitte.] – 1938: 40. Tsd. [Seitdem Bildreihenfolge geändert.] – 1939: 50. Tsd. – 1950 (L): 60. Tsd. – [74.–88. Tsd. unter 1B.] – 1965 (F): 93. Tsd.

– [1B] –. 42 Holzschnitte. Geleitwort: Kurt Liebmann. 1964 (L): 74.–88. Tsd. – [89.–93. Tsd. unter 1A.] – 1977 (L): 94. bis 113. Tsd. [11. statt 10. Auflage.] – 1987 (L): 128. Tsd. [In Vorbereitung.] – 12 Auflagen

222 *Die vierundzwanzig Sonette der Louize Labé.* Lyoneserin. 1555. [Deutsch und französisch.] Übertragung: Rainer Maria Rilke. 1917: 1.–10. Tsd. – 1942: 35. Tsd. – 1948 (W): 40. Tsd. – 1963 (F): 68. Tsd. – 10 Auflagen

223 [1A] *Benjamin Franklin: Die Jugenderinnerungen.* Übertragung: Hedwig Lachmann-Landauer. 1917: 1.–10. Tsd.

– [1B] –. Mit Nachwort von Fritz Bergemann. 1919: 11. bis 15. Tsd. – 2 Auflagen – Seit 1952 IB 191,2

– [2] *Pedro Antonio de Alarcón: Der Dreispitz.* Eine spanische Novelle. Übertragung: Helene Weyl. 1928: 1.–10. Tsd. – 1943: 40. Tsd. – 1950 (L): 60. Tsd. – 1963 (F): 110. Tsd. [Restbestände 1971 (L).] – 10 Auflagen

224 [1A] *Joseph von Eichendorff: Aus dem Leben eines Taugenichts.* Novelle. Mit gezeichnetem Doppeltitel von Emil Preetorius. 1917: 1.–10. Tsd. – 1929: 55. Tsd. – 1944: 115. Tsd. – 1952 (W): 125. Tsd. [Seitdem ohne Doppeltitel.] – 1960 (W): 155. Tsd.

– [1B] –. Ohne Doppeltitel. Mit Nachwort. [1920: 1.–10. Tsd. = ›Pandora‹ Nr. 8. Restbestand 1924 in IB-Ausstattung.]

– [1C] –. Mit Doppeltitel. Nachwort: Jürgen Jahn. 1973 (L): 156.–170. Tsd. [17. statt 13. Auflage.] – 17 Auflagen

225 *Deutsche Männer. Charakterbilder aus den Werken von Leopold von Ranke.* Auswahl und Einleitung: Kurt Jagow. 1917: 1.–10. Tsd. – 1930: 25. Tsd. – 1941: 40. Tsd. – 7 Auflagen – Siehe auch IB 237 und 238

226 [1] *Johann Gottlieb Fichte: Der geschloßne Handelsstaat.* Ein philosophischer Entwurf als Probe einer künftig zu liefernden Politik. Neue, um unwesentliche Stücke gekürzte Ausgabe. Auswahl und Nachwort: Reinhard Buchwald. 1917: 1. bis 10. Tsd. – 1920: 15. Tsd. – 2 Auflagen

226 [2] *Das kleine Buch der Nachtfalter.* Kolorierte Stiche [auf 24 Tafeln] von Jakob Hübner. Geleitwort: Friedrich Schnack. 1936: 1.–30. Tsd. – 1941: 73. Tsd. – 1985 (F): 79. Tsd. – 4 Auflagen – Siehe auch IB 213,2

227 [1A] *Luther im Kreise der Seinen.* Familienbriefe und Fabeln. Auswahl und Nachwort: Otto Clemen. 1917: 1.–10. Tsd. – 1918: 15. Tsd.

– [1B] –. [Familien-] Briefe, Gedichte, Fabeln, Sprichwörter und Tischreden. Erweiterte Auswahl und Nachwort: Otto Clemen. 1933: 16.–20. Tsd. – 1937: 25. Tsd. – 1983 (F): 30. Tsd. – 6 Auflagen

228 [1] *Immanuel Kant: Zum ewigen Frieden.* Ein philosophischer Entwurf. [Ferner: Idee zu einer allgemeinen Geschichte in weltbürgerlicher Absicht. Aus der Abhandlung ›Über den Gemeinspruch: Das mag in der Theorie richtig sein, taugt aber nicht für die Praxis‹. Aus den ›Metaphysischen Anfangsgründen der Rechtslehre‹.] Auswahl und Einleitung: Franz Kobler. 1917: 1.–10. Tsd. – 1924: 25. Tsd. – 3 Auflagen

– [2] –: *Von der Würde des Menschen.* Auswahl und Einführung: Hans Thomae. 1941: 1.–10. Tsd. – 1944: 20. Tsd. – 1948 (L): 25. Tsd. – 3 Auflagen

229 [1] *Richard Dehmel: Kriegs-Brevier.* [Gedichte.] 1917: 1. bis 10. Tsd. – 1919: 15. Tsd. – 2 Auflagen

– [2] *Albrecht Schaeffer: Der Reiter mit dem Mandelbaum.* 1925: 1.–10. Tsd. – 1935: 13. Tsd. – 2 Auflagen

– [3] *Alexej S. Nowikow-Priboi/Alexander I. Kuprin: Aufopferung.* Zwei Erzählungen. [Nowikow-Priboi: Im Teufelsmoor. Kuprin: Im Schoß der Erde.] Übertragung: Horst Wolf. 1951 (L): 1.–10. Tsd.

230 *Eduard Mörike: Mozart auf der Reise nach Prag.* Eine Novelle. 1917: 1.–10. Tsd. – 1926: 55. Tsd. – 1939: 100. Tsd. – 1944: 160. Tsd. – 1946 (W): 165. Tsd. – 1955 (L): 195. Tsd. – 1975 (F): 250. Tsd. – 24 Auflagen

231 [1A] *Buch der göttlichen Tröstung von Meister Eckhart dem Mystiker.* Übertragung und Vorwort: Alois Bernt. 1917: 1. bis 10. Tsd. – 1940: 29. Tsd.

– [1B] *Meister Eckhart: Das Buch der göttlichen Tröstung und Vom edlen Menschen.* Übertragung und Nachwort: Josef Quint. 1961 (F): 30.–39. Tsd. – 6 Auflagen

232 *Friedrichs des Großen Tagewerk.* Auf Befehl Kaiser Pauls I.

aufgezeichnet vom Baron v. Diebitsch. Textrevision und Nachwort: Friedrich M. Kircheisen. 1917: 1.–10. Tsd. – 1938: 20. Tsd. – 3 Auflagen

233 [1A] *Leo N. Tolstoi: Macht der Finsternis.* Drama in fünf Akten. Übertragung: Pawel Barchan. 1916: 1.–10. Tsd. – 1924: 25. Tsd.

– [1B] –. Ohne die Variante des 4. Aktes, Szenen 13–16. 1929: 26.–30. Tsd. – 4 Auflagen

IB 234,1C Doppeltitel

234 [1A] *Robert Louis Stevenson: Quartier für die Nacht. Will von der Mühle.* Zwei Erzählungen. Übertragung: Irma und Albrecht Schaeffer. 1919: 1.–10. Tsd.

– [1B] –. Mit Nachwort von Albrecht Schaeffer. 1925: 11. bis 15. Tsd. – 1951 (L): 25. Tsd. – 1954 (L): 35. Tsd.

– [1C] –: *Villon.* [= Neuer Titel von ›Quartier für die Nacht‹.] Erzählung. Mit 12 Holzschnitten [davon 5 doppelseitige] von Werner Klemke. Nachwort: Georg Seehase. 1965 (L): 36. bis 50. Tsd. – 5 Auflagen

235 [1A] *Nikolaus Lenau: Lyrische Gedichte.* Auswahl und Nachbemerkung: Albrecht Schaeffer. 1919: 1.–10. Tsd.

235 [1B] –. Um ›Der Postillon‹ erweitert. 1921: 11.–15. Tsd. – 1934: 23. Tsd.

– [1C] –. Veränderte Auswahl: 4 Gedichte hinzugefügt, 1 Gedicht weggelassen. 1940: 24.–28. Tsd. – 5 Auflagen

– [1D] –: *Dichtung und Selbstbildnis.* [Gedichte und Aufzeichnungen.] Auswahl: Ernst Bertram. 1951 (W): 1.–10. Tsd.

236 [1] *Die Gesichte der Schwester Mechtild von Magdeburg.* Aus dem ›Fließenden Licht der Gottheit‹. Auswahl und Geleitwort: Heinrich Adolf Grimm. 1917: 1.–10. Tsd. – Seit 1937 IB 404,2

– [2] *Wer will unter die Soldaten.* Deutsche Soldatenlieder mit [42] farbigen Bildern von Fritz Kredel. 1934: 1.–50. Tsd. – 1934: 100. Tsd. – 1935: 125. Tsd. [Lose beiliegend Geleitwort ›Meine Soldaten‹ von Fritz Kredel.] – 3 Auflagen

237 *Männer der Weltgeschichte. Charakterbilder aus Leopold von Rankes Werken. Erster Teil.* [Mohammed. Otto der Große. Heinrich IV. Kaiser Friedrich II. Wallenstein. Königin Elisabeth von England. Oliver Cromwell.] Auswahl und Einleitung: Kurt Jagow. 1917: 1.–10. Tsd. – 1940: 29. Tsd. – 5 Auflagen – Siehe auch IB 225 und IB 238

238 *Männer der Weltgeschichte. Charakterbilder aus Leopold von Rankes Werken. Zweiter Teil.* [Karl V. Philipp II. Philipp III. Ignatius Loyola. Richelieu. Mazarin.] Auswahl: Kurt Jagow. 1918: 1.–10. Tsd. – 1937: 23. Tsd. – 4 Auflagen – Siehe auch IB 225 und IB 237

239 [1] *Rudolf Alexander Schröder: Elysium.* [Gedichte.] 1918: 1.–10. Tsd.

– [2] *Aus Minnesangs Frühling.* Auswahl und Erläuterungen: Carl von Kraus. [1.–10. Tsd. nicht IB – IK 54.] – 1950 (W): 11. bis 18. Tsd. – 1951 (L): 27. Tsd. – 1957 (W): 45. Tsd. – [Die Leipziger Auflagen unter dem Titel ›Minnesangs Frühling‹.] – 5 Auflagen

240 [1A] *Gedanken Machiavellis.* Auswahl, Übertragung, Einleitung und Anmerkung: Emil Schaeffer. 1918: 1.–10. Tsd. – 1934: 17. Tsd.

– [1B] *Niccolo Machiavelli: Mensch und Staat.* Übertragung: Johannes Ziegler. Auswahl, Nachwort und Anmerkungen: Matthías Jónasson. 1940: 18.–27. Tsd. – 1944: 42. Tsd. – 6 Auflagen

241 [1A] *Beethovens persönliche Aufzeichnungen.* Auswahl, Vor-

wort und Anmerkungen: Albert Leitzmann. 1918: 1. bis 10. Tsd. – 1925: 25. Tsd.

241 [1B] *Beethovens Briefe und persönliche Aufzeichnungen.* Veränderte Auswahl, Vorwort und Anmerkungen: Albert Leitzmann. 1932: 26.–30. Tsd. – 1942: 75. Tsd.

– [1C] –. Ohne Vorwort und ohne den Brief an Friedrich Wilhelm III. von Preußen. Auswahl und Anmerkungen: Albert Leitzmann. Nachwort: Otto Goldhammer. 1952 (L): 76. bis 95. Tsd. – 1956 (L): 105. Tsd. – 11 Auflagen

242 *Theodor Storm: Gedichte.* Auswahl und Einleitung: Albert Köster. 1919: 1.–15. Tsd. – 1920: 50. Tsd. – 1937: 60. Tsd. [Einleitung als Nachwort.] – 4 Auflagen

243 [1] *Mariechen von Nymwegen.* [Ein altflämisches Mirakelspiel.] Übertragung und Nachwort: Friedrich Markus Huebner. 1918: 1.–10. Tsd.

– [2A] *Gottfried Keller: Die mißbrauchten Liebesbriefe.* Novelle. 1928: 1.–10. Tsd. – 1940: 15. Tsd. – 1960 (L): 25. Tsd.

– [2B] –. Mit [37] Illustrationen von Ruth Knorr. 1965 (L): 26.–35. Tsd. – 1972 (L): 55. Tsd. – 5 Auflagen

244 [1] *Reden aus der ersten deutschen Nationalversammlung in der Paulskirche zu Frankfurt 1848/49.* Auswahl, Vorwort und Anhang ›Zur Charakterisierung der Redner‹: Hermann Strunk. Mit Literaturverzeichnis. 1918: 1.–10. Tsd.

– [2] *Zelter auf Reisen.* Briefe Friedrich Zelters an Goethe. Auswahl und Nachwort: Katharina Kippenberg. 1925: 1.–10. Tsd.

245 [1] *Romeo und Julia. Der Kaufmann von Venedig.* Zwei altitalienische Novellen [von Luigi da Porto und Giovanni Fiorentino]. Übertragung und je eine Einleitung: Walter Keller. Mit Anhang ›Urform von ‚Romeo und Julia' nach Masuccios ‚Novellino'‹. 1919: 1.–10. Tsd. – 1922: 15. Tsd. – 2 Auflagen

– [2] *Ludwig Christoph Heinrich Hölty: Gedichte.* Mit Titelvignette. Auswahl und Nachwort: Walter Lampe. [1.–10. Tsd. unter IB 334,1 – jetzt veränderte Auswahl: 11 Gedichte weggelassen, 12 hinzugefügt.] – 1938: 11.–20. Tsd. – 1944: 30. Tsd. – 2 Auflagen

246 *Theodor Storm: Immensee.* Novelle. 1919: 1.–15. Tsd. – 1922: 50. Tsd. – 1937: 100. Tsd. – 1941: 120. Tsd. – 12 Auflagen

247 *Oscar Wilde: Salome.* Tragödie in einem Akt. Mit 15 Zeichnungen von Aubrey Beardsley. Übertragung: Hedwig Lach-

mann. 1919: 1.–10. Tsd. – 1934: 50. Tsd. – 1959 (W): 60. Tsd. [Seitdem 16 Zeichnungen; ›im Originalzustand‹.] 1983 (F): 80. Tsd. – 1986 (F): 85. Tsd. – 13 Auflagen

248 *Henrich Stillings Jugend.* Eine wahrhafte Geschichte. Mit Titelvignette von Daniel Chodowiecki. Nachwort. 1919: 1. bis 10. Tsd. – 1932: 18. Tsd. – 3 Auflagen

249 [1A] *Theodor Storm: Aquis submersus.* Novelle. 1919: 1. bis 15. Tsd. – 1929: 40. Tsd. – 1944: 68. Tsd.

– [1B] –. Unveränderter Nachdruck der kritischen Ausgabe von Albert Köster 1919/20. Mit 12 Kupferstichen von Johannes Wüsten. 1967 (L): 69.–83. Tsd. – 1981 (L): 98. Tsd. – 9 Auflagen

250 *Albrecht Dürer: Die kleine Passion.* 37 Holzschnitte. Nachwort: Emil Waldmann. 1919: 1.–10. Tsd. – 1931: 40. Tsd. – 1937: 63. Tsd. [Seitdem Titelholzschnitt nach dem einzig erhaltenen Probedruck im Britischen Museum London.] – 1941: 80. Tsd. – 1953 (W): 97. Tsd. – 1957 (W): 107. Tsd. – 12 Auflagen

251 [1] *Das Evangelium und die Briefe S. Johannis.* In der letzten Fassung der Lutherschen Übertragung. Nachwort: Adolf von Harnack. 1919: 1.–10. Tsd. – Seit 1937 IB 127,3

– [2] *Theodor Fontane: Gedichte.* 1927: 1.–10. Tsd. – 1943: 25. Tsd. – 3 Auflagen

252 [1A] *Elizabeth Barrett-Browning: Sonette aus dem Portugiesischen.* Übertragung: Rainer Maria Rilke. 1919: 1.–10. Tsd. – 1941: 40. Tsd. – 1950 (W): 50. Tsd. – 1959 (W): 70. Tsd.

– [1B] –. Englisch und deutsch. 1959 (L): 71.–75. Tsd. – 1960 (L): 80. Tsd. – 10 Auflagen

253 [1] *Johann Gottlieb Fichte: Über die Bestimmung des Gelehrten.* [Über die Bestimmung des Menschen an sich. Über die Bestimmung des Menschen in der Gesellschaft. Über die Verschiedenheit der Stände in der Gesellschaft. Prüfung der Rousseauschen Behauptungen über den Einfluß der Künste und Wissenschaften auf das Wohl der Menschheit.] Fünf Vorlesungen. Mit Nachwort. 1919: 1.–10. Tsd.

– [2A] *Die Bahn und der rechte Weg des Lao-Tse.* Der chinesischen Urschrift nachgedacht von Alexander Ular. Nachwort: Alexander Ular. 1927: 1.–10. Tsd. – 1938: 45. Tsd. – Seit 1976 IB 991,2

– [2B] *Lau-Dse. Führung und Kraft aus der Ewigkeit* (Dau-Dö-

Ging). Übertragung aus dem Chinesischen und Nachwort: Erwin Rousselle. 1942: 46.–55. Tsd. – 1946 (W): 61. Tsd. – 1958 (W): 90. Tsd. – 10 Auflagen

254 [1] *Johann Peter Hebels Alemannische Gedichte in Auswahl.* Auswahl, Nachwort und Wörterverzeichnis: Heinrich Ernst Kromer. 1916: 1.–10. Tsd. – Seit 1939 veränderte Auswahl unter IB 67,2

– [2A] *F[jodor] M. Dostojewski: Helle Nächte.* Ein empfindsamer Roman aus den Erinnerungen eines Träumers. Übertragung: Hermann Röhl. 1928: 1.–10. Tsd. – 1937: 20. Tsd.

– [2B] –: *Weiße Nächte.* Mit 8 Zeichnungen von Irmgard Zoll. Nachwort: Michael Wegner. 1969 (L): 21.–30. Tsd. – 4 Auflagen

255 [1] *Lili* [Schönemann] *in ihren Briefen.* Mit Goethes Gedicht ›An Lili‹. Auswahl und Anmerkungen: Heinz Amelung. 1917: 1.–10. Tsd. – 1922: 15. Tsd. [U. d. T. ›Goethes Lili in ihren Briefen‹.] – 2 Auflagen

– [2] *Der kleine Goldfischteich.* Kolorierte Stiche nach chinesischen Aquarellen. 24 Tafeln. Nachwort: Franz Kuhn. 1935: 1.–21. Tsd. – 1935: 50. Tsd. – 1938: 75. Tsd. [Reihenfolge der Tafeln geändert.] – 3 Auflagen

256 [1] *Ernst Elias Niebergall: Des Burschen Heimkehr oder Der tolle Hund.* Lustspiel in Darmstädter Mundart. Herausgegeben von Ludwig Voltz. Mit Vorwort, einer Nachbemerkung ›Zur Mundart‹ und mit Worterklärungen. 1919: 1.–10. Tsd.

– [2] *Euripides: Elektra.* Übertragung und Nachwort: Ernst Buschor. 1943: 1.–10. Tsd. – 1948 (W): 11.–15. [statt 1.–5.] Tsd. – 1951 (W): 20. Tsd. – 3 Auflagen

257 [1A] *Novalis: Fragmente.* Auswahl und Anordnung: Felix Braun. 1919: 1.–10. Tsd. – 1922: 15. Tsd.

– [1B] –: *Gedichte und Gedanken.* Neue, um 14 Gedichte vermehrte Ausgabe. 1933: 16.–20. Tsd.

– [1C] –. Veränderte Auswahl. Mit Schlußbemerkung. 1936: 21.–30. Tsd. – 4 Auflagen

258 [1A] *Anton Tschechow: Eine langweilige Geschichte.* Aus den Aufzeichnungen eines alten Mannes. Übertragung: Hermann Röhl. 1919: 1.–10. Tsd. – 1925: 15. Tsd. [Seitdem Untertitel als Titel.] – 1947 (L): 25. Tsd. – 3 Auflagen

– [1B] –. Übertragung: Reinhold Trautmann. 1977 (L): 1. bis 20. Tsd.

259 [1A] *Iwan Turgenjew: Gedichte in Prosa.* Übertragung: Theodor Commichau. 1918: 1.–10. Tsd. – 1937: 23. Tsd. – 1951 (L): 33. Tsd. – 1956 (L): 43. Tsd. – 6 Auflagen
– [1B] –. Erweitert um ›Die Schwelle‹; Übertragung: Wolfgang Kasack. Doppeltitel und Leisten von Heinrich Vogeler nach der Ausgabe von 1903 [IK 1786]. 1987 (F) [In Vorbereitung.]

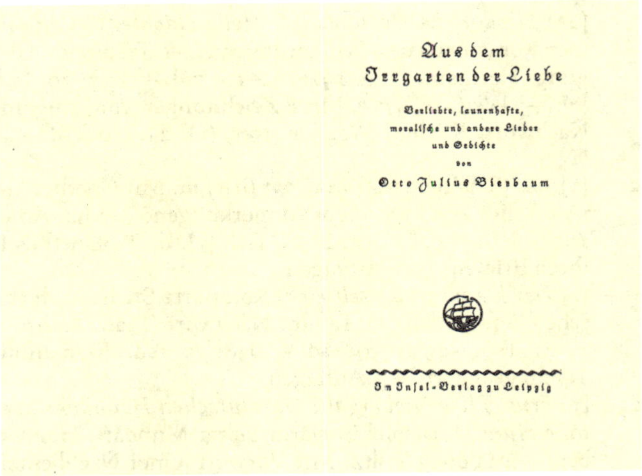
Aus dem
Irrgarten der Liebe
Verliebte, launenhafte,
moralische und andere Lieder
und Gedichte
von
Otto Julius Bierbaum
Im Insel-Verlag zu Leipzig

IB 260,2 Titel

260 [1] *Friedrich List [z. T. unter Mitwirkung von W. Schulz-Bodmer]: Gedanken und Lehren.* Auswahl und Einleitung: Otto Jöhlinger. 1919: 1.–10. Tsd.
– [2] *Otto Julius Bierbaum: Aus dem Irrgarten der Liebe.* Verliebte, launenhafte, moralische und andere Lieder und Gedichte. 1927: 1.–10. Tsd. – 1939: 13. Tsd. – 2 Auflagen
261 [1A] *Albert Ehrenstein: Tubutsch.* [Ritter Johann des Todes.] Mit 12 Zeichnungen von Oskar Kokoschka. [Titelzeichnung im Text wiederholt.] 1919: 1.–10. Tsd.
– [1B] –: *Tubutsch und Gedichte.* Um 12 Gedichte erweitert; ›Ritter Johann des Todes‹ weggelassen; Reihenfolge der Zeichnungen verändert. 1919: 11.–15. [statt 14.–18.] Tsd. – 2 Auflagen – Siehe auch IB 797

261 [2] *Max Mell: Barbara Naderer.* Eine Novelle. 1933: 1. bis 10. Tsd. – 1943: 40. Tsd. – 3 Auflagen

262 *Jeremias Gotthelf: Die schwarze Spinne.* Eine Novelle. 1919: 1.–10. Tsd. – 1939: 30. Tsd. – 1942: 59. Tsd. – 1958 (W): 69. Tsd. – 7 Auflagen

263 *Max Klinger: Malerei und Zeichnung.* Mit einer Federzeichnung Klingers [auf dem Titelblatt]. 1919: 1.–10. Tsd. – 1940: 26. Tsd. – 4 Auflagen

264 [1A] *Luiz de Camões: Ausgewählte Sonette.* Auswahl und Übertragung: Otto Freiherr von Taube. 1919: 1.–10. Tsd.

– [1B] –: *Sonette.* [Textlich unverändert.] Übertragung und Nachwort: Otto Freiherr von Taube. 1959 (W): 11.–17. Tsd.

– [1C] –. Eine Auswahl. Um ein Sonett [›Der 137. Psalm‹] gekürzt. Nachwort: Erich Kalwa. 1974 (L): 18.–27. Tsd. – 3 Auflagen

– [2] *Ernest Hello: Ludovik.* Erzählung. Übertragung: Hans Kauders. Nachwort: Hermann Bahr. 1927: 1.–8. Tsd. – 1946 (W): 13. Tsd. – 2 Auflagen

265 [1] *Altdänische Heldenlieder.* Übertragung, Vorrede und Schlußbemerkung: Wilhelm Grimm. Herausgegeben von Heinz Amelung. 1919: 1.–10. Tsd.

– [2A] *Grünewalds Handzeichnungen.* 24 Tafeln. Auswahl und Nachwort: Richard Graul. 1935: 1.–10. Tsd. – 1935: 50. Tsd.

– [2B] *Grünewalds d. i. Mathis Nitharts Handzeichnungen.* 28 Tafeln. Auswahl verändert, Nachwort durch Hanns Bechstein bearbeitet. 1946 (L): 51.–60. Tsd. – 1958 (W): 70. Tsd. [Nachwort erneut bearbeitet.] – 5 Auflagen

266 *Björnstjerne Björnson: Der Brautmarsch.* Erzählung. Übertragung: Mathilde Mann. 1919: 1.–20. Tsd. – 1938: 33. Tsd. – 4 Auflagen

267 [1] *Paul Verlaine: Meine Spitäler.* Mit Bildnis Verlaines. Übertragung: Hanns von Gumppenberg. 1919: 1.–10. Tsd.

– [2] *Gunnar Gunnarsson: Der Knabe.* Erzählung. Übertragung: E. Göhlsdorf. 1933: 1.–10. Tsd. – 1940: 25. Tsd. – 3 Auflagen

268 [1A] *Joseph Freiherr von Eichendorff: Gedichte.* Auswahl und Nachwort: Albrecht Schaeffer. 1919: 1.–10. Tsd. – 1924: 20. Tsd.

– [1B] –. Um 1 Gedicht [›Ergebung‹] gekürzt. 1927: 21.–25. Tsd. – 1932: 28. Tsd.

268 [1C] –. Um weitere 13 Gedichte gekürzt, 10 neu aufgenommen. Ohne Nachwort. 1936: 29.–38. Tsd. – 1943: 53. Tsd. – 1947 (W): 58. Tsd.

– [1D] –. Weitere 3 Gedichte weggelassen. Mit Titelvignette. 1954 (W): 59.–65. Tsd. – 1959 (W): 79. Tsd. – 12 Auflagen

269 [1] *Wilhelm von Humboldt: Über die Aufgabe des Geschichtsschreibers.* Mit Anhang ›Betrachtungen über die Weltgeschichte‹ und ›Betrachtungen über die bewegenden Ursachen in der Weltgeschichte‹. Einleitung: Albert Leitzmann. 1919: 1.–10. Tsd.

– [2A] *Das kleine Kräuterbuch.* Einheimische Heil-, Würz- und Duftpflanzen, nach der Natur gezeichnet von Willi Harwerth. 36 mehrfarbige Tafeln. ›Mensch und Pflanze‹: Friedrich Schnack; ›Heilbücher und Heilkunde‹ sowie Tafelerläuterungen: Sandro Limbach. 1936: 1.–24. Tsd. [Im Untertitel ›Gewürzpflanzen‹.] – 1936: 43. Tsd.

– [2B] –. 2 Tafeln ausgetauscht, Reihenfolge geändert. 1937: 44.–75. Tsd. – 1940: 125. Tsd. – 1987 (F) [In Vorbereitung.] – 6 Auflagen

270 [1] *Nicolai Gogol: Taras Bulba.* Novelle. Übertragung und Nachwort: Karl Nötzel. Mit Wörterverzeichnis. 1916: 1. bis 10. Tsd. – 1925: 25. Tsd. – 3 Auflagen

– [2] *Römische Kaisermünzen.* 48 Bildtafeln. Bildwahl und Geleitwort: Max Hirmer. 1941: 1.–30. Tsd. – 1942: 60. Tsd. – 2 Auflagen

271 [1A] *Annette von Droste-Hülshoff: Die Judenbuche.* Mit 37 Zeichnungen von Max Unold. 1919: 1.–10. Tsd. – 1928: 45. Tsd.

– [1B] –. Ein Sittengemälde aus dem gebirgichten Westfalen. Ohne Zeichnungen. 1933: 46.–55. Tsd. – 1939: 65. Tsd. – 1950 (W): 75. Tsd. – 1958 (L): 95. Tsd.

– [1C] –. Mit 10 Zeichnungen von Hans Fronius. 1962 (F): 96. bis 105. Tsd. – 10 Auflagen

272 *Fabeln des Äsop.* Nach Steinhöwels ›Erneuertem Esopus‹ bearbeitet von Victor Zobel. Mit 51 [statt 49] Holzschnitten von Virgil Solis. Mit Nachbemerkung. 1914: 1.–10. Tsd. – 1940: 23. Tsd. [Ohne Titelholzschnitt. Seitdem ohne Untertitel.] – 1980 (L): 38. Tsd. – 5 Auflagen

273 [1A] *Leo N. Tolstoi: Polikuschka.* Novelle. Übertragung und Nachwort: Karl Nötzel. 1916: 1.–10. Tsd.

273 [1B] –: *Polikei.* Novelle. Übertragung: Hermann Röhl. Ohne Nachwort. 1922: 11.–20. Tsd. – 1951 (L): 30. Tsd. – 1952 (L): 40. Tsd. – 4 Auflagen

274 [1A] *Kakuzo Okakura: Das Buch vom Tee.* Übertragung aus dem Englischen: Marguerite und Ulrich Steindorff. 1919: 1. bis 10. Tsd. – 1925: 55. Tsd. – 1937: 110. Tsd.

– [1B] –. Übertragung aus dem Japanischen und Nachwort: Horst Hammitzsch. 1949 (W): 111.–120. Tsd. – 1954 (W): 174. Tsd. – 1959 (W): 204. Tsd. – 1979 (F): 233. Tsd. – 26 Auflagen

275 [1A] *Giovanni di Boccaccio: Das Leben Dantes.* Titelzeichnung von Fritz Helmuth Ehmcke. Übertragung: Otto Freiherr von Taube. 1919: 1.–10. Tsd. – 1926: 20. Tsd.

– [1B] –. Titelbild nach einem Stich von Enea Vico. Mit Übertragung der lateinischen Verse. Nachwort: Werner Bahner. 1965 (L): 21.–30. Tsd. – 4 Auflagen

276 [1A] *E. T. A. [Ernst Theodor Amadeus] Hoffmann: Die Abenteuer der Silvesternacht.* Mit gezeichnetem Titel und 21 Zeichnungen von A. Goetzell. 1919: 1.–10. Tsd. – 1931: 25. Tsd.

– [1B] –. Mit 25 Zeichnungen von Fritz Fischer. 1941: 26. bis 35. Tsd.

– [1C] –. Mit 25 [anderen] Zeichnungen [zu den gleichen Motiven] von Fritz Fischer. 1950 (L): 36.–45. Tsd. – 1953 (W): 55. Tsd. – 7 Auflagen

277 [1A] *[Ludwig Aurbacher:] Die Abenteuer von den sieben Schwaben.* Mit 10 Zeichnungen von Ferdinand Fellner. Nachwort: Max Christian Wegner. 1919: 1.–10. Tsd. – 1935: 25. [statt 20.] Tsd.

– [1B] *Ludwig Aurbacher: Die Abenteuer von den sieben Schwaben.* Mit [18] Zeichnungen von Peter Hoffer. 1958 (W): 26.–35. Tsd. – 4 Auflagen

278 *Adalbert Stifter: Brigitta.* Eine Erzählung. 1920: 1.–10. Tsd. – 1938: 55. Tsd. – 1944: 125. Tsd. – 1950 (W): 135. Tsd. – 1956 (L): 175. Tsd. – 1964 (F): 207. Tsd. – 21 Auflagen

279 *Theodor Storm: Zwei Weihnachtsgeschichten.* [Unter dem Tannenbaum. Abseits.] 1920: 1.–15. Tsd. – 1930: 30. Tsd. – 1939: 45. Tsd. – 6 Auflagen

280 *Meister Eckhart. Ein Breviarium aus seinen Schriften.* Übertragung, Auswahl und Vorwort: Alois Bernt. 1919: 1. bis

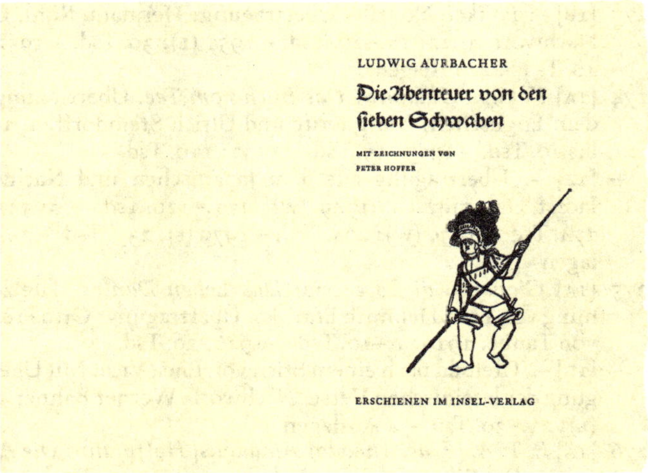

IB 277,1B Titel

10. Tsd. – 1940: 33. Tsd. – 1951 (W): 40. [statt 32.] Tsd. – 7 Auflagen

281 [1] *Alte deutsche Liebeslieder.* Mit Titelholzschnitt von Hans Alexander Müller [nach einem alten Stich]. Auswahl und Nachwort: Peter Jerusalem. 1915: 1.–10. Tsd. – 1922: 15. Tsd. – 2 Auflagen – Seit 1937 veränderte und erweiterte Fassung unter IB 4,2

– [2] *Das kleine Blumenbuch.* [58 mehrfarbige] Zeichnungen von Rudolf Koch, in Holz geschnitten von Fritz Kredel. 1933: 1.–50. Tsd. – 1934: 195. Tsd. – 1936: 265. Tsd. – 1938: 337. Tsd. – 1945: 423. Tsd. – 1958 (L+W): 473. Tsd. – 1986 (F): 483. Tsd. – 22 Auflagen

282 [1] *Kalidasa: Der Kreis der Jahreszeiten.* (Rtusamhāra.) Nach der metrischen Übersetzung Peter von Bohlens neu herausgegeben, mit Anmerkungen und einem Nachwort versehen von Herman Kreyenborg. 1919: 1.–10. Tsd.

– [2] *Wladimir Korolenko: Der Wald rauscht. In der Osternacht.* Zwei Erzählungen. Übertragung: Michael Feofanow. 1951 (L): 1.–10. Tsd. – 1954 (L): 20. Tsd. – 2 Auflagen

283 [1A] *[Friedrich Gottlieb] Klopstock: Oden.* Mit Titel- und

Schlußvignette. Auswahl und Nachwort: Albrecht Schaeffer. 1919: 1.–10. Tsd.

283 [1B] *Klopstocks Oden.* Um 5 Oden erweitert. Ohne Schlußvignette. 1933: 11.–15. Tsd. – 1941: 20. Tsd. – 3 Auflagen

– [1C] *[Friedrich Gottlieb] Klopstock: An Freund und Feind.* Ausgewählte Oden. Als Frontispiz Bildnis Klopstocks. Auswahl und Nachwort: Heinz Czechowski. 1975 (L): 1.–15. Tsd.

284 [1] *Benjamin Constant: Adolf.* [Roman.] Übertragung, Vor- und Nachwort: Elisabeth Schellenberg. 1919: 1.–10. Tsd. – Siehe auch IB 776

– [2A] *Franz Schubert: Goethe-Lieder.* Für eine Singstimme mit Klavierbegleitung. Umschreibung in Tonarten für mittlere Stimme: Max Friedlaender. 1928: 1.–10. Tsd. – 1939: 20. Tsd. – 1957 (W): 32. Tsd.

– [2B] –. Nachwort: Peter Horst Neumann. 1987 (F) [In Vorbereitung.] – 5 Auflagen

285 [1] *Joost van den Vondel: Luzifer.* Trauerspiel. Übertragung: Marie von Seydewitz. Nachwort: Albert Verwey. 1919: 1. bis 10. Tsd.

– [2] *Selma Lagerlöf: Das Mädchen vom Moorhof.* [Erzählung.] Übertragung: Marie Franzos. 1927: 1.–10. Tsd. – 1935: 70. Tsd. – 1941: 130. Tsd. – 1947 (W): 135. Tsd. – 1952 (W): 206. Tsd. – 1959 (W): 276. Tsd. – 1969 (F): 310. Tsd. – 1986 (F): 320. Tsd. – 31 Auflagen

286 [1] *Victor Hehn: Das Salz.* Eine kulturhistorische Studie. Vorwort und Anmerkungen: Kurt Jagow. 1919: 1.–10. Tsd.

– [2] *Conrad Ferdinand Meyer: Gustav Adolfs Page.* Novelle. 1929: 1.–10. Tsd. – 1938: 30. Tsd. – 4 Auflagen

287 [1] *August Strindberg: Ehegeschichten.* Übertragung: Pauline Klaiber-Gottschau. 1920: 1.–10. Tsd. – 1939: 38. Tsd. – 6 Auflagen

– [2] *Juri Tynjanow: Sekondeleutnant Saber.* Erzählung. Übertragung: Maria Einstein. Mit Nachwort. 1954 (L): 1.–10. Tsd.

288 [1] *August Strindberg: Fabeln.* Übertragung: Pauline Klaiber-Gottschau. 1920: 1.–10. Tsd.

– [2] –: *Der romantische Küster auf Ranö.* Übertragung: Erich Holm. 1921: 1.–10. Tsd. – 1926: 15. Tsd. – 2 Auflagen

– [3] *Stephen Vinzent Benét: Des Bischofs Bettler.* Erzählung. Übertragung: Paridam von dem Knesebeck. 1952 (W): 1. bis 10. Tsd. – 1956 (W): 30. Tsd. – 3 Auflagen

289 [1] *August Strindberg: Die Kronbraut.* Ein Märchenspiel. Mit Musiknoten. Übertragung: Pauline Klaiber-Gottschau. 1920: 1.–10. Tsd. – 1924: 15. Tsd. – 2 Auflagen

– [2] *Josef Ponten: Der Meister.* Novelle. 1933: 1.–10. Tsd. – 1940: 30. Tsd. – 1945: 62. Tsd. – 7 Auflagen

290 [1] *August Strindberg: Schwanenweiß.* Ein Märchenspiel. Übertragung: Pauline Klaiber-Gottschau. 1920: 1.–10. Tsd. – 1929: 30. Tsd. – 5 Auflagen

– [2] *Alte flämische Lieder.* Im Urtext mit den Singweisen. Auswahl und Nachwort: Johannes Bolte. Mit Wörterverzeichnis. [1.–20. Tsd. unter IB 209,1.] – 1941: 21.–25. Tsd.

– [3A] *Alexander Grin: Das Purpursegel.* Eine Feerie. Übertragung: L. Klementinowskaja. Nachwort: Konstantin Paustowski. 1952 (L): 1.–20. Tsd. – 1959 (L): 51. Tsd.

– [3B] –. Ohne Nachwort. 1960 (W): 52.–61. Tsd.

– [3C] –. Mit 19 Holzstichen von Heiner Vogel. Mit Nachwort. 1965 (L): 62.–71. Tsd. – 1977 (L): 81. Tsd. – 7 Auflagen

291 [1] *August Strindberg: Ein Traumspiel.* Mit Musiknoten. Übertragung: Pauline Klaiber-Gottschau. 1920: 1.–10. Tsd. – 1940: 32. Tsd. – 5 Auflagen

– [2] *Johannes R. Becher: Dreimal bebende Erde.* Ausgewählte Prosa. Auswahl vom Verfasser. 1953 (L): 1.–10. Tsd.

292 [1] *August Strindberg: Ostern.* [Schauspiel.] Übertragung: Mathilde Mann. 1919: 1.–10. Tsd. – 1927: 20. Tsd. – 3 Auflagen

– [2] *Christopher Marlowe: Die tragische Historie vom Doktor Faustus.* Übertragung (nach dem ersten englischen Druck von 1604), Nachwort und Anmerkungen: Adolf Seebaß. [1949 (W): 1.–3. Tsd. nicht IB – IK 1064.] – 1953 (W): Restbestände in IB-Ausstattung

293 *August Strindberg: Die Gespenstersonate.* [Kammerspiel.] Übertragung: Mathilde Mann. 1919: 1.–10. Tsd. – 1925: 28. Tsd. – 4 Auflagen

294 [1] *[Christian Reuter:] Schelmuffsky.* Curiose und Sehr gefährliche Reißebeschreibung zu Wasser und Land. [Nach der ersten Fassung von 1696.] Nachwort: Fritz Adolf Hünich. 1919: 1.–10. Tsd. – 1926: 15. Tsd. – 2 Auflagen

– [2] *Paul Klee: [40] Handzeichnungen.* Auswahl und Geleitwort: Will Grohmann. 1951 (W): 1.–11. Tsd. – 1952 (W): 22. Tsd. [Seitdem Reihenfolge der Tafeln 28/29 vertauscht.] –

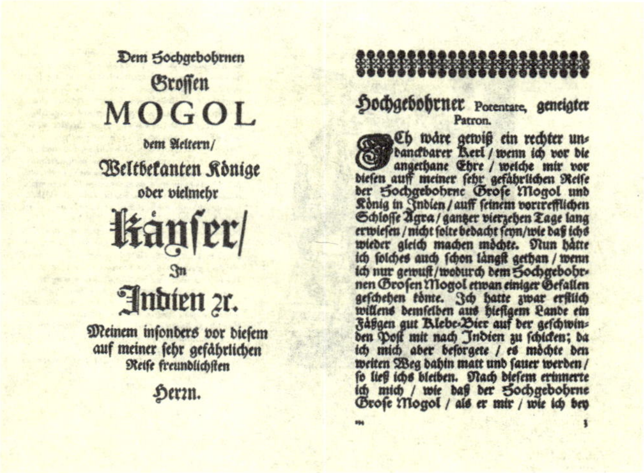

Dem Hochgebohrnen
Grossen
MOGOL
dem Aeltern/
Weltbekanten Könige
oder vielmehr
Käyser/
In
Indien ꝛc.
Meinem insonders vor diesem
auf meiner sehr gefährlichen
Reise freundlichsten
Herrn.

Hochgebohrner Potentate, geneigter
Patron.
Ich wäre gewiß ein rechter un-
danckbarer Kerl / wenn ich vor die
angethane Ehre / welche mir vor
diesen auff meiner sehr gefährlichen Reise
der Hochgebohrne Grose Mogol und
König in Indien / auff seinem vortrefflichen
Schlosse Agra / gantzer vierzehen Tage lang
erwiesen / nicht solte bedacht seyn/wie daß ichs
wieder gleich machen möchte. Nun hätte
ich solches auch schon längst gethan / wenn
ich nur gewust/wodurch dem Hochgebohr-
nen Grosen Mogol etwan einiger Gefallen
geschehen könte. Ich hatte zwar erstlich
willens demselben aus hiesigem Lande ein
Fäßgen gut Klebe-Bier auf der geschwin-
den Post mit nach Indien zu schicken; da
ich mich aber besorgete / es möchte den
weiten Weg dahin matt und sauer werden /
so ließ ichs bleiben. Nach diesem erinnerte
ich mich / wie daß der Hochgebohrne
Grose Mogol / als er mir / wie ich bey
)(3

IB 294,1 Doppelseite

1952 (W): 32. Tsd. [Seitdem Reihenfolge der Tafeln 10/11 sowie 14/15 vertauscht.] – 1955 (W): 72. Tsd. – 5 Auflagen

295 [1] *Friedrich Schlegel: Lucinde.* Ein Roman. Nachwort: Oskar Walzel. 1919: 1.–10. Tsd. – 1927: 20. Tsd. – 3 Auflagen – Siehe auch IB 759

– [2] *Friedrich Wolf: Die Matrosen von Cattaro.* Ein Schauspiel. 1951 (L): 1.–10. Tsd. – 1962 (L): 25. Tsd. – 3 Auflagen

296 [1A] *Goethes Novelle.* Mit gezeichnetem Titel und 36 Zeichnungen von Bernhard Hasler. 1919: 1.–10. Tsd. – 1931: 18. Tsd.

– [1B] *[Johann Wolfgang von] Goethe: Novelle.* Mit 10 Zeichnungen von Willy Widmann. 1940: 19.–38. Tsd. – 1941: 58. Tsd.

– [1C] –. Mit [8] Holzstichen von Imre Reiner. 1961 (F): 59. bis 68. Tsd. – 6 Auflagen

297 [1] *Wilhelm Weigand: Die Hexe.* Eine Erzählung. 1920: 1.–10. Tsd.

– [2] *Jack London: Feuer auf See.* [Der Bund der Alten. Das Gesetz des Lebens.] Geschichten aus der Südsee und aus den Wäldern des Nordens. Übertragung: Erwin Magnus. 1927:

- 14 -

Jahreszeit kommt es hauptsächlich darauf an, daß man mehr empfange als gebe; dies zu bewirken, ist am Ende die Summe des ganzen Staatshaushaltes, so wie der kleinsten häuslichen Wirtschaft. Verzeihen Sie aber, meine Beste, ich reite niemals gern durch Markt und Messe: bei jedem Schritt ist man gehindert und aufgehalten, und dann flammt mir das ungeheure Unglück wieder in die Einbildungskraft, das sich mir gleichsam in die Augen eingebrannt, als ich eine solche Güter- und Warenbreite in Feuer aufgehen sah. Ich hatte mich kaum –

Lassen Sie uns die schönen Stunden nicht versäumen, fiel ihm die Fürstin ein, da der würdige Mann sie schon einigemal mit ausführlicher Beschreibung jenes Unheils geängstigt hatte, wie er sich nämlich, auf einer großen Reise begriffen, abends im besten Wirtshause auf dem Markte, der eben von einer Hauptmesse wimmelte, höchst ermüdet zu Bette gelegt und nachts durch Geschrei und Flammen, die sich gegen seine Wohnung wälzten, gräßlich aufgeweckt worden.

Die Fürstin eilte, das Lieblingspferd zu besteigen, und führte, statt zum Hintertore bergauf, zum Vordertore bergunter ihren widerwillig-bereiten Begleiter; denn wer wäre nicht gern an ihrer Seite geritten, wer wäre ihr nicht gern gefolgt. Und so war auch Honorio von der sonst so ersehnten Jagd willig zurückgeblieben, um ihr ausschließlich dienstbar zu sein.

Wie vorauszusehen, durften sie auf dem Markte nur

- 15 -

IB 296,1C Doppelseite mit Illustration

1.–10. Tsd. – 1938: 35. Tsd. – 1947 (L): 45. Tsd. – 5 Auflagen

298 [1] *Plutarch: Das Leben des Themistokles.* Übertragung und Einleitung: Wilhelm Capelle. Mit einer Karte. 1919: 1. bis 10. Tsd. – Seit 1937 IB 122,2

– [2] *Conrad Ferdinand Meyer: Die Hochzeit des Mönchs.* Novelle. 1929: 1.–10. Tsd. – 1941: 23. Tsd. – 4 Auflagen

299 [1] *Kymrische Dichtungen.* Übertragung und Anmerkungen: Adolf Knoblauch. 1919: 1.–10. Tsd.

– [2] *Hans Sachs: Vier Fastnachtsspiele.* Der Teufel mit dem alten Weib. Der gestohlen Fastnachthohn. Das heiß Eisen. Der Krämerskorb. Mit einem Holzschnitt und Wortverzeichnis. 1929: 1.–10. Tsd. – 1940: 15. Tsd. – 2 Auflagen

300 [1A] *Georg Wilhelm Friedrich Hegel: Einführung in die Phänomenologie des Geistes.* Nachwort: Friedrich Blaschke. 1920: 1.–10. Tsd.

– [1B] –: *Einleitung in die Phänomenologie des Geistes.* Um ›Einleitung in die Wissenschaft der Erfahrung des Bewußtseins‹ erweiterte Ausgabe. Nachwort: Karl Löwith. 1964 (F): 11.–17. Tsd. – 2 Auflagen

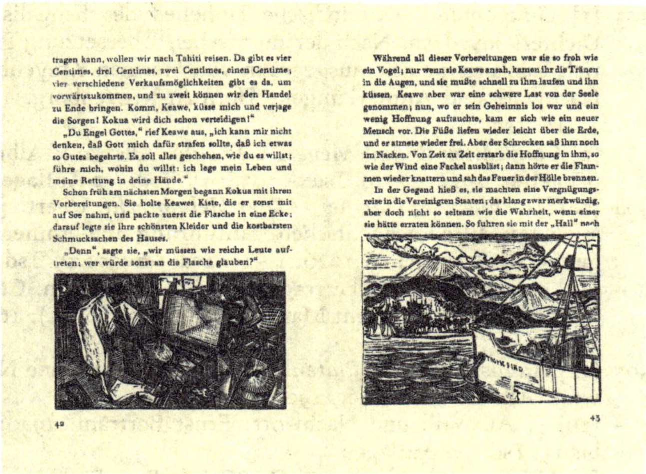
tragen kann, wollen wir nach Tahiti reisen. Da gibt es vier Centimes, drei Centimes, zwei Centimes, einen Centime; vier verschiedene Verkaufsmöglichkeiten gibt es da, um vorwärtszukommen, und zu zweit können wir den Handel zu Ende bringen. Komm, Keawe, küsse mich und verjage die Sorgen! Kokua wird dich schon verteidigen!"

„Du Engel Gottes," rief Keawe aus, „ich kann mir nicht denken, daß Gott mich dafür strafen sollte, daß ich etwas so Gutes begehrte. Es soll alles geschehen, wie du es willst; führe mich, wohin du willst: ich lege mein Leben und meine Rettung in deine Hände."

Schon früh am nächsten Morgen begann Kokua mit ihren Vorbereitungen. Sie holte Keawes Kiste, die er sonst mit auf See nahm, und packte zuerst die Flasche in eine Ecke; darauf legte sie ihre schönsten Kleider und die kostbarsten Schmucksachen des Hauses.

„Denn", sagte sie, „wir müssen wie reiche Leute auftreten; wer würde sonst an die Flasche glauben?"

42

Während all dieser Vorbereitungen war sie so froh wie ein Vogel; nur wenn sie Keawe ansah, kamen ihr die Tränen in die Augen, und sie mußte schnell zu ihm laufen und ihn küssen. Keawe aber war eine schwere Last von der Seele genommen; nun, wo er sein Geheimnis los war und ein wenig Hoffnung auftauchte, kam er sich wie ein neuer Mensch vor. Die Füße liefen wieder leicht über die Erde, und er atmete wieder frei. Aber der Schrecken saß ihm noch im Nacken. Von Zeit zu Zeit erstarb die Hoffnung in ihm, so wie der Wind eine Fackel ausbläst; dann hörte er die Flammen wieder knattern und sah das Feuer in der Hölle brennen.

In der Gegend hieß es, sie machten eine Vergnügungsreise in die Vereinigten Staaten; das klang zwar merkwürdig, aber doch nicht so seltsam wie die Wahrheit, wenn einer sie hätte erraten können. So fuhren sie mit der „Hall" nach

43

IB 302,2 Doppelseite mit Illustrationen

300 [2] *Conrad Ferdinand Meyer: Huttens letzte Tage.* 1929: 1.–10. Tsd. – 1941: 30. Tsd. – 1950 (W): 38. Tsd. – 5 Auflagen

301 [1] *Berichte über die Entdeckung Perus.* Schilderungen von Augenzeugen und Mitkämpfern. Übertragung aus dem Englischen des Clemens Robert Markham, Bearbeitung und Vorwort: Hermann Sommer. Mit einer Karte. 1919: 1.–10. Tsd.

– [2A] *Robert Louis Stevenson: Der seltsame Fall von Dr. Jekyll und Mr. Hyde.* Übertragung: Grete Rambach. 1930: 1. bis 10. Tsd. – 1937: 15. Tsd. – 1946 (W): 20. Tsd. – 1955 (W): 30. Tsd.

– [2B] –. Mit 16 Holzstichen von Karl-Georg Hirsch. Nachbemerkung: Günter Gentsch. 1969 (L): 31.–45. Tsd. – 5 Aufl.

302 [1] *Rudolf G. Binding: Legende von der Keuschheit.* 1919: 1. bis 20. Tsd. – 1921: 30. Tsd. – 2 Auflagen

– [2] *Robert Louis Stevenson: Das Flaschenteufelchen.* Eine Erzählung. Mit [25] Holzstichen [statt: Holzschnitten] von Hans Alexander Müller. Übertragung: Li Wegner. 1925: 1.–10. Tsd. – 1937: 40. Tsd. – 1951 (W): 50. Tsd. – 1955 (W): 70. Tsd. – 1972 (L): 93. Tsd. – 11 Auflagen

303 [1] *Gitagovinda.* Das indische Hohelied des bengalischen Dichters Jayadeva. Nach der metrischen Übersetzung Friedrich Rückerts neu herausgegeben von Herman Kreyenborg. Nachwort und Anmerkungen: Herman Kreyenborg. 1919: 1.–10. Tsd.

– [2] *Conrad Ferdinand Meyer: Gedichte.* Auswahl: Albrecht Schaeffer. 1929: 1.–10. Tsd. – 1938: 15. Tsd. – 2 Auflagen

304 [1A] *Wernher der Gärtner: Meier Helmbrecht.* Übertragung aus dem Mittelhochdeutschen, Einführung und Anmerkungen: Fritz Bergemann. 1920: 1.–10. Tsd. – 1937: 15. Tsd.

– [1B] –: *Helmbrecht.* Übertragung: Fritz Bergemann. Geleitwort und Anmerkungen: Manfred Lemmer. 1965 (L): 16. bis 25. Tsd. – 3 Auflagen

305 [1A] *August Graf von Platen: Gedichte.* Auswahl und Nachwort: Albrecht Schaeffer. 1920: 1.–10. Tsd.

– [1B] –. Auswahl und Nachwort: Ernst Bertram. 1940: 11. bis 15. Tsd. – 2 Auflagen

– [2] *Martin Andersen Nexö: Das Glück.* Eine Erzählung aus dem Bornholmer Nordland. Übertragung: Hermann Kiy. 1928: 1.–10. Tsd.

306 [1] *Justus Möser: Patriotische Phantasien.* Auswahl und Nachwort: Karl Scheffler. 1920: 1.–10. Tsd.

– [2] *Conrad Ferdinand Meyer: Die Richterin.* Novelle. 1927: 1.–10. Tsd. – 1938: 20. Tsd. – 3 Auflagen

307 [1] *Miguel de Cervantes: Der eifersüchtige Extremadurer.* Eine Novelle. Bearbeitet auf Grund älterer Übertragungen von Konrad Thorer [d. i. Felix Paul Greve]. 1920: 1.–10. Tsd.

– [2A] *Thomas Hardy: Der angekündigte Gast.* Mit [13 Feder-] Zeichnungen von Alfred Kubin. Übertragung: Adolf Walter Freund. 1928: 1.–10. Tsd. – 1949 (L): 20. Tsd.

– [2B]–. Erzählung. Ohne Illustrationen. 1955 (L): 21.–30. Tsd. – 3 Auflagen

308 [1A] *Felix Timmermans: Die sehr schönen Stunden von Jungfer Symforosa, dem Beginchen.* Mit Titelzeichnung und 9 Initialen von Felix Timmermans. Übertragung und Nachwort: Friedrich Markus Huebner. 1919: 1.–10. Tsd. – 1928: 50. Tsd. – 1932: 100. Tsd.

– [1B] –. Ohne Titelzeichnung, mit 9 veränderten Initialen von Felix Timmermans. Ohne Nachwort. 1936: 101.–120. Tsd. – 1941: 150. Tsd.

IB 307,2A Titel

308 [1C] –: *Die sehr schönen Stunden Jungfer Symforosas des Beginchens.* Zweifarbiger Druck. Wieder mit Titelzeichnung. 1952 (W): 151.–160. Tsd. – 1960 (W): 189. Tsd. – 14 Auflagen

309 [1] *Was sich Wüstenväter und Mönche erzählten.* Auswahl, Einleitung und Übertragung: Johannes Bühler. 1919: 1. bis 10. Tsd.

– [2] *Wilhelm Hey: Fünfzig Fabeln für Kinder.* Mit Bildern [Doppeltitel und 50 Lithographien] von Otto Speckter. 1928: 1.–10. Tsd. – 1939: 45. Tsd. – 1954 (W): 65. Tsd. [Statt Doppeltitel nur Titelzeichnung.] – 5 Auflagen – Siehe auch IB 402

310 *Zwei Reden Gotamo Buddhos.* [Kandarako. Die Pfeiler der Einsicht.] Übertragung: Karl Eugen Neumann. Vorwort: Ernst Reinhold. 1919: 1.–10. Tsd. – 1940: 21. Tsd. – 4 Auflagen

311 [1] *Albrecht Schaeffer: Der Raub der Persefone.* Eine attische Mythe. 1920: 1.–10. Tsd. – 1929: 15. Tsd. – 2 Auflagen

– [2] *Wolfgang Joho: Die Hirtenflöte.* Erzählung. Mit [11] Zeichnungen von Hans Mau. 1952 (L): 1.–10. Tsd.

312 [1] *Das Leben des Burkard Zink nebst Auszügen aus seiner*

Chronik. Mit 6 alten Holzschnitten. Auswahl, Nachwort und Wortverzeichnis: Werner Mahrholz. 1920: 1.–10. Tsd.

– [2] *Thomas Mann: Bekenntnisse des Hochstaplers Felix Krull*. Buch der Kindheit. 1932: 1.–20. Tsd. – 1948 (L): 30. Tsd. – 1950 (L): 40. Tsd. – 3 Auflagen

– [3] *Annette von Droste in ihren Briefen*. Auswahl: Levin L. Schücking. Mit Nachwort. 1940: 1.–10. Tsd. – 1941: 20. Tsd. – 2 Auflagen – Seit 1949 IB 372,2

313 [1] *Deutsche Wanderlieder*. Mit Titelholzschnitt von Hans Speckter. Auswahl: Fritz Adolf Hünich. 1920: 1.–10. Tsd.

– [2] *Gedichte des deutschen Barock*. Auswahl und Nachwort: Wolfgang Kayser. 1943: 1.–10. Tsd. [Fast die gesamte Auflage durch Kriegseinwirkung vernichtet.]

314 [1A] *[Alexander] Puschkin: Pique Dame*. Novelle. Übertragung und Nachwort: Rudolf Kassner. 1920: 1.–10. Tsd. – 1939: 21. Tsd.

– [1B] –. Ohne Nachwort. 1947 (L): 22.–31. Tsd. – 1951 (L): 51. Tsd.

– [1C] *Alexander Puschkin: Pique-Dame*. Mit 6 Holzstichen von Imre Reiner. Übertragung: Gisela Drohla. 1964 (F): 52. bis 59. Tsd.

– [1D] –: *Pique Dame*. Novelle. Mit [15] Zeichnungen von Joachim Kratsch. Übertragung und Anmerkungen: Michael Pfeiffer. 1968 (L): 60.–74. Tsd. – 9 Auflagen

315 [1A] *Von dem Fischer un syner Fru*. Ein märchen nach Philipp Otto Runge mit sieben bildern [nach Radierungen] von Marcus Behmer. Handsatz durch Marcus Behmer. 1920: 1. bis 10. Tsd. – 1922: 30. Tsd. – 1939: 45. Tsd. – 1954 (W): 65. Tsd. – 7 Auflagen

– [1B] –. Faksimiledruck von 1A, erweitert um eine [hochdeutsche] Nacherzählung des Märchens und ein Nachwort von Uwe Johnson. 1976 (F): 1.–5. Tsd. – 1983 (F): 10. Tsd. – 3 Auflagen – Siehe auch IB 1075

316 [1] *Heinrich Heine: Elementargeister*. 1920: 1.–10. Tsd.

– [2] *Das kleine Baumbuch*. ›Die deutschen Waldbäume‹. [35] Farbige Bilder [auf Tafeln] von Willi Harwerth. Geleitwort: Friedrich Schnack. 1934: 1.–30. Tsd. – 1940: 155. Tsd. – 1984 (F): 162. Tsd. – 1985 (F): 167. Tsd. – 8 Auflagen

317 [1] *Ludwig Tieck: Die Gesellschaft auf dem Lande*. Eine Novelle. 1920: 1.–10. Tsd.

317 [2] *Jack London: Der alte Argonaute.* [Koolau, der Aussätzige.] Zwei exotische Erzählungen. Übertragung: Erwin Magnus. 1933: 1.–10. Tsd. – 1949 (L): 20. Tsd. – 1954 (L): 30. Tsd. – 3 Auflagen

318 [1] *Oscar Wilde: Ein Gespräch von der Kunst und vom Leben.* Übertragung: Hedwig Lachmann und Gustav Landauer. 1920: 1.–10. Tsd. – 1927: 20. Tsd. – 3 Auflagen

– [2] *Christian Morgenstern: Palmström.* 1942: 1.–10. Tsd. [In einem Teil der Auflage launiger Korrekturzettel zu einem Druckfehler auf S. 66.] – 1944: 140. Tsd. – 1949 (W): 150. Tsd. – 1952 (W): 205. Tsd. – 1956 (L): 250. Tsd. – 1966 (F): 276. Tsd. – 18 Auflagen

319 [1] *Gustave Flaubert: Ein schlichtes Herz.* Übertragung: Ernst Hardt. 1920: 1.–10. Tsd. – 1927: 14. Tsd. – 1948 (L): 24. Tsd. – 3 Auflagen

– [2] –: *November.* Übertragung: Ernst Sander. 1964 (F): 1. bis 8. Tsd. – Siehe auch IB 686,2

320 [1A] *Gottfried Keller: Gedichte.* Auswahl und Einleitung: Albert Köster. 1921: 1.–10. Tsd. – 1935: 25. Tsd. – 3 Auflagen

– [1B] –. Auswahl und Anmerkung: Sina Witt. 1968 (L): 1. bis 10. Tsd.

321 [1A] *Gottfried Keller: Der Landvogt von Greifensee.* [Novelle.] 1921: 1.–10. Tsd. – 1932: 30. Tsd. – 1941: 40. Tsd.

– [1B] –. Novelle. Mit 9 Radierungen von Friederike Łazarów. 1969 (L): 41.–50. Tsd. – 8 Auflagen

322 *Gottfried Keller: Kleider machen Leute.* Erzählung. 1921: 1.–10. Tsd. – 1930: 40. Tsd. – 1941: 65. Tsd. – 1942: 145. Tsd. – 11 Auflagen

323 *Gottfried Keller: Pankraz der Schmoller.* 1921: 1.–10. Tsd. – 1941: 30. Tsd. – 5 Auflagen

324 *Gottfried Keller: Romeo und Julia auf dem Dorfe.* 1921: 1. bis 10. Tsd. – 1935: 40. Tsd. – 1943: 65. Tsd. – 1946 (W): 70. Tsd. – 11 Auflagen

325 *Gottfried Keller: Das Fähnlein der sieben Aufrechten.* 1921: 1.–10. Tsd. – 1924: 25. Tsd. – 1936: 50. Tsd. – 1941: 75. Tsd. – 1957 (L): 85. Tsd. – 12 Auflagen

326 *Gottfried Keller: Frau Regel Amrain und ihr Jüngster.* 1921: 1.–10. Tsd. – 1940: 40. Tsd. – 6 Auflagen

327 [1A] *Gottfried Keller: Sieben Legenden.* 1921: 1.–10. Tsd. – 1941: 55. Tsd. – 1947 (L): 65. Tsd.

327 [1B] –. Mit 21 Holzstichen von Henner Franck. 1980 (L): 66. bis 80. Tsd. – 9 Auflagen

328 [1A] *Gottfried Keller: Der Schmied seines Glückes.* Mit 29 Holzschnitten von Karl Rössing. 1921: 1.–10. Tsd. – 1929: 27. Tsd.

– [1B] –. Erzählung. Mit 16 Holzschnitten von Carl Tesche. 1940: 28.–35. Tsd.

– [1C] –. Erzählung. Mit [26 Feder-]Zeichnungen von Joachim Kölbel. 1952 (L): 36.–55. Tsd. – 1958 (L): 75. Tsd.

– [1D] –. Erzählung. Mit [11] Holzschnitten von Rudolf Güthinger. 1959 (W): 76.–85. Tsd. – 9 Auflagen

329 *Gottfried Keller: Die drei gerechten Kammacher. Spiegel das Kätzchen.* 1921: 1.–10. Tsd. – 1940: 45. Tsd. – 6 Auflagen

330 [1] *Peter Hille: Das Mysterium Jesu.* Nachwort: Adolf Knoblauch. 1921: 1.–10. Tsd.

– [2A] *Peter Vischer. Das Sebaldusgrab zu Nürnberg.* 44 Bildtafeln. Geleitwort: Herbert Küas. Aufnahmen: Erich Kirsten, Herbert Küas u. a. Mit 2 Übersichtstafeln. 1938: 1.–30. Tsd. – 1939: 50. Tsd.

– [2B] –. 42 Bildtafeln [in veränderter Auswahl und Reihenfolge]. Mit neuem Geleitwort von Herbert Küas. 1965 (L): 51. bis 80. Tsd. – 3 Auflagen

331 [1] *Tibulls Sulpicia.* Versübertragung, Einführung und Erläuterungen: Eduard Ad. F. Michaelis. 1921: 1.–5. Tsd.

– [2] *Jacob Burckhardt: Briefe.* Auswahl und Einführung: Walther Rehm. 1946 (W): 1.–20. Tsd.

332 *August Strindberg: Schärenleute.* [8 Erzählungen.] Mit der Einleitung des Verfassers. Übertragung: Erich Holm. 1921: 1.–10. Tsd. – 1941: 17. Tsd. – 3 Auflagen

333 [1] *Das Leben Kaiser Heinrichs des Vierten.* Übertragung, Nachwort und Anmerkungen: Johannes Bühler. 1921: 1. bis 10. Tsd. – 1940: 13. Tsd. – 2 Auflagen

– [2] *Emanuel Geibel / Paul Heyse: Spanisches Liederbuch.* Mit Frontispiz nach Adolph Menzel. Auswahl und Nachwort: Florian Stern. 1952 (W): 1.–10. Tsd. [Ein Teil der Auflage ohne Frontispiz; Restbestände 1964 (L).]

334 [1] *Ludwig Christoph Heinrich Hölty: Gedichte.* Mit Schmucktitel und 9 Vignetten. Auswahl und Nachwort: Fritz Adolf Hünich. 1921: 1.–10. Tsd. – Seit 1938 verändert unter IB 245,2

334 [2A] *Hans Carossa: Die Schicksale Doktor Bürgers.* [Die Flucht.] 1930: 1.–10. Tsd. – 1931: 30. Tsd.

– [2B] –: *Die Schicksale Doktor Bürgers. Die Flucht.* Die erste Erzählung um einen Absatz erweitert. 1932: 31.–50. Tsd. – 1940: 120. Tsd. – 1949 (w): 130. Tsd. – 1958 (w): 177. Tsd. – 13 Auflagen

335 *Albrecht Dürer: Das Marienleben.* Eine Holzschnittfolge. 20 Tafeln. Nachwort: Emil Waldmann. 1921: 1.–10. Tsd. – 1928: 25. Tsd. – 1938: 50. Tsd. – 1944: 75. Tsd. – 10 Auflagen

336 *Ferdinand Raimund: Der Alpenkönig und der Menschenfeind.* Romantisch-komisches Original-Zauberspiel in zwei Aufzügen. Nachwort: August Sauer. 1921: 1.–10. Tsd.

337 *Sex Puncta Theosophica* oder von Sechs theosophischen Punkten hohe und tiefe Gründung. Eine offene Pforte aller Heimlichkeiten des Lebens, darinnen die Ursachen aller Wesen erkannt werden. Geschrieben von *Jakob Böhme* sonst Teutonicus genannt im Jahr 1620. Nach der Ausgabe von 1730. Nachbemerkung: Hans Kayser. 1921: 1.–10. Tsd. – 1934: 13. Tsd. – 2 Auflagen

338 [1] *Paul Ernst: Fünf Novellen.* [Glück. Die Geliebte des Anderen. Der Kirschbaum. Das alte Bild. Der Karneol.] 1921: 1. bis 10. Tsd.

– [2] *Anatole France: Der Statthalter von Judäa und andere Novellen.* [Balthasar. Laeta Acilia. Der Gaukler unserer lieben Frau.] 1928: 1.–10. Tsd.

339 *Hugo von Hofmannsthal: Reden und Aufsätze.* 1921: 1. bis 10. Tsd. – 1930: 15. Tsd. – 1949 (w): 20. [statt 22.] Tsd. – 1954 (w): 30. Tsd. – 6 Auflagen

340 [1] *Der Erste Beernhäuter.* Nicht ohne sonderbare darunter verborgene Lehrreiche Geheimniß, sowol allen denen, die so zu schelten pflegen und sich so schelten lassen, als auch sonst jedermann (vor dißmal zwar nur vom Ursprung dieses schönen Ehren-Tituls) andern zum Exempel vorgestellet von Illiterato Ignorantio, zugenannt Idiota *[Hans Jacob Christoffel von Grimmelshausen]*. Satzanordnung, in Holz geschnittener Titel, Initiale und 5 Radierungen von Marcus Behmer. Nachwort: Manuel Schnitzer. 1921: 1.–10. Tsd. – 1987 (F) [In Vorbereitung.] – 2 Auflagen

– [2] *Ferdinand Gregorovius: Neapel und Capri.* 1943: 1. bis 10. Tsd. – 1944: 20. Tsd. – 2 Auflagen

Helenä/der Trojanischen und Griechischen Fürsten/nicht weniger Sesostris/Nabuchodonosoris/Cyri/Alexandri Magni/Julii Cäsaris/Neronis/Caligulä/des Mahomets/rc. Ja so gar auch deren Bildniß/so noch in die Welt kommen sollen/als der Wiederchristen und anderer/rc. Worüber sich der Wirth nicht unbillich verwunderte. Vornehmlich als der Bärnheuter ausgab/er hätte diese Gemählte selbst verfertigt. Als nun angeregter edle Herr gegen Abend seine Herberg dort nahm/und seinen Wirt/der ihm bekannt war/fragte/Was Neus? Erzehlte er ihm alles/was er von seinem seltzamen Gast wuste und nicht wuste/als seinen wunderlichen Auffzug seine große

IB 340,1 Doppelseite mit Illustration

341 *Leo N. Tolstoi: Der lebende Leichnam.* Drama in sechs Akten (zwölf Bildern). Übertragung: Hermann Röhl. 1921: 1. bis 10. Tsd. – 1932: 20. Tsd. – 3 Auflagen

342 [1] *Aus Gerhard Tersteegens Briefen.* Auswahl und Vorwort: Ferdinand Weinhandl. 1922: 1.–10. Tsd.

– [2] *Friedrich Rückert: Gedichte und Sprüche.* Auswahl und Nachwort: Ernst Bertram. 1952 (W): 1.–10. Tsd.

343 *George Moore: Die Wildgans.* Eine Erzählung aus Irland. Übertragung: Clara Barth und Max Freund. Vorbemerkung: Max Freund. 1922: 1.–10. Tsd.

344 *Wilhelm von Scholz: Vincenzo Trappola.* Ein Novellenkreis. 1921: 1.–10. Tsd. – 1936: 15. Tsd. – 2 Auflagen

345 *Gustav Theodor Fechner: Nanna oder Über das Seelenleben der Pflanzen.* Auswahl, Bearbeitung und Nachwort: Max Fischer. 1921: 1.–10. Tsd. – 1939: 13. Tsd. – 2 Auflagen

346 [1A] *Kalidasa's Sakuntala.* Nach der kürzeren Textform übersetzt von Carl Cappeller. Vorwort und Anmerkungen: Carl Cappeller. 1922: 1.–10. Tsd.

– [1B] *Kalidasa: Sakuntala.* Drama. Übertragung und Anmerkungen: Carl Cappeller. Textrevision und Nachwort: Hermann Weller. 1939: 11.–15. Tsd. – 2 Auflagen – Seit 1963 verändert unter IB 757

346 [2] *Beethoven im Gespräch.* Herausgegeben von Felix Braun. 1952 (L): 1.–22. Tsd. – 1959 (W): 32. Tsd. – 2 Auflagen – Siehe auch ›Österreichische Bibliothek‹ Nr. 9

347 [1] *Altjüdische Legenden.* Eine Auswahl aus dem Born Judas von Micha Josef bin Gorion. Übertragung: Rahel Ramberg. Mit Nachwort. 1922: 1.–10. Tsd. – 1930: 15. Tsd. – 2 Auflagen

– [2] *Der Sachsenspiegel.* Bilder aus der Heidelberger Handschrift. 32 mehrfarbige Tafeln. Einleitung und Bilderläuterungen: Eberhard Freiherr von Künßberg. 1933: 1.–25. Tsd. – 1933: 53. Tsd. – 1941: 84. Tsd. [Zusätzlich eine ›Übersicht der Bilder und Artikel‹.] – 4 Auflagen

348 [1] *Eugène Delacroix: Englische, marokkanische und spanische Reise.* Nach Briefen und Tagebuchaufzeichnungen des Künstlers. Auswahl, Übertragung und Nachwort: Hans Graber. 1922: 1.–10. Tsd.

– [2] *Carl Sternheim: Die Hose.* Ein bürgerliches Lustspiel. Einleitung: Friedrich Eisenlohr. 1951 (L): 1.–10. Tsd. – 1958 (L): 15. Tsd. – 2 Auflagen

349 [1] *Stefan Zweig: Die Augen des ewigen Bruders.* Eine Legende. 1922: 1.–10. Tsd. – 1929: 100. Tsd. – 1932: 170. Tsd. – 1950 (L): 180. Tsd. – 1952 (W): 200. Tsd. – 1961 (F): 303. Tsd. – 1976 (F): 340. Tsd. – 1986 (F): 365. Tsd. – 31 Auflagen

– [2] *Leopold von Ranke: Politisches Gespräch.* Geleitwort und Anmerkungen: Heinrich Ritter von Srbik. 1941: 1.–20. Tsd. – 1944: 70. Tsd. – 3 Auflagen

350 *Geistliche Auslegung des Lebens Jesu Christi.* Eine Holzschnittfolge des 15. Jahrhunderts. 55 Holzschnitte. Nachwort: Albert Schramm. 1922: 1.–10. Tsd. – 1939: 13. Tsd. – 1955 (L): 23. Tsd. – 3 Auflagen

351 [1A] *Alexander Petőfi: Gedichte.* Auswahl und Nachwort: Robert Gragger. 1922: 1.–6. Tsd.

– [1B] *Sándor Petőfi: Das Meer hat sich erhoben.* Gedichte. Auswahl, Übertragung, Nachwort und Anmerkungen: Gerhard Steiner. 1973 (L): 1.–10. Tsd.

– [2A] *Das kleine Buch der Tropenwunder.* [24] Kolorierte Stiche von Maria Sibylla Merian. Geleitwort: Friedrich Schnack. 1935: 1.–22. Tsd. – 1935: 47. Tsd.

351 [2B] –. Eine Tafel ausgewechselt. 1936: 48.–77. Tsd. – 1954 (L+W): 152. Tsd. – 5 Auflagen

352 [1] *Der Bauernkrieg in zeitgenössischen Schilderungen.* Auswahl, Nachwort, Anmerkungen und Wortverzeichnis: Otto H. Brandt. 1922: 1.–6. Tsd.

– [2] *Liselotte von der Pfalz: Briefe.* Auswahl, Nachwort und Anmerkungen: Karl Preisendanz. 1941: 1.–10. Tsd.

353 *Die mystische Hochzeit des heiligen Franziskus mit der Frau Armut.* Übertragung nach einem Text des XIV. Jahrhunderts und Vorwort: E. von Némethy. 1923: 1.–6. Tsd. – 1933: 8. Tsd. – 2 Auflagen

354 *Don Pedro Calderon de la Barca: Der Schulze von Zalamea.* Schauspiel in drei Aufzügen. Bearbeitung und Nachwort: Otto Freiherr von Taube. 1923: 1.–6. Tsd.

355 *Briefe eines Unbekannten.* Eine Auswahl aus den Briefen Alexander von Villers'. Auswahl und Vorwort: Z. und H. von Halben. 1922: 1.–6. Tsd. – 1944: 22. Tsd. – 1947 (W): 27. Tsd. – 5 Auflagen

356 [1] *Jean Paul: Traumdichtungen.* Auswahl und Nachwort: Johannes Reiher. 1923: 1.–5. Tsd. – 1940: 13. Tsd. – 3 Auflagen

– [2] –: *Begegnungen mit Zeitgenossen.* Auswahl, Nachwort, Anmerkungen und Quellennachweis: Gerhard W. Fieguth. 1964 (F): 1.–7. Tsd.

357 [1] *Bogumil Goltz: Die Deutschen.* Auswahl und Vorwort: Ewald Silvester. 1923: 1.–6. Tsd.

– [2] *Briefe des Feldmarschalls Blücher.* Auswahl und Nachwort: Wilhelm Capelle. [1.–21. Tsd. unter IB 170,1; jetzt verändert.] – 1937: 22.–26. Tsd. – 1943: 61. Tsd. – 4 Auflagen

– [3] *Norbert Frýd: Das verlorene Band.* Erzählung. Übertragung: Günter Müller. Mit Nachwort. 1966 (L): 1.–10. Tsd.

358 [1] *Ein hübsch Spiel gehalten zu Ury in der Eydgnoßschafft von Wilhelm Thellen, ihrem Landmann und ersten Eydgnossen.* Mit 10 Holzschnitten des Züricher Drucks von 1563 und einem Titelholzschnitt. Revision, Anmerkungen und Nachwort: Nold Halder. 1923: 1.–6. Tsd.

– [2] *Wilhelm Busch: Platonische Briefe an eine Frau.* Nachwort: Hans Balzer. 1942: 1.–20. Tsd. – 1944: 30. [statt 20.] Tsd. – 1949 (W): 40. Tsd. – 1962 (L): 76. Tsd. – 6 Auflagen

359 *Charles Dickens: Detektivgeschichten.* [Der Bettelbriefschreiber. Die Geheimpolizei. Drei Geheimpolizisten-Geschich-

ten. Auf Runde mit Inspektor Field.] Übertragung: Franz Franzius. 1923: 1.–6. Tsd. – 1939: 14. [statt 18.] Tsd. – 1963 (L): 24. Tsd. – 4 Auflagen

Der Winter ist ein rechter Mann,
Kernfest und auf die Dauer,
Sein Fleisch fühlt sich wie Eisen an
Und scheut nicht süß noch sauer.
Wenn Stein und Bein vor Frost
zerbricht
Und Teich und Seen krachen:
Das klingt ihm gut, das haßt er nicht,
Dann will er sich totlachen. –

) 60 (

Das fremde Kind

In einem kleinen Häuschen am Eingange eines Waldes lebte ein armer Tagelöhner, der sich mit Holzhauen mühsam sein Brot verdiente. Er hatte ein Weib und zwei Kinder, die ihm fleißig zur Arbeit halfen. Das Knäblein hieß Valentin und das Mädchen Marie, und die waren gehorsam und fromm, zu der Eltern Freude und Trost. Als die guten Leute nun eines Winterabends, da es draußen schneite und wehte, beisammen saßen und ein Stücklein Brot verzehrten, dafür Gott von Herzen dankten und der Vater noch aus den biblischen Geschichten vorlas, da pochte

) 61 (

IB 360 Doppelseite mit Illustrationen

360 *Es war einmal. Ein Bilderbuch von Ludwig Richter.* Mit 51 Abbildungen. 1923: 1.–10. Tsd. – 1934: 20. Tsd. [49 Abbildungen; seitdem 2 Abbildungen verändert.] – 1936: 30. Tsd. [Seitdem 48 Abbildungen.] – 1939: 40. Tsd. – 1950 (W): 50. Tsd. – 1953 (W): 70. Tsd. – 8 Auflagen

361 [1A] *Friedrich Nietzsche: Gedichte.* 1923: 1.–6. Tsd. – 1935: 50. Tsd. – 1939: 70. Tsd. – 1950 (W): 75. Tsd. – 1956 (W): 92. Tsd.

– [1B] –. Auswahl verändert. Revidiert von Peter Pfaff. 1964 (F): 93.–101. Tsd. – 13 Auflagen

362 *Felix Timmermans: Das Triptychon von den Heiligen Drei Königen.* Mit 10 Illustrationen von Felix Timmermans. Übertragung: Anton Kippenberg. 1924: 1.–10. Tsd. – 1932: 100. Tsd. – 1940: 170. Tsd. – 1950 (W): 180. Tsd. – 1957 (W): 250. Tsd. – 1986 (F): 290. Tsd. – 24 Auflagen

363 *[Johann Wolfgang von] Goethe: Hermann und Dorothea.* In

neun Gesängen. Mit Nachwort. [1920: 1.–10. Tsd. = ›Pandora‹ Nr. 16. Restbestand in IB-Ausstattung.] – 1932: 15. Tsd. – 1940: 20. Tsd. – 2 Auflagen

364 *Jeremias Gotthelf: Das Erdbeeri-Mareili.* [1920: 1.–10. Tsd. = ›Pandora‹ Nr. 30. Restbestand in IB-Ausstattung.] – 1935: 15. Tsd. – 1941: 20. Tsd. – 2 Auflagen

365 *Fjodor M. Dostojewski: Aus dem Leben des Staretz Sosima.* Übertragung: Karl Nötzel. 1924: 1.–10. Tsd. – 1931: 15. Tsd. – 2 Auflagen

366 *Theophrastus Paracelsus: Labyrinthus medicorum oder Vom Irrgang der Ärzte.* Was der rechte Arzt lernen und kennen und wie beschaffen er sein soll, wenn er gut kurieren will. Herausgegeben und mit Nachwort von Hans Kayser. 1924: 1. bis 10. Tsd. – 1937: 15. Tsd. – 2 Auflagen

367 *Adalbert Stifter: Der Waldsteig.* Eine Erzählung. [1920: 1. bis 10. Tsd. = ›Pandora‹ Nr. 31. Restbestand in IB-Ausstattung.] – 1925: 20. Tsd. – 1941: 45. Tsd. – 4 Auflagen

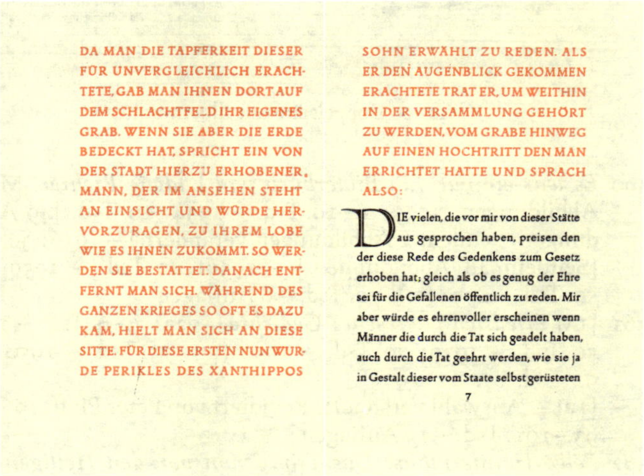
DA MAN DIE TAPFERKEIT DIESER FÜR UNVERGLEICHLICH ERACHTETE, GAB MAN IHNEN DORT AUF DEM SCHLACHTFELD IHR EIGENES GRAB. WENN SIE ABER DIE ERDE BEDECKT HAT, SPRICHT EIN VON DER STADT HIERZU ERHOBENER, MANN, DER IM ANSEHEN STEHT AN EINSICHT UND WÜRDE HERVORZURAGEN, ZU IHREM LOBE WIE ES IHNEN ZUKOMMT. SO WERDEN SIE BESTATTET. DANACH ENTFERNT MAN SICH. WÄHREND DES GANZEN KRIEGES SO OFT ES DAZU KAM, HIELT MAN SICH AN DIESE SITTE. FÜR DIESE ERSTEN NUN WURDE PERIKLES DES XANTHIPPOS SOHN ERWÄHLT ZU REDEN. ALS ER DEN AUGENBLICK GEKOMMEN ERACHTETE TRAT ER, UM WEITHIN IN DER VERSAMMLUNG GEHÖRT ZU WERDEN, VOM GRABE HINWEG AUF EINEN HOCHTRITT DEN MAN ERRICHTET HATTE UND SPRACH ALSO:

DIE vielen, die vor mir von dieser Stätte aus gesprochen haben, preisen den der diese Rede des Gedenkens zum Gesetz erhoben hat; gleich als ob es genug der Ehre sei für die Gefallenen öffentlich zu reden. Mir aber würde es ehrenvoller erscheinen wenn Männer die durch die Tat sich geadelt haben, auch durch die Tat geehrt werden, wie sie ja in Gestalt dieser vom Staate selbst gerüsteten

7

IB 368,2A Doppelseite

368 [1] *[Christian Reuter:] L'Honnéte Femme Oder die Ehrliche Frau zu Plißine,* in Einem Lust-Spiele, vorgestellet, und aus

dem Französischen übersetzet von Hilario. Plißine, Gedruckt in diesem Jahre. Mit Titelholzschnitt. Textrevision: Georg Witkowski. Nachwort: Fritz Adolf Hünich. 1924: 1.–6. Tsd.

368 [2A] *Die Rede des Perikles für die Gefallenen.* (Aus Thukydides des Atheners zweitem Buch über den Peloponnesischen Krieg.) Deutsch von Rudolf G. Binding. Zweifarbiger Druck der Mainzer Presse (Chr. H. Kleukens). [Druckanordnung und Einsatz der zweiten Farbe von Auflage zu Auflage verändert.] 1938: 1.–20. Tsd. – 1940: 30. Tsd. [Seitdem zusätzlich eine Initiale.] – 1944: 45. Tsd.

– [2B] –. Neusatz und einfarbiger Druck, nicht mehr von der Mainzer Presse. 1954 (W): 46.–55. Tsd. – 4 Auflagen

369 [1] *Pjotr D. Boborykin: Am Herde.* Erzählung. Übertragung: Hermann Röhl. 1924: 1.–10. Tsd.

– [2] *Nikolai Gogol: Der Revisor.* Eine Komödie. Übertragung: Valerian Tornius. 1952 (L): 1.–20. Tsd. – 1955 (W): 30. Tsd. – 2 Auflagen

370 [1] *Einhard: Das Leben Kaiser Karls des Großen.* Mit den Vorworten Einhards und Walahfrid Strabos. Übertragung, Nachwort und Anmerkungen: Johannes Bühler. 1924: 1. bis 10. Tsd. – 1940: 18. Tsd. – 3 Auflagen

– [2] *Arnold Zweig: Familie Klopfer.* Erzählung. 1952 (L): 1. bis 20. Tsd.

371 [1A] *[Ludwig van] Beethoven: An die ferne Geliebte.* Ein Liederkreis. [Mit Noten.] Mit einer Titelzeichnung. Herausgegeben und mit einem [von Auflage zu Auflage veränderten] Nachwort von Max Friedlaender. 1924: 1.–10. Tsd. – [24. bis 33. Tsd. siehe unter 1B.] – 1952 (L): 34.–53. Tsd.

– [1B] –. Nachwort: Rudolf Bach. 1939: 24.–33. Tsd. – 5 Aufl.

372 [1] *Beduinischer Diwan.* Lieder aus dem Libyschen Sandmeer. Gesammelt, aus dem Arabischen übertragen, Nachwort und Anmerkungen: J. C. Ewald Falls. 1924: 1.–10. Tsd.

– [2] *Annette von Droste in ihren Briefen.* Auswahl: Levin L. Schücking. Mit Nachwort. [1.–20. Tsd. unter IB 312,3.] – 1949 (W): 21.–30. Tsd.

373 *[William] Shakespeare: Venus und Adonis.* Übertragung: Bruno Erich Werner. 1924: 1.–10. Tsd.

374 *Honoré de Balzac: Oberst Chabert.* [Novelle.] Übertragung: Felix Paul Greve. 1925: 1.–10. Tsd. – 1940: 13. Tsd. – 1950 (L): 23. Tsd. – 3 Auflagen

375 *Leo N. Tolstoi: Die Kreutzersonate.* Übertragung: Arthur Luther. 1925: 1.–10. Tsd. – 1937: 50. Tsd. – 1940: 60. Tsd. – [61.–70. Tsd. nicht IB – IK 1768.] – 1957 (W): 80. Tsd. – 1962 (F): 90. Tsd. [Restbestände 1966 (L).] – 9 Auflagen

376 *Wilhelm Heinse: Aphorismen.* Auswahl und Nachwort: Albert Leitzmann. 1925: 1.–10. Tsd.

377 *Friedrich von Stendhal: Schwester Scolastica.* Novelle. Übertragung, Vorwort und Anmerkungen: Arthur Schurig. 1925: 1.–10. Tsd. – 1947 (L): 20. Tsd. – 1958 (L): 40. Tsd. [Seitdem Vorwort als Nachwort.] – 1962 (L): 55. Tsd. – 5 Auflagen

378 *Robert Louis Stevenson: Die Zechkumpane.* Erzählung. Übertragung: Franz Franzius. 1925: 1.–10. Tsd.

379 *Franz Pocci: Lustige Kasperlkomödien.* [Kasperl als Porträtmaler. Der artesische Brunnen. Kasperl als Prinz. Dornröslein.] Mit 6 Holzschnitten nach Zeichnungen Poccis. 1925: 1.–10. Tsd. – 1941: 16. Tsd. – 3 Auflagen

380 *[Johann Wolfgang von] Goethe: Die Metamorphose der Pflanzen.* 1925: 1.–10. Tsd.

381 *Victor Hugo: Der letzte Tag eines Gerichteten.* Übertragung: Li Wegner. 1925: 1.–10. Tsd. – 1948 (L): 20. Tsd. – 2 Auflagen

382 [1] *Joseph Görres: Die teutschen Volksbücher.* Auswahl und Nachwort: Josef Prestel. 1925: 1.–10. Tsd.

– [2] *Michail Saltykow-Schtschedrin/Valentin Katajew: Drei satirische Fabeln.* [Saltykow: Die idealistische Karausche. Der erzgescheite Gründling – Katajew: Die Perle.] Übertragung: Horst Wolf. 1951 (L): 1.–10. Tsd. – 1956 (L): 20. Tsd. – 2 Auflagen

383 *Alfred Brehm: Die Singvögel des deutschen Waldes.* Auswahl und Nachwort: Carl W. Neumann. 1925: 1.–10. Tsd. – 1943: 30. Tsd. – 1947 (W): 35. Tsd. – 1950 (L): 59. Tsd. – 8 Auflagen

384 *D. H. [David Herbert] Lawrence: Der Fuchs.* Übertragung: E. Jaffe-Richthofen. 1926: 1.–10. Tsd. – 1937: 13. Tsd. [Untertitel ›Novelle‹.] – [14.–23. Tsd. nicht IB – IK 988.] – 1953 (W): 33. Tsd. [Untertitel ›Erzählung‹.] – 3 Auflagen

385 [1] *Gustav Freytag: Die Entwicklung der deutschen Volksseele.* Aus den ›Bildern aus der deutschen Vergangenheit‹. Auswahl und Vorwort: Johannes Bühler. 1926: 1.–10. Tsd.

– [2] *Alexej S. Nowikow-Priboi: Zwei Seegeschichten.* [Blinde Passagiere. ›Kommunist‹ auf Heimfahrt.] Übertragung: Horst Wolf. Mit Nachwort. 1952 (L): 1.–10. Tsd.

386 *Nikolai Gogol: Das Bildnis.* Erzählung. Übertragung und Nachwort: Arthur Luther. 1926: 1.–10. Tsd. – 1940: 13. Tsd. – 1949 (L): 23. Tsd. – 1960 (L): 43. Tsd. – 5 Auflagen

387 *Chinesische Meisternovellen.* [Die Frau ohne Lachen. Das geheimnisvolle Bild. Die Tochter des Bettlerkönigs.] Übertragung aus dem Urtext und Quellennotiz: Franz Kuhn. 1926: 1.–10. Tsd. – 1943: 50. Tsd. – [51.–70. Tsd. nicht IB – IK 306.] – 1950 (W): 80. Tsd. – 1952 (W): 100. [statt 90.] Tsd. – 1975 (L): 149. Tsd. [14. statt 10. Auflage] – 14 Auflagen

388 [1A] *Märchen und Legenden aus den Gesta Romanorum.* Mit 16 Holzschnitten und 13 Holzschnitt-Initialen von Axel von Leskoschek. Übertragung: Johann Georg Theodor Graesse. Nachwort: Hermann Hesse. 1926: 1.–10. Tsd.

– [1B] –. Veränderte Auswahl: 2 Legenden weggelassen, 3 hinzugefügt. Ohne die Holzschnitt-Initialen. 1956 (L): 11. bis 20. Tsd. – 2 Auflagen

389 *Plato: Ein Gastmahl.* Übertragung: Emil Müller. Mit Nachwort. 1926: 1.–10. Tsd. – 1941: 30. Tsd. – 1947 (W): 35. Tsd. – 1961 (F): 51. Tsd. – 8 Auflagen

390 *Oscar Wilde: Das Gespenst von Canterville.* Mit 14 Zeichnungen von Hans Alexander Müller. Übertragung: Franz Blei. 1926: 1.–10. Tsd. – 1939: 40. Tsd. – 4 Auflagen

391 *Jakob Schaffner: Das verkaufte Seelenheil.* Eine Erzählung. 1927: 1.–10. Tsd. – 1938: 20. Tsd. – 3 Auflagen

392 [1] *Max Eyth: Dunkle Blätter.* Aus dem Taschenbuch eines deutschen Ingenieurs. 1927: 1.–10. Tsd. – 1943: 33. Tsd. – 5 Auflagen

– [2] *Adelbert von Chamisso: Gedichte.* Auswahl und Nachbemerkung: Hans Klähn. 1967 (L): 1.–10. Tsd.

393 *Russische Volksmärchen.* Auswahl, Übertragung und Nachwort: Xaver Schaffgotsch. 1927: 1.–10. Tsd. – 1940: 18. Tsd. – 1947 (L): 28. Tsd. – 4 Auflagen

394 [1A] *Paul Verlaine: Gedichte.* Eine Auswahl der besten Übertragungen. Auswahl und Nachwort: Stefan Zweig. 1927: 1.–10. Tsd. – 1934: 20. Tsd.

– [1B] –. Um 7 Gedichte gekürzt. 1938: 21.–23. Tsd.

– [1C] –. Neue Auswahl in neuen Übertragungen. Auswahl und Nachwort: Karl Krolow. 1957 (W): 24.–33. Tsd. – 5 Auflagen

395 *Isolde Kurz: Die Vermählung der Toten.* Eine Florentiner Novelle. 1927: 1.–10. Tsd. – 1938: 25. Tsd. – 3 Auflagen

396 *Paul de Lagarde: Deutsche Politik und Religion.* Eine Auswahl aus den Schriften. Nachwort und Quellennachweis: Friedrich Daab. 1927: 1.–8. Tsd. – 1940: 16. Tsd. – 3 Auflagen

397 *Hans Christian Andersen: Die schönsten Märchen.* 1927: 1.–10. Tsd. – 1942: 40. Tsd. – 4 Auflagen

398 [1A] *Nikolai Leskow: Das Schreckgespenst.* Eine Erzählung. Übertragung: Gertrud von Bolschwingh. Nachwort: Johannes von Guenther. 1927: 1.–10. Tsd.

– [1B] –. Ohne Nachwort. Mit Vita Leskows. 1949 (L): 11. bis 20. Tsd. – 1958 (L): 40. Tsd. – 4 Auflagen

399 *Sherwood Anderson: Aus dem Nirgends ins Nichts.* Amerikanische Novelle. Übertragung: Karl Lerbs. 1927: 1.–10. Tsd.

400 [1A] *Rainer Maria Rilke: Gedichte.* Auswahl: Katharina Kippenberg. 1927: 1.–15. Tsd. – 1932: 100. Tsd. – 1937: 150. Tsd. [Seitdem u. d. T. ›Ausgewählte Gedichte‹.] – 1941: 200. Tsd. [Seitdem u. d. T. ›Der ausgewählten Gedichte erster Teil‹.] – 1944: 250. Tsd. – [251.–260. Tsd. unter 1B.] – 1947 (L): 270. Tsd.

– [1B] –: *Der ausgewählten Gedichte erster Teil.* Veränderte Auswahl: 6 Gedichte weggelassen, 5 Gedichte hinzugefügt. 1946 (W): 251.–260. Tsd. – [261.–270. Tsd. unter 1A.] – 1951 (W): 300. Tsd. – 1965 (F): 401. Tsd. – 1985 (F): 440. Tsd. – 1986 (F): 445. Tsd. – 35 Auflagen – Siehe auch IB 480

401 *Felix Timmermans: Aus dem schönen Lier.* Als Anhang ›Kleine Selbstbiographie von Felix Timmermans‹. Mit 16 Zeichnungen des Dichters. Übertragung: Peter Mertens. 1929: 1.–10. Tsd. – 1933: 50. Tsd. – 1942: 85. Tsd. – 1959 (W): 95. Tsd. – 9 Auflagen

402 *Wilhelm Hey: Noch fünfzig Fabeln für Kinder.* Mit Doppeltitel und 50 Lithographien von Otto Speckter. 1929: 1.–10. Tsd. – 1937: 30. Tsd. – 3 Auflagen – Siehe auch IB 309,2

403 [1] *Klabund: Pjotr.* Roman eines Zaren. 1929: 1.–10. Tsd. – 1930: 30. Tsd. – 1932: 60. Tsd. – 5 Auflagen

– [2] *Clemens Brentano: Briefe.* Auswahl und Nachwort: Hubert Schiel. 1941: 1.–10. Tsd.

404 [1] *Maxim Gorki: Malwa.* [Novelle.] Übertragung: Arthur Luther. 1929: 1.–10. Tsd. – 1930: 20. Tsd. – 1951 (L): 30. Tsd. [Untertitel ›Erzählung‹.] – 3 Auflagen

– [2] *Die Gesichte der Schwester Mechtild von Magdeburg.* Aus dem ›Fließenden Licht der Gottheit‹. Auswahl und Nachwort:

Heinrich Adolf Grimm. [1.–10. Tsd. unter IB 236,1.] – 1937: 11.–13. Tsd.

405 *Ricarda Huch: Fra Celeste.* Eine Erzählung. 1929: 1.–10. Tsd. – 1940: 35. Tsd. – 4 Auflagen

406 *Rainer Maria Rilke: Briefe an einen jungen Dichter.* Einleitung: Franz Xaver Kappus. 1929: 1.–10. Tsd. – 1930: 100. Tsd. – 1937: 200. Tsd. – 1944: 280. Tsd. – 1947 (W): 285. Tsd. – 1950 (L): 315. Tsd. [Leipziger Auflagen seit 1950 mit Nachbemerkung.] – 1960 (W): 403. Tsd. – 1985 (F): 453. Tsd. – 36 Auflagen

407 *Die Sinnsprüche Omars des Zeltmachers. Rubaijat-i-Omar-i-Khajjam.* Übertragung, Einführung und Erläuterungen: Friedrich Rosen. 1929: 1.–10. Tsd. – 1940: 25. Tsd. – 1950 (W): 30. Tsd. – 1963 (F): 53. Tsd. [Einführung als Nachwort.] – 1973 (L): 63. Tsd. [Titel ›Omar-i-Khajjam: Sinnsprüche‹; 9. statt 5. Auflage.] – 1979 (F): 66. [statt 56.] Tsd. [Einführung als Nachwort.] – 1983 (F): 68. [statt 58.] Tsd. – 11 Auflagen

408 [1A] *Stefan Zweig: Kleine Chronik.* Vier Erzählungen. [Die unsichtbare Sammlung. Episode vom Genfer See. Leporella. Buchmendel.] 1929: 1.–30. Tsd. – 1930: 100. Tsd. – [101. bis 110. Tsd. nicht erschienen.]

– [1B] –. Drei Erzählungen. [Ohne ›Episode vom Genfer See‹.] Nachwort: Fritz Adolf Hünich. 1951 (L): 111.–130. Tsd. – 4 Auflagen

– [1C] –: *Buchmendel.* [Der Amokläufer. Brief einer Unbekannten. Leporella. Buchmendel. Episode am Genfer See.] Novellen. 1976 (L): 1.–20. Tsd.

– [2] *Die schöne Magelona.* Dem deutschen Volksbuch nacherzählt von Severin Rüttgers. Mit 32 Holzschnitten nach dem Leipziger Druck von 1595. Nachwort: Severin Rüttgers. [1. bis 35. Tsd. unter IB 39,1; jetzt wesentlich verändert.] – 1938: 36.–40. Tsd.

409 *Rainer Maria Rilke: Briefe an eine junge Frau.* Nachwort: Carl Sieber. 1930: 1.–20. Tsd. – 1930: 50. Tsd. – 1935: 100. Tsd. – 1940: 150. Tsd. – 1941: 170. Tsd. – [171. bis 180. Tsd. nicht IB – IK 1318.] – 1949 (W): 190. Tsd. – 1949 (W): 200. Tsd. – 1952 (W): 242. Tsd. – 1984 (F): 280. Tsd. – 22 Auflagen

410 *Wilhelm Schmidtbonn: Der kleine Wunderbaum.* Zwölf Legenden. 1930: 1.–10. Tsd. – 1941: 18. Tsd. – 3 Auflagen

411 [1] *Arnold Ulitz: Boykott. Scharlach.* Zwei Schülernovellen. 1930: 1.–20. Tsd.

– [2] *[Johann Wolfgang von] Goethe: Pandora.* Ein Festspiel. Mit einem Anhang und den 4 Zeichnungen der Wiener Erstausgabe (1810) von Vinzenz Raimund Grüner. Nachwort: Julia Maria Becker. [1.–20. Tsd. unter IB 30,1; dort ohne Zeichnungen und Nachwort, aber mit umfangreicherem Anhang.] – 1938: 21.–25. Tsd.

412 [1] *Josef Ponten: Die Uhr von Gold.* Eine Erzählung. 1931: 1.–10. Tsd. – 1940: 18. Tsd. – 3 Auflagen

– [2] *Richard Gäng: Die Heimfahrt des Andreas Kumlin.* Novelle. 1952 (W): 1.–10. Tsd.

413 [1A] *Oscar Wilde: Der glückliche Prinz und andere Erzählungen.* [Der eigensüchtige Riese. Die Nachtigall und die Rose. Der ergebene Freund. Die bedeutende Rakete.] Übertragung: Franz Blei. 1931: 1.–10. Tsd. – 1938: 13. Tsd.

– [1B] –. Mit 22 Zeichnungen von Rolf Kuhrt. Nachwort: Joachim Krehayn. 1964 (L): 14.–24. Tsd.

– [1C] –: *Der glückliche Prinz und andere Märchen.* Mit 10 Illustrationen von Heinrich Vogeler und mit Schmucktitel. Übertragung: Franz Blei. Ohne Nachwort. 1966 (F): 25.–31. Tsd. – 4 Auflagen – Siehe auch IB 558,2

414 *Wilhelm Schäfer: Das fremde Fräulein.* Zehn Anekdoten. 1931: 1.–10. Tsd. – 1941: 40. Tsd. – 5 Auflagen

415 [1A] *Chronik von Goethes Leben.* Zusammenstellung und Nachwort: Flodoard Freiherr von Biedermann. 1931: 1. bis 10. Tsd.

– [1B] –. Von Franz Götting bearbeitete und erweiterte Ausgabe. 1932: 11.–20. Tsd. – 2 Auflagen – Siehe auch IB 782

– [2] *Der Magus im Norden.* Aus den Schriften und Briefen von Johann Georg Hamann. Auswahl und Nachwort: Walther Ziesemer. 1950 (W): 1.–12. Tsd.

416 [1A] *Plato: Phaidros, oder vom Schönen.* Unter Benutzung älterer Vorlagen übersetzt von Wilhelm Rechnitz. Anmerkungen und Nachwort: Wilhelm Rechnitz. 1931: 1.–10. Tsd.

– [1B] –. Ohne Nachwort. 1940: 11.–13. Tsd. – 2 Auflagen

417 [1] *Aldous Huxley: Das Lächeln der Gioconda. Jung-Archimedes.* Zwei Novellen. Übertragung: Herberth E. Herlitschka. 1931: 1.–10. Tsd. – 1951 (W): 15. Tsd. – 1957 (W): 25. Tsd. – 3 Auflagen

417 [2] *Franz Grillparzer: Ein Bruderzwist in Habsburg.* Trauerspiel in fünf Aufzügen. Nachwort: Rudolf Bach. 1941: 1. bis 10. Tsd. – Siehe auch ›Österreichische Bibliothek‹ Nr. 15 [Dort ohne Nachwort.]

418 *Ein altes deutsches Weihnachtsspiel.* Bearbeitet und ergänzt von Max Mell. 1931: 1.–10. Tsd. – 1940: 13. Tsd. – 1950 (W): 18. Tsd. – 1956 (W): 27. Tsd. – 5 Auflagen

419 *D. H. [David Herbert] Lawrence: Die Frau, die davonritt.* Novelle. Übertragung: Herberth E. Herlitschka. 1931: 1. bis 10. Tsd. – 1938: 20. Tsd. – 1948 (L): 28. Tsd. – 1960 (W): 43. Tsd. [Untertitel ›Erzählung‹.] – 6 Auflagen

420 *Felix Timmermans: Sankt Nikolaus in Not und andere Erzählungen.* [Das Schweinchen. Ambiorix. Die Madonna der Fische. Die ländliche Prozession.] Mit 8 Zeichnungen des Dichters. Übertragung: Anna Valeton-Hoos. 1931: 1.–10. Tsd. – 1936: 60. Tsd. – 1942: 135. Tsd. – 1944: 185. Tsd. – 1949 (W): 195. Tsd. – 1956 (W): 275. Tsd. – 1986 (F): 344. Tsd. – 29 Auflagen

421 [1] *Friedrich Nietzsche: Freundesbriefe.* Auswahl und Anmerkungen: Richard Oehler. 1931: 1.–10. Tsd. – 1942: 30. Tsd. – 5 Auflagen

– [2] *Konstantin Fedin: Begegnungen zwischen Saratow und Leningrad.* [Die Karpfen. Begegnung mit der Vergangenheit. Das Bild Lenins. Das Delegationsmitglied. Bruder und Schwester.] Erzählungen. Übertragung: Monica Huchel und Georg Schwarz. 1965 (L): 1.–10. Tsd.

422 [1] *Stefan Zweig: Ausgewählte Gedichte.* 1931: 1.–10. Tsd. – 1934: 20. Tsd. – 3 Auflagen – Seit 1950 unter IB 174,3

– [2A] *Georg Kolbe: Bildwerke.* Vom Künstler ausgewählt. 43 Tafeln. Nachwort: Richard Graul. 1939: 1.–100. Tsd. – 1940: 130. Tsd.

– [2B] –. Nachwort: Richard Scheibe. 1955 (W): 131.–180. Tsd. [Tafelteil und Titelei bereits 1940 in Leipzig gedruckt.] – 3 Auflagen

423 *Balthasar Gracian: Hand-Orakel und Kunst der Weltklugheit.* Nach der Übertragung von Arthur Schopenhauer neu herausgegeben von Otto Freiherrn von Taube. Nachwort: Otto Freiherr von Taube. 1931: 1.–10. Tsd. – 1938: 15. Tsd. – 1946 (W): 20. Tsd. – 1960 (W): 37. Tsd. – 1986 (F): 40. Tsd. – 6 Auflagen

424 *Wilhelm Hauff: Die Karawane.* [7] Märchen. Mit 7 Initialen von Carl Weidemeyer. 1932: 1.–10. Tsd. – 1943: 20. Tsd. – 2 Auflagen

425 *Hermann Löns: Tiergeschichten.* 1932: 1.–20. Tsd. – 1940: 60. Tsd. – 5 Auflagen

426 *Karl Heinrich Waggerl: Das Wiesenbuch.* Mit 16 Scherenschnitten des Verfassers. 1932: 1.–10. Tsd. – 1934: 100. Tsd. – 1938: 150. Tsd. – 1941: 190. Tsd. [Seitdem Bildreihenfolge geändert.] – 1943: 200. Tsd. – 1949 (W): 225. Tsd. [Seitdem Bildreihenfolge erneut geändert.] – 1957 (W): 300. Tsd. – 1986 (F): 346. Tsd. – 29 Auflagen

427 [1] *Josef Ponten: Bergreisegeschichten.* Der Gletscher. Die Letzte Reise. 1932: 1.–10. Tsd. – 1942: 30. Tsd. – 5 Auflagen

– [2] *Herbert von Hoerner: Die letzte Kugel.* Erzählung. 1951 (W): 1.–10. Tsd. – 1961 (F): 32. Tsd. – 4 Auflagen

428 *D. H. [David Herbert] Lawrence: Frohe Geister. Eine englische Familie.* Erzählungen. Übertragung: Georg Goyert. 1932: 1.–10. Tsd.

429 *Ernest Claes: Hannes Raps.* Eine Landstreicher-Geschichte. Mit 10 Bildern von Felix Timmermans. Übertragung: Peter Mertens. 1932: 1.–10. Tsd. – 1945: 95. Tsd. – 1957 (W): 105. Tsd. – 7 Auflagen

430 [1] *Ernst Bertram: Von deutschem Schicksal.* Gedichte. 1932: 1.–10. Tsd. – 1941: 15. Tsd. – 2 Auflagen

– [2] *Tschingis Aitmatow: Der erste Lehrer.* Erzählung. Mit 14 Zeichnungen von Jutta Hellgrewe. Übertragung: Leoni Labas. Mit Worterklärungen und einer Vita. 1965 (L): 1.–10. Tsd.

431 *Peter Dörfler: Jakobäas Sühne.* [Regine und Mang.] Zwei Erzählungen aus den Bergen. 1933: 1.–10. Tsd. – 1942: 18. Tsd. – 3 Auflagen

432 [1A] *Älteste deutsche Dichtungen.* Urtext und Übertragung. Auswahl und Übertragung: Friedrich v. der Leyen und Karl Wolfskehl. Mit Vor- und Nachwort. 1932: 1.–10. Tsd.

– [1B] –. Erweitert um das ›Ludwigslied‹. 1936: 11.–15. Tsd. – 1940: 20. Tsd. – 1949 (W): 25. Tsd. – 1954 (L): 40. Tsd. [Ohne Nachwort.]

– [1C] –. Veränderte Auswahl: 2 Texte ausgetauscht. 1956 (W): 41.–48. Tsd.

– [1D] –. Um 4 Texte erweitert. Mit Vorwort. Nachwort: Friedrich v. der Leyen. 1964 (F): 49.–55. Tsd. – 8 Auflagen

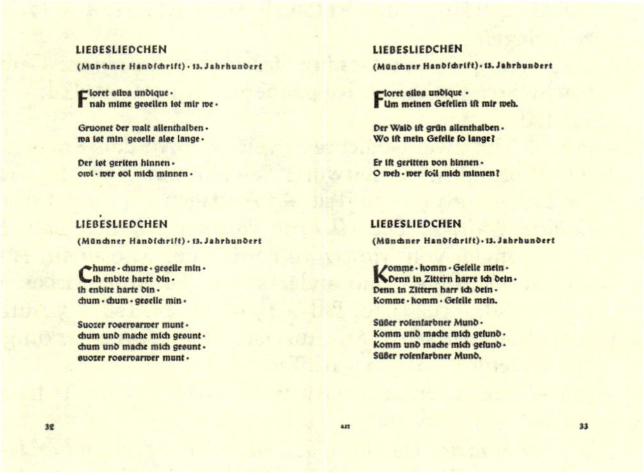
LIEBESLIEDCHEN
(Münchner Handschrift) · 13. Jahrhundert

Floret silva undique ·
nah mime gesellen ist mir we ·

Gruonet der walt allenthalben ·
wa ist min geselle alse lange ·

Der ist geriten hinnen ·
owi · wer sol mich minnen ·

LIEBESLIEDCHEN
(Münchner Handschrift) · 13. Jahrhundert

Chume · chume · geselle min ·
Ih enbite harte din ·
ih enbite harte din ·
chum · chum · geselle min ·

Suozer roservarwer munt ·
chum und mache mich gesunt ·
chum und mache mich gesunt ·
suozer roservarwer munt ·

32

LIEBESLIEDCHEN
(Münchner Handschrift) · 13. Jahrhundert

Floret silva undique ·
Um meinen Gesellen ist mir weh.

Der Wald ist grün allenthalben ·
Wo ist mein Geselle so lange?

Er ist geritten von hinnen ·
O weh · wer soll mich minnen?

LIEBESLIEDCHEN
(Münchner Handschrift) · 13. Jahrhundert

Komme · komm · Geselle mein ·
Denn in Zittern harre ich dein ·
Denn in Zittern harr ich dein ·
Komme · komm · Geselle mein.

Süßer rosenfarbner Mund ·
Komm und mache mich gesund ·
Komm und mache mich gesund ·
Süßer rosenfarbner Mund.

432

33

IB 432,1A Doppelseite

433 *Frans Masereel: Geschichte ohne Worte.* Ein Roman in Bildern. 60 Holzschnitte. Nachwort: Hermann Hesse. 1933: 1.–10. Tsd. – 1935: 15. Tsd. – 1952 (W): 25. Tsd. – 1957 (L): 55. Tsd. – 6 Auflagen

434 [1] *Graf Alfred von Schlieffen: Gneisenau.* Vorwort: Friedrich von Cochenhausen. 1933: 1.–10. Tsd. – 1940: 15. Tsd. – 2 Auflagen

– [2] *Jean Paul: Des Luftschiffers Giannozzo Seebuch.* Almanach für Matrosen, wie sie sein sollten. Nachwort: Hans-Dietrich Dahnke. 1965 (L): 1.–10. Tsd. [2. Auflage; 1. Auflage nicht IB – IK 837.] – Siehe auch IB 1073

435 [1] *Gespräche Friedrichs des Großen mit Henri de Catt.* Auswahl und Nachwort: Friedrich von Oppeln-Bronikowski. 1933: 1.–10. Tsd. – 1938: 15. Tsd. – 2 Auflagen

– [2A] *Ulrich Bräker: Etwas über William Shakespears Schauspiele von einem armen ungelehrten weltbürger, der das glück genoß, denselben zu lesen. Anno 1780.* Unveränderter Nachdruck des 1877 veröffentlichten Originaltextes. Nachwort: Claus Träger. 1964 (L): 1.–10. Tsd.

– [2B] –: *Etwas über William Shakespeares Schauspiele…* Mit

Nachbemerkung [des Verlags]. 1964 (F): 11. bis 17. Tsd. – 2 Auflagen

436 [1A] *Georg Trakl: Gesang des Abgeschiedenen.* Gedichte. Nachwort: Katharina Kippenberg. 1932: 1.–8. Tsd. – 1939: 11. Tsd.

– [1B] –. Um zwei Gedichte erweitert. [›An den Knaben Elis‹. ›De Profundis‹.] Geleitwort: Felix Braun. 1950 (L): 12. bis 16. Tsd. – 1963 (F): 50. Tsd. – 7 Auflagen

437 *Eduard Mörike: Die Historie von der schönen Lau.* Mit 7 Zeichnungen von Moritz von Schwind. Mit einem Anhang ›Worterklärungen und anderes‹ von Eduard Mörike. 1933: 1.–10. Tsd. – 1943: 30. Tsd. – 1975 (L): 45. Tsd. – 5 Auflagen

438 [1A] *Nietzsche-Brevier.* Auswahl und Vorbemerkung: Richard Oehler. 1933: 1.–10. Tsd.

– [1B] –. Leicht veränderte Auswahl. 1934: 11.–20. Tsd. – 1938: 30. Tsd. – 3 Auflagen

– [2] *Ivo Andrić: Der Weg des Alija Djerzelez und andere Erzählungen.* [Der Rumpf. Der Spaß in der Herberge. Der Zigeuner und die Ausländische.] Übertragung: Werner Creutziger. Mit Worterklärungen. 1965 (L): 1.–10. Tsd.

439 *Das kleine Wunderhorn.* Deutsche Volkslieder. Mit Titelvignette von Emil Ludwig Grimm. Auswahl und Nachwort: Fritz Adolf Hünich. 1933: 1.–10. Tsd. – 1941: 15. Tsd. – 2 Auflagen – Siehe auch IB 60 und 990,2

440 *Die Geschichten von Karl dem Großen.* Aufgezeichnet durch Notker den Stammler. Auswahl, Übertragung und Nachwort: Karl Brügmann. [1.–20. Tsd. unter IB 114,1.] – 1933: 21. bis 25. Tsd. – 1940: 28. Tsd. – 2 Auflagen

441 *Brüder Grimm: Die Hausmärchen.* Der Grimmschen Märchen erster Teil. Auswahl: Severin Rüttgers. 1933: 1.–10. Tsd. – 1940: 20. Tsd. – 1958 (W): 32. Tsd. [Restbestände 1964 (L).] – 4 Auflagen

442 [1A] *Brüder Grimm: Mutiges Herz und starke Hand.* Der Grimmschen Märchen zweiter Teil. Als Anhang ›Wilhelm Grimm: Über das Märchen‹. Auswahl: Severin Rüttgers. 1933: 1.–10. Tsd. – 1941: 15. Tsd.

– [1B] –. Ohne Anhang. 1958 (W): 16.–25. Tsd. [Restbestände 1964 (L).] – 3 Auflagen

443 *Brüder Grimm: Buntes Spiel.* Der Grimmschen Märchen dritter Teil. Auswahl: Severin Rüttgers. 1934: 1.–10. Tsd. –

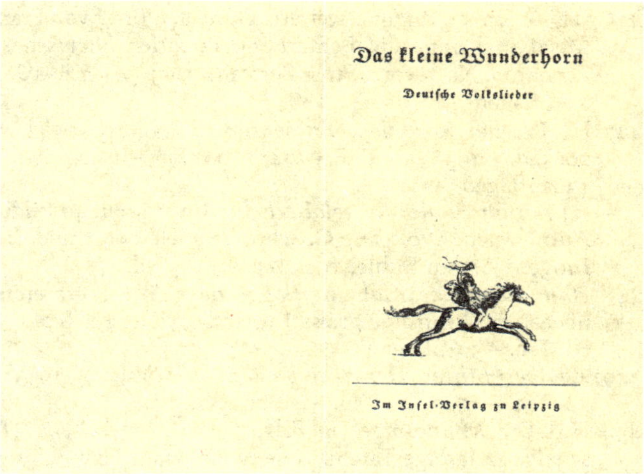

IB 439 Titel

1941: 15. Tsd. – 1958 (W): 26. Tsd. [Restbestände 1964 (L).] – 3 Auflagen

444 [1] *Helmut Berve: Kaiser Augustus.* Mit Titelbild. 1934: 1.–10. Tsd.

– [2A] *Michelangelo: Handzeichnungen.* 48 farbige Tafeln. Auswahl und Geleitwort: Diether Schmidt. 1965 (L): 1. bis 30. Tsd. – [31.–50. Tsd. unter 2B.] – 1975 (L): 79. Tsd.

– [2B] –. Nachw.: Harald Keller. 1965 (F): 31.–50. Tsd. – 3 Aufl.

445 [1] *Mythen und Märchen von germanischen Göttern.* Aus den altnordischen Quellen gesammelt von Konstantin Reichardt. Vorwort und Anmerkungen: Konstantin Reichardt. 1933: 1.–10. Tsd. – 1942: 20. Tsd. – 3 Auflagen

– [2] *F. C. [Franz Carl] Weiskopf: Der Traum des Friseurs Cimbura.* [Wer keine Wahl hat, hat die Qual.] Zwei Erzählungen. 1966 (L): 1.–10. Tsd.

446 [1] *Eduard Spranger: Goethes Weltanschauung.* Mit Literaturhinweisen. 1933: 1.–10. Tsd. – 1939: 20. Tsd. [Ohne Literaturhinweise.] – 3 Auflagen

– [2A] *Worte Meister Leonardos.* Auswahl: Ernst Bertram. Mit Quellenverzeichnis. 1950 (W): 1.–11. Tsd.

446 [2B] –. Um 26 Zitate erweitert. Ohne den Brief von Francesco Melzi und ohne die Bemerkung Friedrich Nietzsches über Leonardo. Nachwort: Ernst Bertram. 1957 (W): 12.–16. Tsd. – 2 Auflagen

447 [1] *Werner Kortwich: Friesennot.* Erzählung. 1933: 1. bis 10. Tsd. – 1936: 50. Tsd. – 1941: 100. Tsd. – 1943: 180. Tsd. – 13 Auflagen

– [2] *Arthur Suhle: Mittelalterliche Brakteaten.* 40 Bildtafeln. Aufnahmen: Wolfgang G. Schröter. Geleitwort und Erläuterungen: Arthur Suhle. 1965 (L): 1.–20. Tsd.

448 *Hans Leip: Die Klabauterflagge* oder Atje Potts erste und höchst merkwürdige große Fahrt. 1933: 1.–10. Tsd. – 1942: 60. Tsd. – 5 Auflagen

449 *Adalbert Stifter: Der Hochwald.* Eine Erzählung. 1933: 1. bis 10. Tsd. – 1940: 40. Tsd. – 4 Auflagen

450 [1A] *Die Minnesinger in Bildern der Manessischen Handschrift.* 24 farbige Tafeln. Geleitwort: Hans Naumann. 1933: 1.–24. Tsd. – 1933: 132. Tsd. – 1934: 187. Tsd. – 1937: 250. Tsd. – 1940: 333. Tsd.

– [1B] –. Nachwort: Elisabeth Karg-Gasterstädt. 1962 (L+F): 334.–413. Tsd. – 1965 (L+F): 458. Tsd. [F-Ausgaben ohne die beiden Minnelieder vor und nach dem Bildteil.] – 1987 (F) [In Vorbereitung.] – 15 Auflagen – Siehe auch IB 560

451 *Klaus Groth: Quickborn.* Auswahl und Geleitwort: Hans Friedrich Blunck. 1934: 1.–10. Tsd.

452 *Das Hausbuch.* [23] Bilder [auf 32 Tafeln] aus dem deutschen Mittelalter von einem unbekannten Meister. Vorwort und Bildbeschreibungen: Richard Graul. 1934: 1.–10. Tsd. – 1938: 30. Tsd. – 1950 (L): 40. Tsd. – 5 Auflagen

453 *Adalbert Stifter: Der Hagestolz.* Eine Erzählung. 1934: 1. bis 10. Tsd. – 1939: 15. Tsd. – 2 Auflagen

454 *Hermann Hesse: Vom Baum des Lebens.* Ausgewählte Gedichte. 1934: 1.–10. Tsd. – 1939: 50. Tsd. – 1942: 70. Tsd. – 1947 (W): 75. Tsd. – 1952 (L): 125. Tsd. – 1959 (L): 200. Tsd. – 1974 (F): 220. Tsd. – 1987 (F) [Mit Frontispiz; in Vorbereitung.] – 22 Auflagen

455 *Die Briefe der Diotima* [an Hölderlin]. Auswahl, Textrevision, Nachwort und Anmerkungen: Karl Viëtor. 1934: 1.–10. Tsd. – 1939: 30. Tsd. – 1948 (L): 40. Tsd. – 1954 (W): 57. Tsd. – 6 Auflagen

456 *Otto Nebelthau: Mein Gemüsegarten.* Eine nützliche Unterweisung. Mit Anbautabellen. [Text mehrfach bearbeitet.] 1934: 1.–10. Tsd. – 1945: 55. Tsd. – 1946 (W): 65. Tsd. – 1950 (W): 75. Tsd. – 8 Auflagen

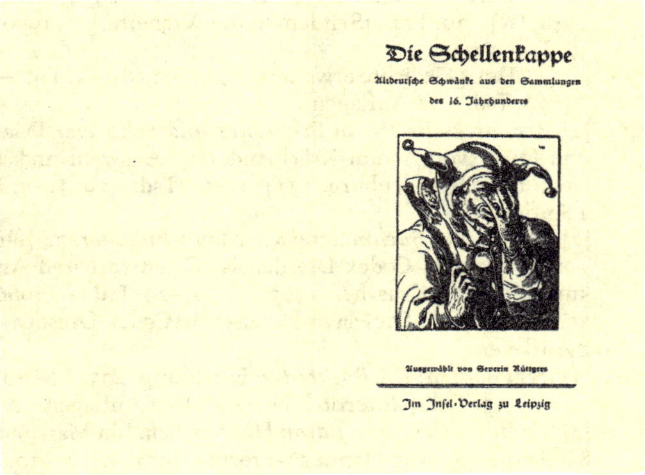
Die Schellenkappe

Altdeutsche Schwänke aus den Sammlungen des 16. Jahrhunderts

Ausgewählt von Severin Rüttgers

Im Insel-Verlag zu Leipzig

IB 457 Titel

457 *Die Schellenkappe.* Altdeutsche Schwänke aus den Sammlungen des 16. Jahrhunderts. Mit Titelholzschnitt nach Heinrich Vogther (um 1540). Auswahl: Severin Rüttgers. 1934: 1. bis 10. Tsd. – 1942: 35. Tsd. – 3 Auflagen

458 *Brüder Grimm: Deutsche Sagen.* Auswahl: Severin Rüttgers. 1934: 1.–10. Tsd. – 1942: 18. Tsd. – 3 Auflagen

459 [1] *Friedrich Schnack: Land ohne Tränen.* Eine Bilderbogengeschichte. 1934: 1.–10. Tsd.

– [2] *Friedrich Wolf: Lucie und der Angler von Paris.* Erzählung. 1952 (L): 1.–10. Tsd. – 1959 (L): 26. Tsd. – 3 Auflagen

460 [1A] *Das Buch vom Schach.* Eine Darstellung und Anweisung für die Freunde des Spiels von *Martin Beheim-Schwarzbach.* [Mit 33 Meisterpartien.] 1934: 1.–10. Tsd.

– [1B] –. Eine Meisterpartie gegen eine andere ausgetauscht. 1935: 11.–20. Tsd. – 2 Auflagen

460 [2] *Franz von Gaudy: Humoresken und Satiren.* Mit 17 Holzstichen von Axl Leskoschek. Vorwort und Anmerkungen: Manfred Häckel. 1967 (L): 1.–15. Tsd.

461 [1A] *Hugo von Hofmannsthal: Gedichte.* Mit Titelvignette von Walter Tiemann. 1934: 1.–10. Tsd. – 1936: 20. Tsd. – 1946 (W): 30. Tsd. [Seitdem ohne Vignette.] – 1959 (W): 57. Tsd.

– [1B] –. Um 4 Gedichte erweitert. 1964 (F): 58.–65. Tsd. – 1984 (F): 76. Tsd. – 11 Auflagen

462 [1] *Bismarcks Briefe an Schwester und Schwager* [Malwine und Oscar von Arnim-Kröchlendorff]. Auswahl und Nachwort: Erich Brandenburg. 1934: 1.–10. Tsd. – 1939: 15. Tsd. – 2 Auflagen

– [2] *Schrift und Buchmalerei der Maya-Indianer.* 24 [farbige] Tafeln aus dem Codex Dresdensis. Geleitwort und Anmerkungen: Rolf Krusche. 1965 (L): 1.–29. Tsd. – 1966 (F): 35. Tsd. [U. d. T. ›Die Maya-Handschrift Codex Dresdensis‹.] – 2 Auflagen

463 [1] *Josef Ponten: Die Bockreiter.* Erzählung. 1934: 1.–10. Tsd. – 1940: 15. Tsd. [Untertitel ›Novelle‹.] – 2 Auflagen

– [2] *Clemens Brentano: Baron Hüpfenstich.* Ein Märchen. Mit 8 Zeichnungen von Hanna Preetorius. 1951 (W): 1.–10. Tsd.

464 [1] *Eugen Kühnemann: Schiller und seine Welt.* 1934: 1. bis 10. Tsd.

– [2] *Stephan Hermlin: Reise eines Malers in Paris.* Erzählung. 1966 (L): 1.–10. Tsd.

465 [1A] *Die chinesische Flöte.* Nachdichtungen chinesischer Lyrik von Hans Bethge. Geleitwort und Anmerkungen: Hans Bethge. 1935: 1.–10. Tsd. – 1941: 35. Tsd. [Mit Titelvignette von Emil Rudolf Weiß.]

– [1B] –. Auswahl und Nachwort verändert: 1 Gedicht hinzugefügt, 3 Gedichte weggelassen. Mit Titelvignette von E. R. Weiß. 1955 (W): 36.–45. Tsd. – 1956 (W): 55. Tsd. – 6 Auflagen

466 *Bettina [von Arnim] in ihren Briefen.* Auswahl und Nachwort: Hartmann Goertz. 1935: 1.–10. Tsd. – 1935: 20. Tsd. – 2 Auflagen

467 *Wilhelm von Scholz: Die Beichte.* Novelle. 1935: 1.–10. Tsd. – 1944: 30. Tsd. – 1954 (W): 40. Tsd. – 5 Auflagen

468 *Stijn Streuvels: Der Arbeiter.* Erzählung. Übertragung: An-

ton Kippenberg. [1.–20. Tsd. unter IB 215,1.] – 1935: 21. bis 25. Tsd. – 1935: 30. Tsd. – 1949 (L): 40. Tsd. – 3 Auflagen

469 *Ricarda Huch: Quellen des Lebens.* Umrisse einer Weltanschauung. Auswahl und Schlußvermerk: Reinhard Buchwald. 1935: 1.–10. Tsd. – 1940: 20. Tsd. – 1946 (W): 30. Tsd. – 1950 (W): 40. Tsd. – 5 Auflagen

470 [1A] *Otto Nebelthau: Mein Obstgarten.* Zu jedermanns Nutzen beschrieben. Mit 14 Zeichnungen von Hans J. Peters. 1935: 1.–20. Tsd. – 1942: 35. [statt 30.] Tsd. – [36.–45. Tsd. nicht IB – IK 1187.]

– [1B] –. Textrevision und Nachwort: Ingrid Nebelthau. 1955 (W): 46.–55. Tsd. – 4 Auflagen

471 [1] *Edzard H. Schaper: Die Arche die Schiffbruch erlitt.* Novelle. Mit 16 Holzschnitten von Hans Alexander Müller. 1935: 1.–10. Tsd. – 1942: 55. Tsd. – 3 Auflagen

– [2] *Nikolaus Lenau: Die Albigenser.* Freie Dichtungen. Nachwort: Walter Dietze. 1965 (L): 1.–10. Tsd.

472 *Heinrich Seuse: Das Büchlein der Ewigen Weisheit.* Ausgewählt und in unser Deutsch gebracht von Martin Greiner. Mit Prolog. Nachwort: Martin Greiner. 1935: 1.–10. Tsd. – 1942: 18. Tsd. – 3 Auflagen

473 *Gottfried Keller: Hadlaub.* Eine Novelle. 1935: 1.–10. Tsd. – 1942: 25. Tsd. – 4 Auflagen

474 *Gunnar Gunnarsson: Das Haus der Blinden.* Erzählung. Übertragung: Edzard H. Schaper. 1935: 1.–10. Tsd. – 1943: 35. Tsd. – 1953 (W): 45. Tsd. – 6 Auflagen

475 [1] *Rudolf G. Binding: Die Geliebten.* Gedichte. 1935: 1. bis 20. Tsd. – 1940: 70. Tsd. – 1950 (W): 80. Tsd. – 1952 (W): 95. Tsd. – 9 Auflagen

– [2] *Anna Seghers: Sagen von Artemis.* [Die drei Bäume. Das Argonautenschiff.] 1965 (L): 1.–10. Tsd. – 1978 (L): 25. Tsd. – 2 Auflagen

476 *Die höchst ergötzlichen Predigten des Jobst Sackmann, weiland Pastors zu Limmer.* Auswahl und Einleitung: Christian Heinrich Kleukens. [1.–25. Tsd., mit Titelzeichnung, unter IB 18,1.] – 1935: 26.–35. Tsd.

477 *Deutsches Handwerk im Mittelalter.* [36] Bilder aus dem Hausbuch der Mendelschen Zwölfbrüderstiftung in Nürnberg. Geleitwort: Friedrich Bock. 1935: 1.–20. Tsd. – 1948 (L): 30. Tsd. – 2 Auflagen

478 *Wilhelm Busch: Schein und Sein.* [Gedichte.] Nachwort: Hans Balzer. 1935: 1.–15. Tsd. – 1937: 50. Tsd. – 1941: 100. Tsd. – 1944: 160. Tsd. – 1949 (W): 170. Tsd. – 1950 (L): 190. Tsd. – 1965 (F): 249. Tsd. – 21 Auflagen

479 *Wilhelm Hauff: Das kalte Herz.* Mit 23 Federzeichnungen von Fritz Fischer. 1935: 1.–10. Tsd. – 1944: 55. Tsd. – 1949 (W): 65. Tsd. – 1954 (L): 95. Tsd. – 8 Auflagen

480 [1A] *Rainer Maria Rilke: Der ausgewählten Gedichte anderer Teil.* Auswahl: Katharina Kippenberg. 1935: 1.–20. Tsd.

– [1B] –. Ein Gedicht [›Der Fremde‹] gegen ein anderes [›Der Schutzengel‹] ausgetauscht. 1935: 21.–40. Tsd. – 1944: 90. Tsd.

– [1C] –. Veränderte Auswahl: 3 Gedichte ausgetauscht, 1 Sonett in erweiterter Fassung. 1946 (W): 91.–100. Tsd. – 1963 (F): 200. Tsd. – 1986 (F): 232. Tsd. – 24 Auflagen [Gedicht ›Man muß sterben …‹ in etlichen Auflagen um 3 Zeilen gekürzt.] – Siehe auch IB 400

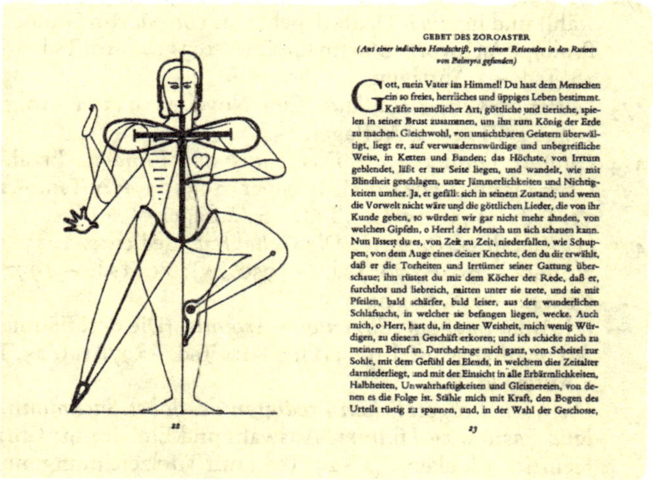

GEBBET DES ZOROASTER

(Aus einer indischen Handschrift, von einem Reisenden in den Ruinen von Palmyra gefunden)

Gott, mein Vater im Himmel! Du hast dem Menschen ein so freies, herrliches und üppiges Leben bestimmt. Kräfte unendlicher Art, göttliche und tierische, spielen in seiner Brust zusammen, um ihn zum König der Erde zu machen. Gleichwohl, von unsichtbaren Geistern überwältigt, liegt er, auf verwundernswürdige und unbegreifliche Weise, in Ketten und Banden; das Höchste, von Irrtum geblendet, läßt er zur Seite liegen, und wandelt, wie mit Blindheit geschlagen, unter Jämmerlichkeiten und Nichtigkeiten umher. Ja, er gefällt sich in seinem Zustand; und wenn die Vorwelt nicht wäre und die göttlichen Lieder, die von ihr Kunde geben, so würden wir gar nicht mehr ahnden, von welchen Gipfeln, o Herr! der Mensch um sich schauen kann. Nun lässest du es, von Zeit zu Zeit, niederfallen, wie Schuppen, von dem Auge eines deiner Knechte, den du dir erwählt, daß er die Torheiten und Irrtümer seiner Gattung überschaue; ihn rüstest du mit dem Köcher der Rede, daß er, furchtlos und liebreich, mitten unter sie trete, und sie mit Pfeilen, bald schärfer, bald leiser, aus der wunderlichen Schlafsucht, in welcher sie befangen liegen, wecke. Auch mich, o Herr, hast du, in deiner Weisheit, mich wenig Würdigen, zu diesem Geschäft erkoren; und ich schicke mich zu meinem Beruf an. Durchdringe mich ganz, vom Scheitel zur Sohle, mit dem Gefühl des Elends, in welchem dies Zeitalter darniederliegt, und mit der Einsicht in alle Erbärmlichkeiten, Halbheiten, Unwahrhaftigkeiten und Gleisnereien, von denen es die Folge ist. Stähle mich mit Kraft, den Bogen des Urteils rüstig zu spannen, und, in der Wahl der Geschosse,

22 23

IB 481,1B Doppelseite mit Illustration

481 [1A] *Heinrich von Kleist: Über das Marionettentheater.* Aufsätze und Anekdoten. Auswahl: Friedrich Michael. 1935:

1.–10. Tsd. – 1944: 70. Tsd. – 1954 (W): 75. Tsd. – 1969 (F): 98. Tsd. – 8 Auflagen

481 [1B] –. Neue Auswahl und Textrevision: Helmut Sembdner. Mit 6 Zeichnungen von Oskar Schlemmer. Nachwort: Josef Kunz. 1980 (F): 1.–4. Tsd. – 1985 (F): 13. Tsd. – 4 Auflagen

482 *Goethes Spruchweisheit.* Sprüche in Prosa. Auswahl und Nachwort: Friedrich Michael. 1935: 1.–20. Tsd. – 1942: 60. Tsd. – 1946 (W): 70. Tsd. – [71.–80. Tsd. nicht IB – IK 608.] – 1951 (L): 108. Tsd. [Ein Spruch weggelassen.] – 1953 (W): 114. Tsd. – 7 Auflagen

483 *Ernest Claes: Die Heiligen von Sichem.* Mit 12 Zeichnungen von Felix Timmermans. Übertragung: Edith ter Meer. 1936: 1.–10. Tsd. – 1943: 20. Tsd. – 1951 (W): 30. Tsd. – 4 Auflagen

484 *Chinesische Volksmärchen.* Auswahl, Übertragung und Nachwort: Wolfram Eberhard. 1936: 1.–10. Tsd. – 1938: 20. Tsd. – 1949 (L): 30. Tsd. – 1953 (L): 47. Tsd. – 5 Auflagen

485 [1] *Ernst Bertram: Von der Freiheit des Wortes.* 1936: 1. bis 10. Tsd. – 1940: 15. Tsd. – 2 Auflagen

– [2] *Bodo Uhse: Der Weg zum Rio Grande.* [Reise in einem blauen Schwan.] Zwei Erzählungen. 1964 (L): 1.–7. Tsd.

486 [1] *Heinrich von Treitschke: Der Wiener Kongreß 1814 bis 1815.* Anmerkungen: Reinhard Buchwald. 1936: 1.–10. Tsd.

– [2] *Reinhold Schneider: Die Tarnkappe.* 1951 (W): 1.–11. Tsd. – 1963 (F): 25. Tsd. – 3 Auflagen

487 [1A] *Goethes schönste Briefe.* Auswahl und Nachwort: Reinhard Buchwald. 1936: 1.–10. Tsd.

– [1B] –. Veränderte Auswahl: 1 Brief weggelassen, 5 Briefe hinzugefügt, 3 Briefe erweitert zitiert. 1936: 11.–20. Tsd. – 1943: 35. Tsd. – [36.–45. Tsd. nicht IB – IK 549.] – 1948 (W): 50. Tsd. – 1957 (W): 69. Tsd. – 7 Auflagen

488 [1A] *Griechische Lyrik.* Eine Auslese von Karl Preisendanz. [1.–25. Tsd. unter IB 124,1; jetzt wesentlich verändert.] – 1936: 26.–35. Tsd. – 1940: 38. Tsd.

– [1B] –. Veränderte Auswahl. Mit 2 Titelvignetten von Robert Pudlich. Mit Anmerkungen. 1959 (W): 39.–48. Tsd. – 3 Auflagen

489 *Theodor Mommsen: Römische Charaktere.* Auswahl, Einleitung und Anmerkungen: Helmut Berve. 1936: 1.–10. Tsd. – 1944: 45. Tsd. – 4 Auflagen

490 [1A] *Meister Eckhart: Reden der Unterweisung.* Das sind die

Reden, die der Vikar von Thüringen, der Prior von Erfurt, Bruder Eckhart, Predigerordens, solchen geistlichen Kindern gehalten hat, die ihn nach vielen Dingen fragten, da sie zu abendlichen Tischgesprächen beieinander saßen. Übertragung und Nachwort: Friedrich Schulze-Maizier. 1936: 1.–10. Tsd. – 1944: 25. Tsd.

490 [1B] –. Ohne Untertitel. Übertragung und Nachwort: Josef Quint. 1963 (F): 26.–32. Tsd. – 4 Auflagen

491 *Helene Voigt-Diederichs: Sonnenbrot.* Mit 7 Holzschnitten von Josua Leander Gampp. 1936: 1.–10. Tsd. – 1937: 20. Tsd. – 1949 (W): 30. Tsd. – 3 Auflagen

492 *Hans Bethge: Japanischer Frühling.* Nachdichtungen japanischer Lyrik. Geleitwort und Anmerkungen: Hans Bethge. 1936: 1.–10. Tsd. – 1938: 20. Tsd. – 2 Auflagen

493 [1A] *[Johann Wolfgang von] Goethe: Die Leiden des jungen Werthers.* In der Urfassung von 1774. Nachwort: Friedrich Michael. 1936: 1.–10. Tsd. – 1940: 15. Tsd.

– [1B] –. Mit Titelbild nach Daniel Chodowiecki. 1953 (W): 16.–25. Tsd. – 1953 (L): 35. Tsd. [Mit zwei Titelbildern.] – 1957 (W): 45. Tsd. – 5 Auflagen

494 *Das kleine Rätselbuch.* Deutsche Volksrätsel. Mit Titelvignette von Fritz Kredel. Herausgegeben und mit Nachwort von Kurt Brzoska. 1936: 1.–10. Tsd. – 1942: 50. Tsd. – 1943: 90. Tsd. – 1949 (W): 100. Tsd. – 1957 (W): 120. Tsd. – 8 Auflagen

495 *Der Bordesholmer Altar Meister Brüggemanns.* 48 Bildtafeln. Herausgegeben von Freerk Haye Hamkens. Aufnahmen vom Herausgeber und der Staatlichen Bildstelle Berlin. Nachwort: Freerk Haye Hamkens. 1936: 1.–30. Tsd. – 1942: 120. Tsd. – 1952 (W): 130. Tsd. – 1966 (F): 179. Tsd. – 10 Auflagen

496 *Dichtungen des Michelangelo.* Übertragung: Rainer Maria Rilke. Nachwort: Friedrich Michael. 1936: 1.–20. Tsd. – 1940: 40. Tsd. – 1949 (W): 47. [statt 45.] Tsd. – 1957 (W): 87. Tsd. – 8 Auflagen

497 [1A] *Hans Friedrich Blunck:* [10] *Erstaunliche Geschichten.* 1936: 1.–10. Tsd. – 1938: 15. Tsd.

– [1B] –. Neufassung der Geschichte ›Der Teufel hält Winterschlaf‹. 1940: 16.–20. Tsd. – 1941: 25. Tsd. – 4 Auflagen

– [2] *Menandros: Das Schiedsgericht.* Komödie in fünf Akten. Übertragen und ergänzt von Alfred Körte. Nachwort: Alfred

Körte. [1.–10. Tsd. unter IB 104,2; 11.–15. Tsd. nicht IB – IK 1094; ab 16. Tsd. wesentlich verändert.] – 1961 (L): 16. bis 24. Tsd.

498 [1] *Friedrich Schnack:* [15] *Geschichten aus Heimat und Welt.* 1936: 1.–10. Tsd. – 1944: 60. Tsd. – 1947 (W): 65. Tsd. – 5 Auflagen

– [2] *Heinrich Böll: Irisches Tagebuch.* 1965 (L): 1.–30. Tsd. – 1971 (L): 50. Tsd. – 2 Auflagen

499 [1A] *Tschuang-tse: Dichtung und Weisheit.* Auswahl, Übertragung aus dem chinesischen Urtext und Nachwort: Hans O. H. Stange. 1936: 1.–10. Tsd. – 1937: 20. Tsd.

– [1B] –. Auswahl geringfügig verändert: 1 Beitrag weggelassen, 2 Beiträge hinzugefügt. 1954 (W): 21.–30. Tsd. – 1957 (W): 37. Tsd. – 4 Auflagen

500 [1A] *Hans Carossa: Gedichte.* Vom Dichter ausgewählt. 1937: 1.–30. Tsd. – 1943: 102. Tsd. – 1947 (W): 107. Tsd. – 1951 (W): 138. Tsd.

– [1B] –. Vermehrt um elf Gedichte. 1953 (W): 139.–148. Tsd. – 1958 (W): 167. Tsd. – 13 Auflagen

501 *[Johann Wolfgang von] Goethe: West-östlicher Divan.* Mit dem persischen Titel der Originalausgabe von 1819. 1937: 1.–20. Tsd. – [21.–25. Tsd. nicht IB – IK 612 C.]

502 [1] *Richard Wagner: Die Meistersinger von Nürnberg.* [1. bis 20. Tsd. unter IB 100,1.] – 1937: 21.–30. Tsd.

– [2] *Hermann Hesse: Klingsors letzter Sommer.* Erzählung. 1951 (W): 1.–19. Tsd. [In einem Teil der Auflage Korrekturzettel zum Druckfehler S. 57/58.] – 1963 (F): 59. Tsd. – 5 Auflagen

503 [1A] *Das kleine Pilzbuch.* Einheimische Pilze nach der Natur gezeichnet von Willi Harwerth. 36 mehrfarbige Tafeln. Nachworte von Friedrich Schnack und Sandro Limbach. 1937: 1. bis 47. Tsd. [Irrtümlich wurden die Tafeln zum Grünlichen Knollenblätterschwamm und zum Gelblichen Knollenblätterschwamm vertauscht; in einem Teil der Auflage Korrekturzettel eingeklebt.] – 1937: 97. Tsd. [Irrtum korrigiert, Unterschriften und Erläuterungen zu einigen Tafeln verändert.]

– [1B] –. Neue, von Alfred Birkfeld textlich überarbeitete Ausgabe. 1956 (L+W): 98.–147. Tsd. – 3 Auflagen

504 [1] *Rudolf Koch: Ein Deutscher.* Kleine Schriften. Auswahl

und Nachwort: Georg Haupt. 1937: 1.–10. Tsd. – 1937: 20. Tsd. – 2 Auflagen

504 [2] *Stephan Hermlin: Balladen.* Auswahl: Sina Witt. 1965 (L): 1.–7. Tsd.

505 [1A] *Die Bildwerke des Naumburger Doms.* 44 Bildtafeln. Aufnahmen: Horst Schubert. Geleitwort: Wilhelm Pinder. 1937: 1.–50. Tsd. – 1942: 155. Tsd. – 1954 (L+W): 195. Tsd. – 1961 (L): 256. Tsd.

– [1B] –. Eine Tafel ausgetauscht, Tafelreihenfolge geändert. Geleitwort: Johannes Jahn. 1964 (L): 257.–305. Tsd.

– [1C] –. Einige Tafeln nach neuen Aufnahmen; Geleitwort überarbeitet. 1973 (L): 306.–325. Tsd. – 12 Auflagen

506 *Briefe Hölderlins.* Auswahl und Nachwort: Adolf von Grolman. 1937: 1.–10. Tsd. – 1943: 40. Tsd. – 1947 (W): 50. Tsd. – 1954 (W): 57. Tsd. – 5 Auflagen

507 [1A] *Wilhelm Busch: Hernach.* 59 Illustrationen nach den Handzeichnungen. Nachwort: Otto Nöldeke. 1937: 1. bis 25. Tsd. – 1940: 113. Tsd.

– [1B] –. Nachwort: Hans Balzer. 1952 (L): 114.–140. Tsd. – 1955 (L): 170. Tsd. – 6 Auflagen

508 *Felix Timmermans: Beim Krabbenkocher.* Erzählung. Übertragung: Peter Mertens. 1937: 1.–20. Tsd. – 1945: 100. Tsd. – 1952 (W): 110. Tsd. – 1954 (W): 120. Tsd. – 7 Auflagen

509 *Kudrun.* Dem alten Epos nacherzählt von Severin Rüttgers. Mit Nachwort. 1937: 1.–10. Tsd.

510 *Ruth Schaumann: Der Petersiliengarten.* Ein Märchen. 1937: 1.–20. Tsd. – 1941: 30. Tsd. – 1949 (W): 40. Tsd. – 1957 (W): 65. Tsd. – 7 Auflagen

511 [1A] *Joseph Conrad: Jugend.* Erzählung. Übertragung: Ernst Wolfgang Freißler. 1937: 1.–30. Tsd. – 1947 (L): 38. Tsd. – 1955 (L): 58. Tsd.

– [1B] –. Mit 8 Holzstichen von Hans Alexander Müller. 1956 (W): 59.–68. Tsd. – 1962 (L): 103. Tsd. – 7 Auflagen

512 [1A] *Deutsche Gedichte.* Auswahl und Nachwort: Katharina Kippenberg. 1937: 1.–20. Tsd.

– [1B] –. Veränderte und erweiterte Auswahl: 1 Gedicht weggelassen, 4 Gedichte hinzugefügt. 1938: 21.–40. Tsd. – 1941: 60. Tsd. [Nicht nochmals erweitert; Inhaltsverzeichnis führt versehentlich einen Strophenanfang als Anfang eines Gedichts auf.] – 1942: 70. Tsd.

512 [1C] –. Erneut verändert und erweitert: 3 Gedichte weggelassen, 10 hinzugefügt. 1943: 71.–90. Tsd. – 1943: 140. Tsd. – [Spätere Auflagen nicht IB – IK 372.] – 6 Auflagen

– [2] *Heinrich Böll: Das Brot der frühen Jahre.* Erzählung. Nachwort: Klaus Pezold. 1964 (L): 1.–15. Tsd. – 1967 (L): 45. Tsd. – 2 Auflagen

513 *Pindars Olympische Hymnen.* Übertragung, Vorwort und Erläuterungen: Franz Dornseiff. 1937: 1.–10. Tsd. – 1960 (W): 17. Tsd. [Durchgesehene, aber kaum veränderte Ausgabe.] – 2 Auflagen

514 [1] *Edzard Schaper: Das Lied der Väter.* [Erzählung.] 1937: 1.–10. Tsd.

– [2] *Georg Maurer: Im Blick der Uralten.* Ein Zyklus. [Gedichte.] 1965 (L): 1.–7. Tsd.

515 *Das kleine Buch der Greife.* Einheimische Raubvögel. Mit 24 farbigen Tafeln nach den kolorierten Kupfern aus Johann Wolfs und Bernhard Meyers ›Naturgeschichte der Vögel Deutschlands‹ (1805) und mit 18 Flugbildern. Bildunterschriften geschrieben von Rudo Spemann. Geleitwort: Otto Fehringer. 1937: 1.–25. Tsd. – 1937: 50. Tsd. – 1985 (F): 56. Tsd. [Bildunterschriften gesetzt.] – 3 Auflagen

516 [1A] *Briefe Mozarts.* Nachwort: Max Mell. Mit Anmerkungen. 1937: 1.–10. Tsd. – 1942: 35. Tsd. [Ein Teil der Auflage nicht IB – IK 1155.] – 1942: 55. Tsd. – [56.–105. Tsd. unter 1B.] – 1955 (W): 115. Tsd. – 1963 (F): 142. [statt 132.] Tsd.

– [1B] –. Ohne Nachwort. 1944: 56.–105. Tsd. – 10 Auflagen

517 [1A] *Die Muttergottes.* Deutsche Bildwerke. 47 Tafeln. Geleitwort: Richard Graul. 1937: 1.–30. Tsd. – 1941: 60. Tsd.

– [1B] –. 48 Tafeln. [Gegenüber 1A 8 Tafeln weggelassen, 9 Tafeln hinzugefügt, ein Motiv in neuer Aufnahme.] Neues Geleitwort: Richard Graul. 1941: 61.–80. Tsd. – 4 Auflagen

518 *Adalbert Stifter: Der Heilige Abend.* ›Bergkristall‹. 1937: 1.–10. Tsd. – 1938: 30. Tsd. [Seitdem ohne Untertitel.] – 1944: 70. Tsd. – 1948 (W): 76. Tsd. [Seitdem wieder mit Untertitel.] – 1960 (F): 145. Tsd. [Seither wieder ohne Untertitel.] – 1965 (F): 150. Tsd. – 14 Auflagen

519 *Kierkegaard-Brevier.* Herausgegeben von Peter Schäfer und Max Bense. Einleitung: Max Bense. 1937: 1.–10. Tsd. – 1938: 15. Tsd. – 1951 (W): 25. Tsd. – 1955 (W): 35. Tsd. [Einleitung jetzt als Nachwort.] – 4 Auflagen

520 *Fujijama. Der ewige Berg Japans.* 36 Holzschnitte von *Hokusai.* Geleitwort und Bilderläuterungen: Junyo Kitayama. 1937: 1.–31. Tsd. – 1940: 41. Tsd. – 1956 (L): 76. Tsd. – 3 Auflagen

521 [1] *Konrad Weiß: Die kleine Schöpfung.* Mit 38 Federzeichnungen von Karl Caspar. 1937: 1.–10. Tsd.

– [2] *Ricarda Huch: Der falsche Großvater.* Erzählung. [1. bis 5. Tsd. nicht IB – IK 791.] – 1950 (W): 6.–15. Tsd. – 1953 (W): 20. Tsd. – 2 Auflagen

522 *Karl Heinrich Waggerl: Kalendergeschichten.* [Räubergeschichte. Legende von den drei Pfändern der Liebe. Die Schöpfung. Legende vom Tod. Legende vom vergrabenen Herzen. Gang zum Geliebten.] 1937: 1.–20. Tsd. – 1942: 90. Tsd. [1.–90. Tsd. Satz der Drugulin-Presse.] – 1944: 180. Tsd. – 1951 (W): 190. Tsd. – 1981 (F): 270. Tsd. – 1986 (F): 274. Tsd. – 20 Auflagen

523 [1] *Friedrich Nietzsche: Vom Nutzen und Nachteil der Historie für das Leben.* Nachwort: Hans Freyer. 1937: 1.–10. Tsd. – 1940: 15. Tsd. – 2 Auflagen

– [2] *Spätgotische Bildwerke aus den Staatlichen Museen zu Berlin.* 48 Bildtafeln. Auswahl und Geleitwort: Edith Fründt. 1965 (L): 1.–20. Tsd.

524 *Frans Eemil Sillanpää: Die kleine Tellervo.* [Die Familie Nieminen. Das Ende der kleinen Irja. Taavetti Antila.] Finnische Gestalten. Übertragung: Rita Öhquist. 1938: 1.–10. Tsd.

525 [1A] *Friedrich Schiller: Gedichte.* Auswahl: Katharina Kippenberg. 1938: 1.–10. Tsd. [Quote der Auflage wie 1B.] – [11.–15. Tsd. unter 1B; 16.–25. Tsd. nicht IB – IK 1466.] – 1955 (W): 26.–35. Tsd. – 1960 (W): 40. Tsd.

– [1B] –. ›Majestas populi‹ ausgetauscht gegen ›Der Nachahmer‹. 1940: 11.–15. Tsd. – 4 Auflagen

– [1C] *Schillers Klassische Lyrik.* Auswahl und Nachwort: Emil Staiger. 1967 (F): 1.–7. Tsd. – 1967 (F): 12. Tsd. – 2 Auflagen

– [1D] *Friedrich Schiller: Gedichte.* Auswahl: Hans Klähn. 1967 (L): 1.–10. Tsd.

– [1E] –. Veränderte Auswahl: 2 Gedichte weggelassen, 4 Gedichte hinzugefügt. 1973 (L): 11.–20. Tsd. – 2 Auflagen

526 *Hutten der Deutsche.* Gedichte. Aus der Türkenrede. Arminius. Mit Titelholzschnitt. Auswahl und Nachwort: Otto Clemen. 1938: 1.–10. Tsd. – 1940: 15. Tsd. – 2 Auflagen

527 *Luther-Brevier.* Gestaltet und eingeleitet von Friedrich Schulze-Maizier. 1938: 1.–10. Tsd.

528 [1A] *Gottfried Keller: Briefe.* Auswahl und Nachwort: Carl Beck. 1938: 1.–10. Tsd. – 1942: 15. Tsd.

– [1B] –. Ein Brief weggelassen. Nachwort: Fritz Adolf Hünich. 1952 (L): 16.–25. Tsd. – 1952 (L): 40. Tsd. – 4 Auflagen

529 [1A] *Latinische Gärten.* Eine Auslese römischer Gedichte von Karl Preisendanz. 1938: 1.–10. Tsd. – 1944: 20. Tsd. – 1951 (W): 30. Tsd. [Revidierte Übertragungen.]

– [1B] *Römische Lyrik.* Eine Auslese von Karl Preisendanz. Mit Titelzeichnung von Robert Pudlich. Neue, durchgesehene Ausgabe. [3 Gedichte in neuer Übertragung, sonst wie 1A.] 1959 (W): 31.–37. Tsd. – 4 Auflagen

530 *Hans im Glück.* Märchen der Brüder Grimm. Mit 10 [davon 9 doppelseitigen] farbigen Bildern von Willi Harwerth. Den Text schrieb Martin Hermersdorf in der Offenbacher Schulschrift von Rudolf Koch. 1938: 1.–30. Tsd. – 1939: 54. Tsd. – 1947 (L+W): 85. Tsd. – 3 Auflagen

531 *Anton Coolen: Weihnachten in Brabant.* Erzählungen. [Das gute Pferd. Weihnachten auf dem Mellegenberg. Heimweg.] Übertragung: Bruno Loets. 1938: 1.–10. Tsd. – 1941: 25. Tsd. – 1947 (W): 30. Tsd. – 1952 (W): 40. Tsd. – 5 Auflagen

532 *Johann Wilhelm Ritter: Fragmente aus dem Nachlaß eines jungen Physikers.* Auswahl und Einleitung: Friedrich v. der Leyen. 1938: 1.–10. Tsd. – 1946 (W): 20. Tsd. – 2 Auflagen

533 *Gertrud von le Fort: Die Opferflamme.* Erzählung. 1938: 1.–20. Tsd. – 1943: 55. Tsd. – 1949 (W): 69. Tsd. – 6 Auflagen

534 *Wilhelm Heinrich Wackenroder und Ludwig Tieck: Herzensergießungen eines kunstliebenden Klosterbruders.* Nachwort: Rudolf Bach. 1938: 1.–10. Tsd. – 1939: 15. Tsd. – 2 Auflagen

535 [1] *Briefe des Generalfeldmarschalls Graf Helmuth von Moltke.* Auswahl, Einführung und Anmerkungen: Friedrich von Cochenhausen. Mit einer Zeittafel. 1938: 1.–10. Tsd. – 1943: 40. Tsd. – 3 Auflagen

– [2] *Edvard Munch: Graphik.* 42 [zum Teil farbige] Bildtafeln. Auswahl und Geleitwort: Werner Timm. 1966 (L+F): 1. bis 36. Tsd. – 1982 (L): 61. Tsd. – 2 Auflagen

536 [1] *Charles Alexander Eastman ›Ohiyesa‹: Die Seele des Indianers.* Mit Vorwort des Verfassers. Übertragung: Arno Dohm. 1938: 1.–10. Tsd.

536 [2] *Zsigmond Móricz: Sieben Kreuzer.* [7] Erzählungen. Übertragung: A. Csongar, Géza Engl, István Frommer, Babkó Reményí, Géza Angyal. Auswahl und Nachbemerkung: Vera Thies. 1967 (L): 1.–10. Tsd.

537 *Betrachtungen oder Moralische Sentenzen und Maximen des Herzogs von La Rochefoucauld.* Mit Auszügen aus des Verfassers Vorrede zur 1. Auflage 1665. Übertragung: Fritz Adler und Wilhelm Willige. Geleitwort: Wilhelm Weigand. [1. bis 20. Tsd. unter IB 126,1; Geleitwort dort als Vorwort.] – 1938: 21.–25. Tsd. – 1938: 35. Tsd. – 1958 (W): 42. Tsd. – 3 Auflagen

538 [1] *Hans Friedrich Blunck: Gestühl der Alten.* 1939: 1. bis 10. Tsd. – 1943: 25. Tsd. – 3 Auflagen

– [2] *Heinrich Heine: Geständnisse. Memoiren.* Nachwort und Anmerkungen: Christoph Trilse. 1966 (L): 1.–10. Tsd.

539 [1] *Max Mell: Adalbert Stifter.* Essay. 1939: 1.–10. Tsd. – 1940: 15. Tsd. – 2 Auflagen

– [2A] *Die Nachtwachen des Bonaventura.* Nachwort: Manfred Häckel. 1965 (L): 1.–10. Tsd. [4. Auflage; 1.–3. Auflage nicht IB – IK 1180.]

– [2B] *Nachtwachen. Von Bonaventura.* Nachwort: Steffen Dietzsch. Mit Anmerkungen. 1980 (L): 11.–20. Tsd. – 2 Auflagen

540 *Reinhold Schneider: Elisabeth Tarakanow.* Erzählung. 1939: 1.–10. Tsd. – 1943: 60. Tsd. – 1956 (W): 70. Tsd. – 1959 (W): 80. Tsd. – 8 Auflagen

541 [1A] *Achim von Arnim: Der tolle Invalide auf dem Fort Ratonneau.* Mit 10 zweifarbigen Federzeichnungen von Fritz Kredel. 1939: 1.–20. Tsd.

– [1B] –. Novelle. Mit 10 Zeichnungen von Joachim Kölbel. Mit dem Vorwort von Wilhelm Grimm zur Arnim-Ausgabe von 1839/56. 1961 (L): 21.–37. [statt 21.–39.] Tsd. – 2 Auflagen

542 *Lieder des Hafis.* Nachdichtungen von Hans Bethge. Mit Titelvignette von Emil Rudolf Weiß. Geleitwort: Hans Bethge. 1939: 1.–10. Tsd. – 1940: 15. Tsd. – 2 Auflagen

543 [1A] *Marie von Ebner-Eschenbach: Aphorismen.* Nachwort: Friedrich Michael. 1939: 1.–10. Tsd. – 1944: 97. Tsd.

– [1B] –. Um 12 Aphorismen erweitert. 1947 (W): 98.–102. Tsd. – 1964 (F): 152. Tsd.

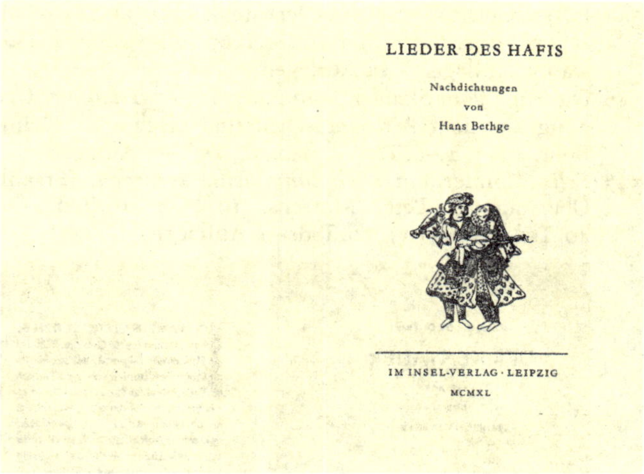

LIEDER DES HAFIS

Nachdichtungen
von
Hans Bethge

IM INSEL-VERLAG · LEIPZIG
MCMXL

IB 542 Titel

543 [1C] –. Veränderte Ausgabe. Herausgegeben und mit Nachwort von Klaus-Peter Noack. 1982 (L): 153.–172. Tsd. [12. statt 6. Auflage.]

– [1D] –. Nachwort: Karl Krolow. Mit einer Photographie der Dichterin als Frontispiz. Sonst wie 1B. 1986 (F): 173.–175. Tsd. – 13 Auflagen

544 *Briefe der Frau Rat Goethe.* Auswahl und Nachwort: Rudolf Bach. 1939: 1.–10. Tsd. – 1939: 20. Tsd. – 1949 (W): 29. Tsd. – 1952 (L): 60. Tsd. – 1966 (F): 79. Tsd. – 9 Auflagen

545 [1A] *Riemenschneider im Taubertal.* 47 Bildtafeln. Aufnahmen: Karl Gröber und Werner Meyer. Geleitwort: Kurt Gerstenberg. 1939: 1.–50. Tsd.

– [1B] –. 48 Bildtafeln. [Gegenüber 1A eine Tafel weggelassen, 2 Tafeln hinzugefügt, zum Teil nach neuen Aufnahmen von Georg Schaffert.] 1940: 51.–80. Tsd. – 1940: 100. Tsd.

– [1C] –. 5 Motive ausgewechselt, zum Teil andere Aufnahmen von Leo Gundermann u. a. 1952 (W): 101.–110. Tsd. – [111.–130. Tsd. unter 1D.] – 1954 (W): 131.–152. Tsd. – 1961 (F): 214. Tsd. [215.–234. Tsd. unter 1D.] – 1971 (F): 235.–239. [statt 215.–219.] Tsd.

545 [1D] –. Geleitwort: Hanns Bechstein. 1955 (L): 111.–130. Tsd. – [131.–214. Tsd. unter 1C.] – 1967 (L): 215.–234. Tsd. [10. statt 5. Auflage.] – 11 Auflagen

546 *Die Saga vom Skalden Gunnlaug Schlangenzunge.* Übertragung aus dem Altisländischen und Nachwort: Helmut de Boor. 1939: 1.–6. Tsd. – 1940: 10. Tsd. – 2 Auflagen

547 *Felix Timmermans: Ich sah Cäcilie kommen.* [Erzählung.] Übertragung: Peter Mertens. 1939: 1.–10. Tsd. – 1940: 40. Tsd. – 1960 (W): 50. Tsd. – 5 Auflagen

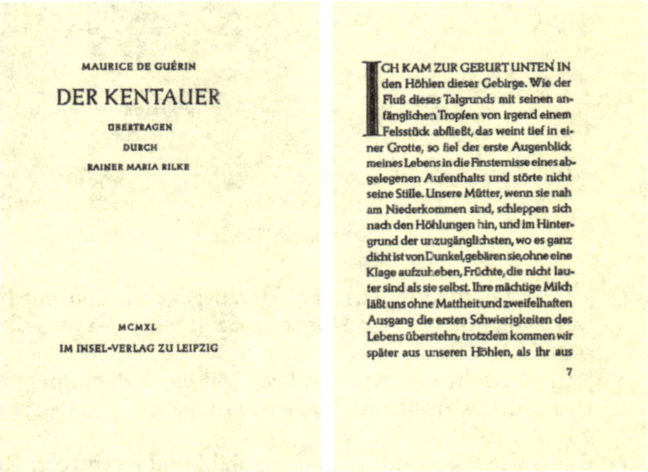

MAURICE DE GUÉRIN

DER KENTAUER

ÜBERTRAGEN

DURCH

RAINER MARIA RILKE

MCMXL

IM INSEL-VERLAG ZU LEIPZIG

ICH KAM ZUR GEBURT UNTEN IN den Höhlen dieser Gebirge. Wie der Fluß dieses Talgrunds mit seinen anfänglichen Tropfen von irgend einem Felsstück abfließt, das weint tief in einer Grotte, so fiel der erste Augenblick meines Lebens in die Finsternisse eines abgelegenen Aufenthalts und störte nicht seine Stille. Unsere Mütter, wenn sie nah am Niederkommen sind, schleppen sich nach den Höhlungen hin, und im Hintergrund der unzugänglichsten, wo es ganz dicht ist von Dunkel, gebären sie, ohne eine Klage aufzuheben, Früchte, die nicht lauter sind als sie selbst. Ihre mächtige Milch läßt uns ohne Mattheit und zweifelhaften Ausgang die ersten Schwierigkeiten des Lebens überstehn, trotzdem kommen wir später aus unseren Höhlen, als ihr aus

7

IB 548,1 Titel und Textseite

548 [1] *Maurice de Guérin: Der Kentauer.* Übertragung und Nachwort: Rainer Maria Rilke. 1940: 1.–10. Tsd. – 1941: 20. Tsd. [1.–20. Tsd. Satz der Drugulin-Presse.] – 1950 (W): 30. Tsd. – 3 Auflagen

– [2] –: *Der Kentauer. Die Bacchantin. Aufzeichnungen aus den Jahren 1833 bis 1835.* Übertragung: Rainer Maria Rilke, Karl Eugen Gass, Friedhelm Kemp. Nachwort: Friedhelm Kemp. Mit einer biographischen Notiz. 1964 (F): 1.–6. Tsd.

549 *Alfred Brehm: Das deutsche Wild.* Auswahl und Geleitwort: Heinz Graupner. 1939: 1.–20. Tsd. – 1943: 30. Tsd. – 2 Aufl.

550 *Albrecht Dürer: Aus dem Gebetbuch Kaiser Maximilians.* 24 farbige Tafeln. Nachwort und Erklärungen: Karlheinz Reissinger. 1939: 1.–50. Tsd. – 1950 (L+W): 70. Tsd. – 2 Auflagen

551 [1] *Böhme-Brevier.* Gestaltet und eingeleitet von Friedrich Schulze-Maizier. Mit Worterklärungen. 1939: 1.–10. Tsd.

– [2] *William Makepeace Thackeray: Die Kickleburys am Rhein.* Mit dem Vorwort zur zweiten Ausgabe (1851) und mit 15 Zeichnungen des Verfassers. Übertragung: Christine Hoeppener. Mit Anmerkungen. 1965 (L): 1.–15. Tsd.

552 [1] *Friedrich Schnack: Das Waldkind.* Ein kleiner Roman. 1939: 1.–10. Tsd. – 1943: 52. Tsd. – 1944: 102. Tsd. – [103. bis 107. Tsd. nicht IB – IK 1501; Restbestand 1955 (W) in IB-Ausstattung.] – 6 Auflagen

– [2] *Alphonse Daudet: Tartarin in den Alpen.* Neue Abenteuer des Heros aus Tarascon. Mit 10 Zeichnungen von Nuria Quevedo-Mund. Übertragung: Stephan Hermlin. 1965 (L): 1. bis 15. Tsd.

553 [1] *Die deutschen Lande im Gedicht.* Auswahl und Geleitwort: Rudolf Bach. 1939: 1.–10. Tsd. – 1943: 25. Tsd. – 3 Auflagen – Siehe auch IB 174,1

– [2] *Georg Maurer: Stromkreis.* Gedichte. 1964 (L): 1.–7. Tsd.

554 [1A] *Das Leben des Michelangelo Buonarroti. Beschrieben von seinem Schüler Ascanio Condivi.* Mit Titelporträt Michelangelos. Übertragung und Nachwort: Robert Diehl. 1939: 1.–10. Tsd. – 1943: 30. Tsd.

– [1B] –. Mit (anderem) Titelporträt Michelangelos. Übertragung: Robert Diehl. Vorwort, Nachwort, Anmerkungen und Zeittafel: Fritz Erpel. 1971 (L): 31.–45. Tsd. – 4 Auflagen

555 [1A] *[Johann Wolfgang von] Goethe: Handzeichnungen.* 24 farbige Tafeln. Geleitwort: Hans Wahl. [Querformat.] 1940: 1.–24. Tsd. – 1940: 51. Tsd.

– [1B] –. Eine Tafel ausgetauscht. [Statt ›Ruinen des Palatins‹: ›Auf dem Weg nach Neapel‹.] [Querformat.] 1941: 52. bis 81. Tsd. – 3 Auflagen

556 *Philipp Otto Runge: Briefe.* Mit Titelumrahmung von Philipp Otto Runge. Auswahl und Nachwort: Hans Egon Gerlach. 1940: 1.–15. Tsd.

557 *Christian Heinrich Kleukens: Die Kunst der Letter.* Mit 39 Tafeln. 1940: 1.–30. Tsd. – 1942: 40. Tsd. – 2 Auflagen

558 [1] *Arthur Schopenhauer: Betrachtungen über die menschli-*

che Seele und ihren Ausdruck. [Psychologische Bemerkungen. Über Erziehung. Zur Physiognomik.] Auswahl und Nachwort: Hermann von Braunbehrens. 1939: 1.–10. Tsd. – 1944: 15. Tsd. – 2 Auflagen

558 [2] *Oscar Wilde: Das Granatapfelhaus.* [Der junge König. Der Geburtstag der Infantin. Der Fischer und seine Seele. Das Sternenkind.] Der Märchen zweiter Teil. Mit 33 Zeichnungen von Rolf Kuhrt. Übertragung: Christine Hoeppener. 1965 (L): 1.–20. Tsd. – Siehe auch IB 413

559 [1A] *Die schönsten Griechenmünzen Siziliens.* 48 Bildtafeln. Bildwahl und Geleitwort: Max Hirmer. 1940: 1.–30. Tsd. – 1942: 60. Tsd. – 2 Auflagen

– [1B] *Griechische Münzen Siziliens.* Ausgewählt und erläutert von Max Hirmer. Geleitwort: Max Dieckhoff. [Textteil neu gedruckt, Bildteil aus Restbeständen des 31.–60. Tsd.] 1952 (L+W) – Siehe auch IB 955

560 *Die Minnesinger in Bildern der Manessischen Handschrift.* Zweite Folge. 24 farbige Tafeln. Geleitwort: Hans Naumann. 1945: 1.–50. Tsd. – Siehe auch IB 450

561 *Apulejus: Amor und Psyche.* Mit 6 Tafeln nach der Amor-und-Psyche-Tapete von Louis Lafitte und Marry Blondel. Übertragung: August Rode (1783). Mit einer Schlußbemerkung. 1952 (W): 1.–20. Tsd. – 1955 (L): 35. Tsd. – 2 Auflagen

562 [1] *Federico García Lorca: Bluthochzeit.* Lyrische Tragödie in drei Akten und sieben Bildern. Übertragung: Enrique Beck. 1952 (W): 1.–10. Tsd. – 1964 (F): 32. Tsd. – 4 Auflagen

– [2] *Christian Fürchtegott Gellert: Leben der schwedischen Gräfin von G.* Roman. Mit 22 Holzstichen von Helga Paditz. Nachwort: Werner Schubert. 1976 (L): 1.–20. Tsd. – 1984 (L): 21.–35. Tsd. – 2 Auflagen

563 *Romain Rolland: Antoinette.* Erzählung. Übertragung: Erna und Otto Grautoff. 1952 (L): 1.–20. Tsd. – 1960 (L): 42. Tsd. – 3 Auflagen

564 [1] *[Johann Heinrich] Pestalozzi: Entfaltung der Menschlichkeit.* Gedanken aus seinen Werken. Auswahl, Nachwort und Quellennachweise: Otto Müller. 1953 (W): 1.–10. Tsd.

– [2] *Villiers de l'Isle-Adam:* [12] *Grausame Geschichten.* Mit 12 [statt 11] Zeichnungen von Jiří Šalamoun. Übertragung: Helene und Herbert Kühn. Nachwort: Herbert Kühn. 1967 (L): 1.–15. Tsd.

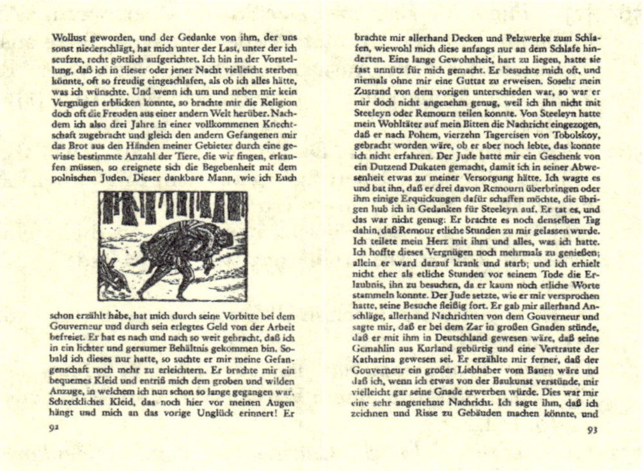

Wollust geworden, und der Gedanke von ihm, der uns sonst niederschlägt, hat mich unter der Last, unter der ich seufzte, recht göttlich aufgerichtet. Ich bin in der Vorstellung, daß ich in dieser oder jener Nacht vielleicht sterben könnte, oft so freudig eingeschlafen, als ob ich alles hätte, was ich wünschte. Und wenn ich um und neben mir kein Vergnügen erblicken konnte, so brachte mir die Religion doch oft die Freuden aus einer andern Welt herüber. Nachdem ich also drei Jahre in einer vollkommenen Knechtschaft zugebracht und gleich den andern Gefangenen mir das Brot aus den Händen meiner Gebieter durch eine gewisse bestimmte Anzahl der Tiere, die wir fingen, erkaufen müssen, so ereignete sich die Begebenheit mit dem polnischen Juden. Dieser dankbare Mann, wie ich Euch schon erzählt habe, hat mich durch seine Vorbitte bei dem Gouverneur und durch sein erlegtes Geld von der Arbeit befreiet. Er hat es nach und nach so weit gebracht, daß ich in ein lichter und geraumer Behältnis gekommen bin. Sobald ich dieses nur hatte, so suchte er mir meine Gefangenschaft noch mehr zu erleichtern. Er brachte mir ein bequemes Kleid und entriß mich dem groben und wilden Anzuge, in welchem ich nun schon so lange gegangen war. Schreckliches Kleid, das noch hier vor meinen Augen hängt und mich an das vorige Unglück erinnert! Er

92

brachte mir allerhand Decken und Pelzwerke zum Schlafen, wiewohl mich diese anfangs nur an dem Schlafe hinderten. Eine lange Gewohnheit, hart zu liegen, hatte sie fast unnütz für mich gemacht. Er besuchte mich oft, und niemals ohne mir eine Guttat zu erweisen. Sosehr mein Zustand von dem vorigen unterschieden war, so war er mir doch nicht angenehm genug, weil ich ihn nicht mit Steeleyn oder Remourn teilen konnte. Von Steeleyn hatte mein Wohltäter auf mein Bitten die Nachricht eingezogen, daß er nach Pohem, vierzehn Tagereisen von Tobolskoy, gebracht worden wäre, ob er aber noch lebte, das konnte ich nicht erfahren. Der Jude hatte mir ein Geschenk von ein Dutzend Dukaten gemacht, damit ich in seiner Abwesenheit etwas zu meiner Versorgung hätte. Ich wagte es und bat ihn, daß er drei davon Remourn überbringen oder ihm einige Erquickungen dafür schaffen möchte, die übrigen hub ich in Gedanken für Steeleyn auf. Er tat es, und das war nicht genug: Er brachte es noch denselben Tag dahin, daß Remour etliche Stunden zu mir gelassen wurde. Ich teilete mein Herz mit ihm und alles, was ich hatte. Ich hoffte dieses Vergnügen noch mehrmals zu genießen; allein er ward darauf krank und starb; und ich erhielt nicht eher als etliche Stunden vor seinem Tode die Erlaubnis, ihn zu besuchen, da er kaum noch etliche Worte stammeln konnte. Der Jude setzte, wie er mir versprochen hatte, seine Besuche fleißig fort. Er gab mir allerhand Anschläge, allerhand Nachrichten von dem Gouverneur und sagte mir, daß er bei dem Zar in großen Gnaden stünde, daß er mit ihm in Deutschland gewesen wäre, daß seine Gemahlin aus Kurland gebürtig und eine Vertraute der Katharina gewesen sei. Er erzählte mir ferner, daß der Gouverneur ein großer Liebhaber vom Bauen wäre und daß ich, wenn ich etwas von der Baukunst verstünde, mir vielleicht gar seine Gnade erwerben würde. Dies war mir eine sehr angenehme Nachricht. Ich sagte ihm, daß ich zeichnen und Risse zu Gebäuden machen könnte, und

93

IB 562,2 Doppelseite mit Illustration

565 [1] *Der Elisabethschrein in Marburg.* 40 Bildtafeln. Geleitwort: Erika Dinkler. 1953 (W): 1.–20. Tsd.

– [2] *Schattenbilder der Goethezeit.* 55 Bildtafeln. Auswahl, Nachwort und Erläuterungen: Anne Gabrisch. 1966 (L): 1. bis 30. Tsd.

566 [1] *Federico García Lorca: Zigeuner-Romanzen.* Übertragung und Nachwort: Enrique Beck. Mit einer Vita. 1953 (W): 1. bis 10. Tsd. – 1966 (F): 27. Tsd. – 3 Auflagen

– [2] *Die Gingkofee.* Acht chinesische Volksmärchen aus der Provinz Schandung. Übertragung, Nachwort und Anmerkungen: Rainer Schwarz. 1978 (L): 1.–20. Tsd. – 1986 (L): 35. Tsd. [Nachwort und Anmerkungen bearbeitet.] – 2 Aufl.

567 [1] *Franz Marc: Tierstudien.* 36 Handzeichnungen und eine Vignette. Geleitwort: Klaus Lankheit. 1953 (W): 1.–30. Tsd. – 1963 (F): 89. Tsd. – 4 Auflagen

– [2] *Atanas Daltschew: Gedichte.* Übertragung: Adolf Endler und Uwe Grüning. Auswahl und Nachwort: Norbert Randow. 1975 (L): 1.–10. Tsd.

568 [1] *Ernest Claes: Das Leben und der Tod des Victalis van Gille.* Erzählung. Übertragung: Bruno Loets. 1953 (W): 1.–10. Tsd.

568 [2] *William Shakespeare: Der Sturm.* Übertragung: August Wilhelm Schlegel. Mit der Wiedergabe einer Seite aus ›The Tempest‹ der Folio-Ausgabe von 1623. Nachwort: Robert Weimann. Anmerkungen: Anselm Schlösser. 1976 (L): 1. bis 10. Tsd.

569 *Oleg Erberg: Die Hexe. Die letzte Exekution.* Zwei afghanische Erzählungen. Übertragung aus dem Russischen: Alfred Edgar Thoß. 1954 (L): 1.–7. Tsd.

570 [1A] *Francisco Goya: Pinselzeichnungen.* 32 Bildtafeln. Geleitwort: Robert Th. Stoll. 1953 (W): 1.–30. Tsd. – 1963 (F): 40. Tsd.

– [1B] –. Geleitwort: Joachim Uhlitzsch. 1964 (L): 41.–56. Tsd. – 3 Auflagen

571 *Friedrich Wolf: Beaumarchais oder Die Geburt des ›Figaro‹.* Ein Schauspiel. Mit einem Vorwort des Verfassers. 1954 (L): 1.–10. Tsd.

572 [1] *Friedrich Schnack: Clarissa mit dem Weidenkörbchen.* Naturdichtung. [1.–15. Tsd. nicht IB – IK 1482.] – 1953 (W): 16.–24. Tsd. – 1957 (W): 33. Tsd. – 2 Auflagen

– [2] *Guy de Maupassant: Mademoiselle Fifi und* [13] *andere Novellen.* Auswahl und Übertragung: Eberhard Wesemann. 1977 (L): 1.–30. Tsd.

573 [1A] *Martin Buber: Einsichten.* Aus den Schriften gesammelt. 1953 (W): 1.–10. Tsd. – 1954 (W): 15. Tsd.

– [1B] –. Um zwei Abschnitte erweitert. 1955 (W): 16.–25. Tsd. – 1965 (F): 39. Tsd. – 5 Auflagen

– [2] *Aischylos: Prometheus in Fesseln.* Übertragung, Nachwort, Anmerkungen und Namenverzeichnis: Dietrich Ebener. 1975 (L): 1.–10. Tsd. – Siehe auch IB 84

574 [1] *Wilhelm Raabe: Vom alten Proteus.* Eine Hochsommergeschichte. 1953 (W): 1.–10. Tsd.

– [2] *John Millington Synge: Die Aran-Inseln.* Übertragung: Helgunde Seidler (Prosatexte) und Hubert Witt (Versdichtungen). Nachbemerkung: Günter Gentsch. Mit Worterläuterungen. 1975 (L): 1.–10. Tsd.

575 [1] *Paul Hindemith: Johann Sebastian Bach.* Ein verpflichtendes Erbe. [Rede zum Bachfest in Hamburg am 12. 9. 1950.] Mit der Wiedergabe einer Briefseite Bachs. 1953 (W): 1. bis 10. Tsd. – 1962 (F): 48. Tsd. – 5 Auflagen

– [2] *Die Kunst Altmexikos.* 48 zum Teil farbige Bildtafeln.

Auswahl, Aufnahmen und Nachwort: Ferdinand Anton. 1975 (L): 1.–30. Tsd. – 1984 (L): 75. Tsd. [2 Tafeln nach neuen Aufnahmen.] – 3 Auflagen

576 [1] *Johannes Kepler: Der Mensch und die Sterne.* Aus seinen Werken und Briefen. Auswahl und Nachwort: Martha List. 1953 (W): 1.–9. Tsd.

– [2] *Jules Barbey d'Aurevilly: Der rote Vorhang.* [Das Glück im Verbrechen. Die Rache einer Frau.] Drei Novellen. Übertragung: Helene und Herbert Kühn. Nachwort: Herbert Kühn. Mit Anmerkungen. 1975 (L): 1.–20. Tsd.

577 *Henri Matisse: Frauen.* 32 Radierungen. Geleitwort: Hans Hildebrandt. 1953 (W): 1.–35. Tsd. – 1957 (L): 55. Tsd. – 2 Auflagen

578 [1] *Juan Ramón Jiménez: Platero und ich.* Andalusische Elegie. Mit 22 Zeichnungen von Lobo. Auswahl und Übertragung: Doris Deinhard. 1953 (W): 1.–10. Tsd. – 1955 (W): 11.–20. Tsd. [Seitdem Reihenfolge dreier Kapitel verändert.] – 1958 (W): 50. Tsd. – 1984 (F): 113. Tsd. – 15 Auflagen

– [2] *Alexander Newerow: Taschkent, die brotreiche Stadt.* Erzählung. Übertragung: Erich Salewski. 1976 (L): 1.–10. Tsd.

579 [1A] *Jean Paul: Horn und Flöte.* Auswahl und Nachwort: Ernst Bertram. 1953 (W): 1.–6. Tsd.

– [1B] –. Um 3 Aphorismen erweitert. 1957 (W): 13. Tsd. – 2 Auflagen

– [2] *Hans Sachs: Ein wünderlicher Dialogus und neue Zeitung.* Prosadialoge. Mit den Titelholzschnitten der Dialoge 1–4 (1524) und den Titelseiten der Handschriften der Dialoge 5 und 6. Nachwort und Glossarium: Ingeborg Spriewald. 1976 (L): 1.–10. Tsd.

580 [1] *Gertrud von le Fort: Gedichte.* [1.–6. Tsd. nicht IB – IK 1003.] – 1953 (W): 7.–13. Tsd. – 1958 (W): 33. Tsd. – 3 Auflagen

– [2] *Washington Irving: Rip van Winkle.* [Die Sage von der ›Schläfrigen Schlucht‹. Der Geisterbräutigam. Die Sage vom arabischen Sterndeuter. Die Sage vom Vermächtnis des Mauren.] Ausgewählte Kurzgeschichten. Mit 37 Holzstichen von Hans-Joachim Walch. Übertragung und Worterklärungen: Erika Gröger. Nachwort: Eberhard Brüning. 1976 (L): 1. bis 15. Tsd.

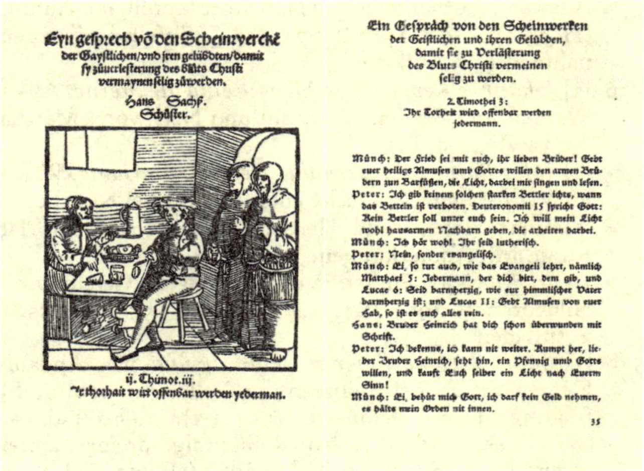

Eyn gespræch võ den Scheinwerckẽ
der Gaystlichen/vnd jren gelübdten/damit
sy zůuerlesterung des bluts Christi
vermaynen selig zůwerden.

Hans Sachß.
Schůster.

ij. Thimot.iij.
Ir thorhait wirt offenbar werden yederman.

Ein Gespräch von den Scheinwerken
der Geistlichen und ihren Gelübden,
damit sie zu Verlästerung
des Bluts Christi vermeinen
selig zu werden.

2. Timothei 3:
Ihr Torheit wird offenbar werden
jedermann.

Münch: Der Fried sei mit euch, ihr lieben Brüder! Gebt euer heiligs Almusen umb Gottes willen den armen Brüdern zun Barfüßen, die Licht, darbei mir singen und lesen.
Peter: Ich gib keinem solchen starken Bettler ichts, wann das Betteln ist verboten. Deuteronomii 15 spricht Gott: Kein Bettler soll unter euch sein. Ich will mein Licht wohl hausarmen Nachbarn geben, die arbeiten darbei.
Münch: Ich hör wohl. Ihr seid lutherisch.
Peter: Nein, sonder evangelisch.
Münch: Ei, so tut auch, wie das Evangeli lehrt, nämlich Matthaei 5: Jedermann, der dich bitt, dem gib, und Lucae 6: Seid barmherzig, wie eur himmlischer Vater barmherzig ist; und Lucae 11: Gebt Almusen von euer Hab, so ist es euch alles rein.
Hans: Bruder Heinrich hat dich schon überwunden mit Schrift.
Peter: Ich bekenns, ich kann nit weiter. Kumpt her, lieber Bruder Heinrich, seht hin, ein Pfennig umb Gotts willen, und kauft Euch selber ein Licht nach Euerm Sinn!
Münch: Ei, behüt mich Gott, ich darf kein Geld nehmen, es hälts mein Orden nit innen.

35

IB 579,2 Doppelseite mit Illustration

581 [1] *Josef Mühlberger: Die Knaben und der Fluß.* Erzählung. [1.–8. Tsd. nicht IB – IK 1160.] – 1954 (W): 9.–18. Tsd.

– [2] *Gotthold Ephraim Lessing: Epigramme.* An die Herren X und Y. Mit 19 Kupferstichen von Egbert Herfurth. Nachwort: Christine Hensel. 1976 (L): 1.–10. Tsd. [In Teilauflagen irrtümlich ›Herfurt‹.] – 1981 (L): 25. Tsd. – 2 Auflagen

582 [1] *Euripides: Die Mänaden.* Übertragung und Nachwort: Ernst Buschor. 1957 (W): 1.–7. Tsd. [Restbestände 1964 (L).]

– [2] *Christian Dietrich Grabbe: Napoleon oder Die hundert Tage.* Ein Drama in fünf Aufzügen. Nachwort: Lothar Ehrlich. 1976 (L): 1.–10. Tsd.

583 *Wilhelm Busch: Von mir über mich.* Mit [24] Bildern von ihm selbst. Nachwort: Hans Balzer. 1955 (L): 1.–20. Tsd. – 1961 (L): 75. Tsd. – 3 Auflagen

584 *Martin Andersen Nexö: Zugvögel.* [Bigum Holzbein. Der Hofsänger.] Drei Erzählungen. Übertragung: Karl Schodder und Ellen Schou. 1957 (L): 1.–10. Tsd.

585 *Stephan Hermlin: Der Leutnant Yorck von Wartenburg.* Erzählung. Mit Nachwort des Verfassers. 1954 (L): 1.–10. Tsd. – 1977 (L): 30. Tsd. – 3 Auflagen

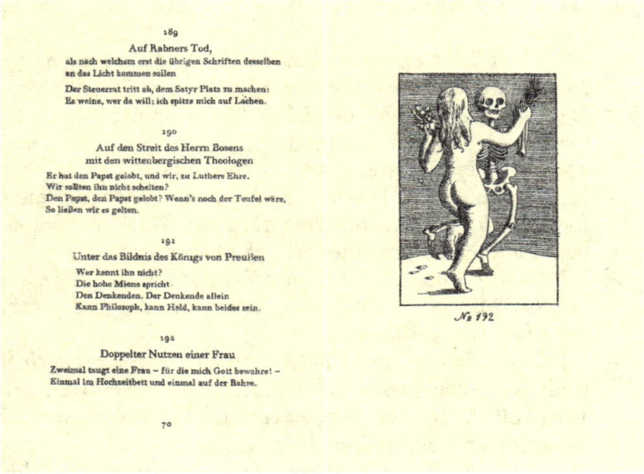

189

Auf Rabners Tod,
als nach welchem erst die übrigen Schriften desselben
an das Licht kommen sollen

Der Steuerrat tritt ab, dem Satyr Platz zu machen:
Es weine, wer da will; ich spitze mich auf Lachen.

190

Auf den Streit des Herrn Bosens
mit den wittenbergischen Theologen

Er hat den Papst gelobt, und wir, zu Luthers Ehre,
Wir sollten ihn nicht schelten?
Den Papst, den Papst gelobt? Wenn's noch der Teufel wäre,
So ließen wir es gelten.

191

Unter das Bildnis des Königs von Preußen

Wer kennt ihn nicht?
Die hohe Miene spricht
Den Denkenden. Der Denkende allein
Kann Philosoph, kann Held, kann beides sein.

192

Doppelter Nutzen einer Frau

Zweimal taugt eine Frau – für die mich Gott bewahre! –
Einmal im Hochzeitbett und einmal auf der Bahre.

70

IB 581,2 Doppelseite mit Illustration

586 [1A] *Wilhelm Raabe: Die schwarze Galeere.* Erzählung. Mit [27] Zeichnungen von Alexander Alfs. Mit Anmerkungen. 1954 (L): 1.–20. Tsd.

– [1B] –. Mit 15 Zeichnungen von Peter Muzeniek. Mit Anmerkungen. 1970 (L): 21.–35. Tsd. – 2 Auflagen

587 *Albert Maltz: So ist das Leben.* Amerikanische Erzählungen. [Das Spiel. Unterwegs. Der glücklichste Mensch der Welt.] Übertragung: Gunther R. Lys. 1954 (L): 1.–5. Tsd. – 1958 (L): 10. Tsd. – 2 Auflagen

588 *Arabische Märchen.* Aus mündlicher Überlieferung gesammelt und übertragen von Enno Littmann. Mit Nachwort. 1954 (L): 1.–10. Tsd. – 1956 (L): 20. Tsd. – 1958 (L): 30. Tsd. – 3 Auflagen

589 *Mao Tun: Seidenraupen im Frühling.* [Herbstliche Ernte.] Zwei Erzählungen. Übertragung: Joseph Kalmer. Nachwort: Franz Carl Weiskopf. 1955 (L): 1.–5. Tsd.

590 *Iwan Menschikow: Die Frauen Chalimankos.* Zwei Erzählungen aus dem Leben der Samojeden. [Die erste Frau des Schamanen. Eine Frau näht ein Leichengewand.] Übertragung: Alfred Edgar Thoß. 1955 (L): 1.–10. [statt 1.–5.] Tsd.

591 [1] *Max Kommerell: Hieronyma.* [Erzählung.] 1954 (W): 1.–10. Tsd.

– [2] *Jakob Wassermann: Das Gold von Caxamalca.* Novelle. Mit 30 Illustrationen von Peter Laube. 1976 (L): 1.–20. Tsd.

592 [1] *Arthur Rimbaud: Gedichte.* Übertragung: K. L. Ammer. Geleitwort: Stefan Zweig. 1954 (W): 1.–10. Tsd. – 1964 (F): 17. Tsd. – 1968 (F): 22. Tsd. – 4 Auflagen

– [2] *Nikolai Gogol: Wie sich Iwan Iwanowitsch mit Iwan Nikiforowitsch verfeindete.* Übertragung: Karl Noetzel; überarbeitet von Noa Kiepenheuer. 1983 (L): 1.–10. Tsd.

593 [1] *Rudolf Kassner: Von den Elementen der menschlichen Größe.* Mit Nachwort und Anmerkungen des Verfassers. 1954 (W): 1.–5. Tsd.

– [2] *Die Holzschnitte zu Sebastian Brants ›Narrenschiff‹.* 121 Bildtafeln. Nachwort und Erläuterungen: Manfred Lemmer. 1964 (L): 1.–29. Tsd. – 1979 (L): 44. Tsd. [Nachwort und Erläuterungen überarbeitet.] – 2 Auflagen

594 *Henri de Toulouse-Lautrec: Lithographien.* 38 Bildtafeln. Nachwort: Gotthard Jedlicka. 1954 (W): 1.–30. Tsd. – 1955 (L): 50. Tsd. – 2 Auflagen

595 [1] *Gerhard Marcks: Tierplastik.* 28 Bildtafeln. Mit einem Geleitwort des Künstlers. Aufnahmen: Friedrich Hewicker. Nachwort: Günter Busch. 1954 (W): 1.–30. Tsd.

– [2] *George Bernard Shaw: John Bulls andere Insel.* Komödie. Übertragung: Siegfried Trebitsch. Nachwort: Karl Heinz Berger. 1976 (L): 1.–20. Tsd.

596 [1] *Elisabeth Hering: Li Tseh.* Eine Liebesgeschichte aus dem alten Korea. 1955 (L): 1.–5. Tsd.

– [2] *Aphra Behn: Oroonoko oder Die Geschichte des königlichen Sklaven.* Übertragung: Christine Hoeppener. Nachwort und Anmerkungen: Günter Weise. 1966 (L): 1.–20. Tsd. – 1981 (L): 35. Tsd. – 2 Auflagen

597 [1] *[Johann Wolfgang von] Goethe: Über die Natur.* Aus seinen Schriften. Auswahl und Nachwort: Andreas B. Wachsmuth. 1955 (W): 1.–10. Tsd.

– [2] *Katherine Mansfield: Eine indiskrete Reise.* [9] Ausgewählte Kurzgeschichten. Übertragung und Anmerkungen: Heide Steiner. Nachwort: Wolfgang Wicht. 1977 (L): 1. bis 30. Tsd.

598 [1A] *Michail M. Prischwin: Shen-Schen. ›Die Wurzel des Le-*

bens‹. Erzählung. Übertragung: Manfred von Busch. 1955 (L): 1.–5. Tsd.

598 [1B] –. Mit 17 Holzstichen von Wladimir Faworski. Mit einem Nachwort. 1962 (L): 6.–19. [statt 20.] Tsd. – 2 Auflagen

599 *Wieland Herzfelde: Das Steinerne Meer.* [Die Hütte im Walde. Vogel Rock oder Mein sechster Vater. Meine erste Begnadigung. Das Kreuz. Fünf Millionen Tauben.] Ungewöhnliche Begebenheiten. 1955 (L): 1.–10. [statt 1.–5.] Tsd.

600 *Ernst Barlach: Taschenbuch-Zeichnungen.* 36 Bildtafeln. Auswahl und Geleitwort: Friedrich Schult. 1955 (L+W): 1. bis 50. Tsd. [Die Leipziger Ausgabe enthält zusätzlich eine Vita.]

601 *Georg Maurer: Die Elemente.* Freie Rhythmen. 1955 (L): 1.–5. Tsd. – 1967 (L): 15. Tsd. – 2 Auflagen

602 *F. C. [Franz Carl] Weiskopf: Heimkehr.* [Das goldene Äpfelchen.] Zwei Erzählungen. 1955 (L): 1.–5. Tsd.

603 [1A] *Erich Arendt: Tolú.* Gedichte aus Kolumbien. Mit einem Geleitwort des Verfassers. 1956 (L): 1.–7. Tsd.

– [1B] –. Alle Gedichte in neuen, teils stark veränderten Fassungen. Mit einer Vorbemerkung des Dichters zur zweiten Auflage. Geleitwort gekürzt. 1973 (L): 8.–17. Tsd. – 2 Auflagen

604 *Aristide Maillol: Hirtenleben.* 36 Holzschnitte. Geleitwort: Erhart Kästner. 1954 (W): 1.–30. Tsd. – 1957 (L): 50. Tsd. – 2 Auflagen

605 [1] *Hugo von Hofmannsthal: Das Salzburger Große Welttheater.* [1.–19. Tsd. nicht IB – IK 771, 771 B.] – 1954 (W): 20.–29. Tsd. – 1970 (F): 81. Tsd. – 7 Auflagen

– [2] *Konstantin Paustowski: Regen in der Morgendämmerung.* [9] Erzählungen. Übertragung: Ena von Baer. Mit einer biographischen Notiz. 1977 (L): 1.–20. Tsd.

606 *Deutsche Holzschnitte des XX. Jahrhunderts.* 42 zum Teil farbige Bildtafeln. Auswahl, Geleitwort und Tafelverzeichnis: Erhard Göpel. 1955 (W): 1.–40. Tsd. – 1957 (L): 60. Tsd. – 2 Auflagen

607 *Ricarda Huch: Bilder aus dem Dreißigjährigen Krieg.* 1955 (L): 1.–10. Tsd.

608 *Pablo Neruda: Holzfäller, wach auf!* Hymnus auf den Frieden. [Spanisch und deutsch.] Mit einem Holzschnitt von José Venturelli. Übertragung und Geleitwort: Erich Arendt. 1955 (L): 1.–10. Tsd.

609 [1] *Rudolf Hagelstange: Venezianisches Credo.* [Sonette.] –

[1.–30. Tsd. nicht IB – IK 644.] – 1954 (W): 31.–40. Tsd. – 1963 (F): 50. Tsd. – 2 Auflagen

609 [2] *Plautus: Menaechmi.* Eine Komödie. Übertragung, Nachwort, Anmerkungen: Walter Hofmann. 1977 (L): 1.–10. Tsd.

610 *Alfred de Vigny: Der Rohrstock.* Die Geschichte vom Leben und Sterben des Hauptmanns Renaud. Übertragung: L. E. Achim [Friedrich Michael]. Mit Nachbemerkung. 1954 (W): 1.–10. Tsd. [Restbestände 1964 (L).]

611 *Japanische Farbenholzschnitte.* 23 mehrfarbige Tafeln. Auswahl und Geleitwort: Emil Preetorius. 1955 (W): 1.–45. Tsd. – 1958 (W): 80. Tsd. [Restbestände 1971 (L).] – 2 Auflagen

612 [1] *Griechische Gemmen.* 27 Bildtafeln nach Aufnahmen von Eva Maria Czakó. Zusammenstellung und Geleitwort: Dieter Ohly. 1957 (W): 1.–20. Tsd.

– [2] *Arthur Schnitzler: Leutnant Gustl. Fräulein Else.* Zwei Monolognovellen. Nachwort: Manfred Diersch. Mit Noten. 1983 (L): 1.–15. Tsd.

613 [1] *Jean-Etienne Liotard: Die Kinder der Kaiserin.* Zwölf farbige Bildnisse der Kinder Maria Theresias. Geleitwort: Frieda Beerli. 1955 (W): 1.–35. Tsd.

– [2] *Die Geschichte vom reichen und angesehenen Kaufmann Karp Sutulow und seiner überaus klugen Frau, die ihr eheliches Lager nicht entehrte.* Russische Erzählungen und Satiren des 17. Jahrhunderts. Übertragung: Helmut Graßhoff, Klaus Müller, Gottfried Sturm. Auswahl, Nachwort und Quellenhinweise: Helmut Graßhoff. 1977 (L): 1.–20. Tsd.

614 [1] *Friedrich Schiller: Briefe.* Auswahl und Vorbemerkung: Reinhard Buchwald. 1955 (W): 1.–10. Tsd.

– [2] *Friedrich von Logau: Die tapfere Wahrheit.* Sinngedichte. Mit der Wiedergabe von Titelblatt und Vorrede der Ausgabe Breslau 1654. Auswahl, Nachwort und Worterklärungen: Werner Schubert. 1978 (L): 1.–10. Tsd.

615 [1] *Gertrud von le Fort: Die Consolata.* [Erzählung.] – [1. bis 15. Tsd. nicht IB – IK 998.] – 1955 (W): 16.–25. Tsd. – 1961 (F): 61. Tsd. – 4 Auflagen

– [2] *[Friedrich] Schiller: Maria Stuart.* Ein Trauerspiel. Nachwort: Siegfried Seidel. 1978 (L): 1.–10. Tsd.

616 *Michelangelo: Sibyllen und Propheten.* 24 farbige Bilder nach den Fresken in der Sixtinischen Kapelle. Geleitwort: Hanns Bechstein. [1.–174. Tsd. mit Geleitwort von Bettina Seipp un-

ter IB 165,3; Restbestände dieser Auflage unter IB 616 ausgeliefert.] – 1955 (L+W): 175.–204. Tsd.

617 *Ion Luca Caragiale: Eine stürmische Nacht.* Lustspiel in zwei Akten. Übertragung: Georg Maurer. Mit einer Nachbemerkung. 1956 (L): 1.–7. Tsd.

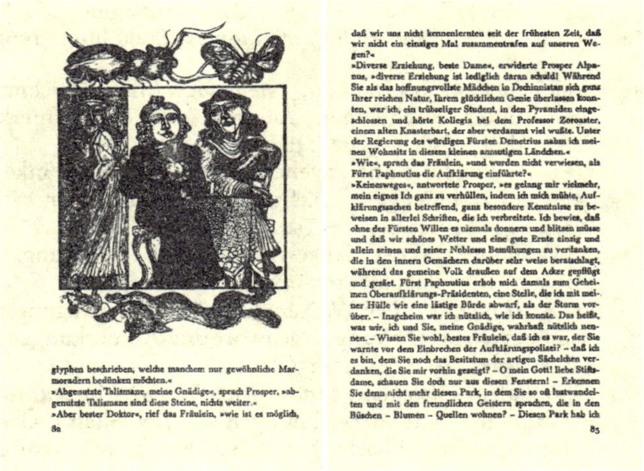

glyphen beschrieben, welche manchem nur gewöhnliche Marmoradern bedünken möchten.«
»Abgenutzte Talismane, meine Gnädige«, sprach Prosper, »abgenutzte Talismane sind diese Steine, nichts weiter.«
»Aber bester Doktor«, rief das Fräulein, »wie ist es möglich,

84

daß wir uns nicht kennenlernten seit der frühesten Zeit, daß wir nicht ein einziges Mal zusammentrafen auf unseren Wegen?«
»Diverse Erziehung, beste Dame«, erwiderte Prosper Alpanus, »diverse Erziehung ist lediglich daran schuld! Während Sie als das hoffnungsvollste Mädchen in Dschinnistan sich ganz Ihrer reichen Natur, Ihrem glücklichen Genie überlassen konnten, war ich, ein trübseliger Student, in den Pyramiden eingeschlossen und hörte Kollegia bei dem Professor Zoroaster, einem alten Knasterbart, der aber verdammt viel wußte. Unter der Regierung des würdigen Fürsten Demetrius nahm ich meinen Wohnsitz in diesem kleinen anmutigen Ländchen.«
»Wie«, sprach das Fräulein, »und wurden nicht verwiesen, als Fürst Paphnutius die Aufklärung einführte?«
»Keineswegs«, antwortete Prosper, »es gelang mir vielmehr, mein eignes Ich ganz zu verhüllen, indem ich mich mühte, Aufklärungssachen betreffend, ganz besondere Kenntnisse zu beweisen in allerlei Schriften, die ich verbreitete. Ich bewies, daß ohne des Fürsten Willen es niemals donnern und blitzen müsse und daß wir schönes Wetter und eine gute Ernte einzig und allein seinen und seiner Noblesse Bemühungen zu verdanken, die in den innern Gemächern darüber sehr weise beratschlagt, während das gemeine Volk draußen auf dem Acker gepflügt und gesäet. Fürst Paphnutius erhob mich damals zum Geheimen Oberaufklärungs-Präsidenten, eine Stelle, die ich mit meiner Hülle wie eine lästige Bürde abwarf, als der Sturm vorüber. – Insgeheim war ich nützlich, wie ich konnte. Das heißt, was *wir*, ich und Sie, meine Gnädige, wahrhaft nützlich nennen. – Wissen Sie wohl, bestes Fräulein, daß ich es war, der Sie warnte vor dem Einbrechen der Aufklärungspolizei? – daß ich es bin, dem Sie noch das Besitztum der artigen Sächelchen verdanken, die Sie mir vorhin gezeigt? – O mein Gott! liebe Stiftsdame, schauen Sie doch nur aus diesen Fenstern! – Erkennen Sie denn nicht mehr diesen Park, in dem Sie so oft lustwandelten und mit den freundlichen Geistern sprachen, die in den Büschen – Blumen – Quellen wohnen? – Diesen Park hab ich

85

IB 618,2 Doppelseite mit Illustration

618 [1] *Jahrhundertmitte.* Deutsche Gedichte der Gegenwart. Auswahl und Nachwort: Friedrich Michael. 1955 (W): 1. bis 10. Tsd. – 1956 (W): 30. Tsd. – 3 Auflagen

– [2] *E. T. A. [Ernst Theodor Amadeus] Hoffmann: Klein Zaches genannt Zinnober.* Ein Märchen. Mit 11 [statt 10] Holzstichen von Christa Jahr. Nachwort: Franz Fühmann. 1978 (L): 1.–20. Tsd.

619 [1A] *Castel del Monte.* Die Krone Apuliens. Mit 32 Bildtafeln und 2 Planskizzen. Aufnahmen und Geleitwort: Carl A. Willemsen. 1955 (W): 1.–10. Tsd.

– [1B] –. Das vollendetste Baudenkmal Kaiser Friedrichs des Zweiten. Mit 57 Aufnahmen auf 55 Tafeln, einer Titelvignette, einer Zeichnung und 2 Planskizzen. Aufnahmen: Carl A. Willemsen, L. Sforza, Soprintendenza Bari. Neues Geleitwort: Carl A. Willemsen. 1982 (F): 11.–13. Tsd. – 1985 (F): 15. Tsd. – 3 Auflagen

619 [2] *Wilhelm Raabe: Die Chronik der Sperlingsgasse.* [Roman.] Anmerkungen: Anneliese Klingenberg. 1978 (L): 1. bis 25. Tsd.

620 *Gerhart Hauptmann: Der Ketzer von Soana.* Erzählung. 1955 (L): 1.–20. Tsd. – 1958 (L): 48. Tsd. – 3 Auflagen

621 *Ferdinand von Saar: Die Steinklopfer.* Erzählung. 1962 (L): 1.–10. Tsd.

622 [1A] *Schwänke des Hodschas Nasreddin.* Mit 17 Zeichnungen von Günter Blochberger. Auswahl und Nachbemerkung: Fritz Adolf Hünich. 1962 (L): 1.–15. Tsd.

– [1B] –. Veränderte und erweiterte Auswahl: 2 Schwänke weggelassen, 29 hinzugefügt. Mit 20 Illustrationen von Wilfried Blecher. 1964 (F): 16.–23. Tsd. – 2 Auflagen

623 [1] *William Faulkner: Scheckige Mustangs.* Erzählung. Übertragung: Kurt Alboldt. 1956 (W): 1.–15. Tsd.

– [2] *Aristophanes: Die Wolken.* Komödie. Übertragung: Ludwig Seeger. Bearbeitung, Nachwort und Anmerkungen: Jürgen Werner. 1978 (L): 1.–15. Tsd.

624 [1] *Scholem-Alejchem: Eine Hochzeit ohne Musikanten.* [8] Erzählungen. Mit 16 Zeichnungen von Ben Shahn. Übertragung: Alexander Eliasberg und Fega Frisch. Mit Worterklärungen. 1961 (F): 1.–16. Tsd.

– [2] *Honoré de Balzac: Das verfluchte Kind.* [Novelle.] Übertragung: Karla Büschel. Mit Anmerkungen. 1978 (L): 1. bis 20. Tsd.

625 [1] *Der Passionsaltar des Meisters Loedewich in der St. Nikolaikirche zu Kalkar.* 36 Bildtafeln. Geleitwort: Franz Josef Nüß. 1956 (W): 1.–20. Tsd.

– [2] *Alexander Puschkin: Boris Godunow.* Drama. Mit 13 Holzschnitten von Wassili Masjutin. Übertragung: Henry von Heiseler. 1987 (L): 1.–15. Tsd. [In Vorbereitung.]

626 *Carmina Burana.* Benediktbeurer Lieder. Lateinisch und deutsch. Auswahl, Übertragung und Nachwort: Ernst Buschor. 1956 (W): 1.–10. Tsd. – 1958 (L): 25. [statt 27.] Tsd. – 1964 (F): 38. Tsd. – 5 Auflagen

627 [1] *Massimo Bontempelli: Fahrt der Europa.* Erzählung. Mit 10 Federzeichnungen von Robert Pudlich. Übertragung: Bettina Seipp. 1956 (W): 1.–10. Tsd.

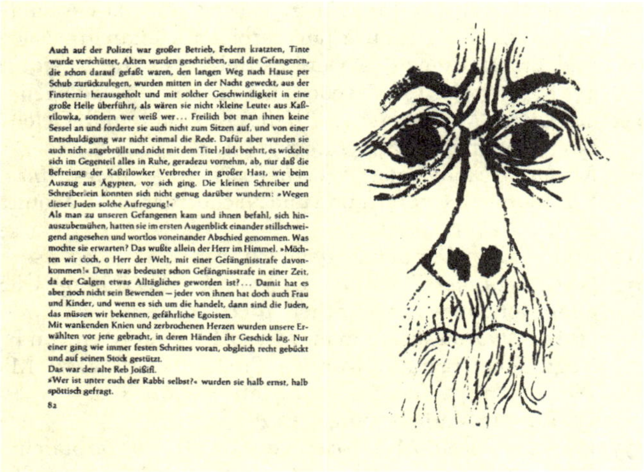

Auch auf der Polizei war großer Betrieb, Federn kratzten, Tinte wurde verschüttet, Akten wurden geschrieben, und die Gefangenen, die schon darauf gefaßt waren, den langen Weg nach Hause per Schub zurückzulegen, wurden mitten in der Nacht geweckt, aus der Finsternis herausgeholt und mit solcher Geschwindigkeit in eine große Helle überführt, als wären sie nicht ›kleine Leute‹ aus Kaßrilowka, sondern wer weiß wer … Freilich bot man ihnen keine Sessel an und forderte sie auch nicht zum Sitzen auf, und von einer Entschuldigung war nicht einmal die Rede. Dafür aber wurden sie auch nicht angebrüllt und nicht mit dem Titel ›Jud‹ beehrt, es wickelte sich im Gegenteil alles in Ruhe, geradezu vornehm, ab, nur daß die Befreiung der Kaßrilowker Verbrecher in großer Hast, wie beim Auszug aus Ägypten, vor sich ging. Die kleinen Schreiber und Schreiberlein konnten sich nicht genug darüber wundern: »Wegen dieser Juden solche Aufregung!«
Als man zu unseren Gefangenen kam und ihnen befahl, sich hinauszubemühen, hatten sie im ersten Augenblick einander stillschweigend angesehen und wortlos voneinander Abschied genommen. Was mochte sie erwarten? Das wußte allein der Herr im Himmel. »Möchten wir doch, o Herr der Welt, mit einer Gefängnisstrafe davonkommen!« Denn was bedeutet schon Gefängnisstrafe in einer Zeit, da der Galgen etwas Alltägliches geworden ist? … Damit hat es aber noch nicht sein Bewenden – jeder von ihnen hat doch auch Frau und Kinder, und wenn es sich um die handelt, dann sind die Juden, das müssen wir bekennen, gefährliche Egoisten.
Mit wankenden Knien und zerbrochenen Herzen wurden unsere Erwählten vor jene gebracht, in deren Händen ihr Geschick lag. Nur einer ging wie immer festen Schrittes voran, obgleich recht gebückt und auf seinen Stock gestützt.
Das war der alte Reb Joißifl.
»Wer ist unter euch der Rabbi selbst?« wurden sie halb ernst, halb spöttisch gefragt.

82

IB 624,1 Doppelseite mit Illustration

627 [2] *William Shakespeare: Troilus und Cressida.* Mit Reproduktion des Titelblattes der Ausgabe London 1609. Übertragung: Bernd K. Tragelehn. Nachwort: Robert Weimann. Anmerkungen: Karl-Heinz Magister. 1978 (L): 1.–10. Tsd.

628 [1] *Peter Gan [Richard Moering]: Preis der Dinge.* Gedichte. Vom Dichter ausgewählt. 1956 (W): 1.–10. Tsd.

– [2] *William Butler Yeats: Geschichten von Rot-Hanrahan.* [Rot-Hanrahan. Wie das Seil gedreht wurde. Hanrahan und Cathleen, die Tochter Houlihans. Rot-Hanrahans Fluch. Hanrahans Vision. Hanrahans Tod.] Mit der Vorbemerkung des Verfassers (1925). Übertragung: Susanne Schaup und Ernst E. Stein auf der Grundlage der Übersetzung von Herberth E. Herlitschka. Nachwort: Karl Heinz Berger. 1978 (L): 1. bis 20. Tsd.

629 [1] *Lyonel Feininger: Rotes Meer und gelbe Schiffe.* 16 Farbtafeln nach Aquarellen des Künstlers. Auswahl und Nachwort: Wieland Schmied. [Querformat.] 1961 (F): 1.–24. Tsd.

– [2] *Thüring von Ringoltingen: Die Historie von der schönen Melusina.* Mit 54 Holzschnitten der Ausgabe des Volksbuches von 1474. Nachbem.: Christine Hensel. 1979 (L): 1.–15. Tsd.

630 *Frühe italienische Tafelbilder.* 20 Meisterwerke des Lindenau-Museums in Altenburg [auf farbigen Bildtafeln]. Nachwort und Erläuterungen: Robert Oertel. 1957 (L): 1.–50. Tsd. – 1961 (L+F): 90. Tsd. – 1966 (L): 134. Tsd. – 3 Auflagen

631 *Christian Morgenstern: Briefe.* Auswahl und Geleitwort: Grete Ebner-Eschenhaym. 1957 (L): 1.–10. Tsd.

632 *Michail Scholochow: Aljoschkas Herz. Fremdes Blut.* Zwei Erzählungen. Übertragung und Nachbemerkung: Monica Huchel. 1962 (L): 1.–10. Tsd.

633 *Ernst Toller: Das Schwalbenbuch.* 1957 (L): 1.–10. Tsd.

634 [1A] *Alexander Puschkin: Dubrowskij.* Erzählung. Übertragung: Johannes von Günther. 1960 (L): 1.–10. Tsd.

– [1B] –: *Dubrowski.* Roman. Mit 12 Illustrationen von Holger Vogt. Übertragung: Michael Pfeiffer. Nachwort: Michael Wegner. 1972 (L): 11.–30. [statt 1.–20.] Tsd. – 1987 (L): 45. Tsd. [In Vorbereitung.] – 3 Auflagen

635 *Werner Gilles: Mythische Landschaft.* 16 Farbtafeln nach Aquarellen des Künstlers. Auswahl und Nachwort: Erhard Göpel. [Querformat.] 1962 (F): 1.–12. Tsd.

636 [1A] *Ch'i Po-shih: Farbige Pinselzeichnungen.* 22 Tafeln. Nachwort: Hertha Kuntze. 1956 (L+W): 1.–70. Tsd.

– [1B] *Ch'i Pai-shih: Farbige Pinselzeichnungen.* 22 Tafeln. Nachwort: Gerhard Pommeranz-Liedtke. 1960 (L+W): 71. bis 110. Tsd. – 2 Auflagen

637 [1] *Thomas Mann: Meerfahrt mit Don Quijote.* 1956 (W): 1.–20. Tsd.

– [2] *Heinrich Heine: Gedichte.* Auswahl und Nachwort sowie Namen- und Worterklärungen: Renate Francke. 1979 (L): 1.–10. Tsd.

638 [1] *Eine Welt schreibt an Goethe.* Übertragung fremdsprachiger Briefe: D. Michael und Leo Gerstner. Auswahl und Nachwort: Rudolf K. Goldschmit-Jentner. 1956 (W): 1.–10. Tsd.

– [2] *Hermann Hesse:* [7] *Märchen.* Nachwort: Klaus Pezold. 1979 (L): 1.–20. Tsd.

639 *Martin Buber: Stationen des Glaubens.* Aus den Schriften gesammelt. Mit Vorbemerkung des Verfassers. 1956 (W): 1. bis 15. Tsd.

640 [1] *Hans Carossa: Die Frau vom guten Rat.* Eine Erzählung aus dem Spätsommer 1947. 1956 (W): 1.–10. Tsd. – 1960 (W): 27. Tsd. – 3 Auflagen

640 [2] *Carl Blechen: Italienische Skizzen.* 32 farbige Tafeln. Auswahl und Nachwort: Gertrud Heider. [Querformat.] 1979 (L): 1.–25. Tsd.

641 [1] *Frühe Plastik aus Sardinien.* 30 Tafeln und eine Abbildung im Text. Aufnahmen: Friedrich Hewicker. Auswahl und Geleitwort: Jürgen Thimme. 1956 (W): 1.–20. Tsd.

– [2] *O. Henry [William Sydney Porter]: Bekenntnisse eines Humoristen.* [15] Ausgewählte Kurzgeschichten. Auswahl: Günter Gentsch. Übertragung: Paul Baudisch, Werner Beyer, Gerhard Gräf, Christine Hoeppener und Rudolf Löwe. 1979 (L): 1.–20. Tsd. – 1986 (L): 35. Tsd. – 2 Auflagen

642 [1] *Paul Valéry: Die Krise des Geistes.* Drei Essays. [Erster Brief. Zweiter Brief. Europäischer Geist.] Übertragung: Frank Rümelin und Herbert Steiner. Nachwort: Herbert Steiner. 1956 (W): 1.–10. Tsd.

– [2] *Eugene O'Neill: Fast ein Poet.* Drama in vier Akten. Übertragung und Vorwort: Ursula und Oscar Fritz Schuh. Nachwort: Klaus Köhler. 1979 (L): 1.–15. Tsd.

643 *Honoré Daumier: Das Parlament der Juli-Monarchie.* 36 Bildtafeln nach den Bronzeplastiken. Aufnahmen: Wolfgang G. Schröter. Nachwort: Hanns Bechstein. Mit einem Verzeichnis der Dargestellten. 1958 (L+W): 1.–30. Tsd. – 1962 (L): 60. Tsd. – 3 Auflagen

644 *Maxim Gorki: Nachtasyl.* Szenen aus der Tiefe in vier Aufzügen. Übertragung: August Scholz. 1957 (L): 1.–10. Tsd.

645 [1] *Jack London: Geschichten aus Alaska.* [Das weiße Schweigen. Das Feuer im Schnee. Das Ende vom Lied. Frauenmut.] Übertragung: Erwin Magnus. 1957 (W): 1.–10. Tsd.

– [2] *Albrecht von Eyb: Ehebüchlein.* Ob einem Manne sei zu nehmen ein ehelichs Weib oder nicht. Bearbeitung des frühneuhochdeutschen Textes, Glossarium und ›Zur Sprache des ‚Ehebüchleins'‹: Klaus Müller. Nachwort: Rainer Kößling. 1986 (L): 1.–15. Tsd.

646 [1] *José Ortega y Gasset: Gespräch beim Golf.* [Ästhetik in der Straßenbahn. Zur Psychologie des interessanten Mannes. Schema Salomes.] Vier Essays. Übertragung: Ulrich Weber und Helene Weyl. Mit Anmerkungen. 1957 (W): 1.–15. Tsd. – 1962 (F): 22. Tsd. – 2 Auflagen

– [2] *Konstantinos Kavafis: Ausgewählte Gedichte.* Griechisch und deutsch. Übertragung: Karl Dieterich, Adolf Endler und

Vom Knaben, der eine Geige in der Scheune fand

Unter den Kindern des Bauern war eins mit langem, goldenem Haar, das sich wie Hobelspäne kringelte. Niemand hatte diesen Jungen jemals sprechen hören. Aber schön war seine Stimme, die niemals ein Wort sprach und sich dennoch wie eine Binse bog, sich straffte wie die Sehne eines Bogens, manchmal wie ein Stein niederschlug. Andere Worte glichen dem Heulen des Windes an den Berghängen.

Dieses Kind nannte man Zum-Zum. Niemand wußte, weshalb. Selbst die Bäuerin, die immer von einer Arbeit zur andern hetzte, nie die Hände ruhen ließ, selbst sie wußte offenbar nicht mehr, wann dieser Junge zur Welt gekommen war

Zum-Zum kümmerte sich um niemanden. Wenn ihn die andern Kinder riefen, ging er davon. Und die andern Kinder meinten, er wachse wohl zu schnell, um sich an ihren Spielen zu beteiligen. Wenn ihn die großen Brüder zu einer Arbeit heranziehen wollten, dann ging Zum-Zum auch davon. Und alle dachten, er sei doch wohl noch zu klein für die Arbeit.

Manchmal, während ihres Schaffens, hob die Bäuerin den Kopf und sah das Kind vorüberkommen wie das Rascheln eines Blattes. Sie bemerkte seine Füße

96

IB 647,2 Doppelseite mit Illustration

Helmut von den Steinen. Auswahl: Georgios und Karin Aridas. Nachwort: Georgios Aridas. Mit einer biographischen Übersicht und mit Anmerkungen. 1979 (L): 1.–10. Tsd.

647 [1] *Heinrich Böll: Im Tal der donnernden Hufe.* Erzählung. 1957 (W): 1.–15. Tsd. – 1985 (F): 38. Tsd. – 5 Auflagen

– [2] *Ana Maria Matute: Seltsame Kinder.* [21] Erzählungen. Mit 10 Zeichnungen von G. Ruth Mossner. Übertragung: Gerda Theile-Bruhns. Vorbemerkung: Eberhard Wesemann. 1979 (L): 1.–15. Tsd.

648 *Pablo Neruda: Zwanzig Liebesgedichte und ein Lied der Verzweiflung.* Spanisch und deutsch. Übertragung: Erich Arendt. 1958 (L): 1.–10. Tsd.

649 *Heinrich Mann: Madame Legros.* Drama in drei Akten. Nachwort: Wilhelm Haupt. 1958 (L): 1.–10. Tsd.

650 *Deutsche Porträtplastik des 20. Jahrhunderts.* 40 Bildtafeln. Auswahl und Nachwort: Gustav Seitz. Bilderläuterungen: Erhard Göpel. 1958 (L+W): 1.–30. Tsd.

651 [1] *Gotthold Ephraim Lessing: Über das Theater.* Aus seinen Schriften. Auswahl und Geleitwort: Hans Rössner. 1957 (W): 1.–7. Tsd.

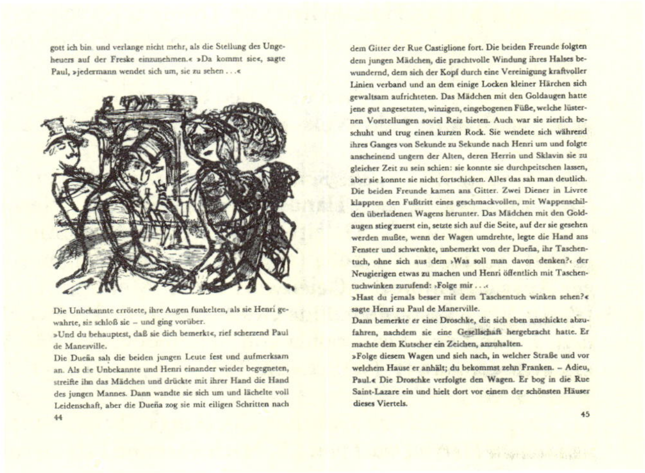

gott ich bin und verlange nicht mehr, als die Stellung des Ungeheuers auf der Freske einzunehmen.« »Da kommt sie«, sagte Paul, »jedermann wendet sich um, sie zu sehen ...«

Die Unbekannte errötete, ihre Augen funkelten, als sie Henri gewahrte, sie schloß sie – und ging vorüber.
»Und du behauptest, daß sie dich bemerkt«, rief scherzend Paul de Manerville.
Die Dueña sah die beiden jungen Leute fest und aufmerksam an. Als die Unbekannte und Henri einander wieder begegneten, streifte ihn das Mädchen und drückte mit ihrer Hand die Hand des jungen Mannes. Dann wandte sie sich um und lächelte voll Leidenschaft, aber die Dueña zog sie mit eiligen Schritten nach

44

dem Gitter der Rue Castiglione fort. Die beiden Freunde folgten dem jungen Mädchen, die prachtvolle Windung ihres Halses bewundernd, dem sich der Kopf durch eine Vereinigung kraftvoller Linien verband und an dem einige Locken kleiner Härchen sich gewaltsam aufrichteten. Das Mädchen mit den Goldaugen hatte jene gut angesetzten, winzigen, eingebogenen Füße, welche lüsternen Vorstellungen soviel Reiz bieten. Auch war sie zierlich beschuht und trug einen kurzen Rock. Sie wendete sich während ihres Ganges von Sekunde zu Sekunde nach Henri um und folgte anscheinend ungern der Alten, deren Herrin und Sklavin sie zu gleicher Zeit zu sein schien: sie konnte sie durchpeitschen lassen, aber sie konnte sie nicht fortschicken. Alles das sah man deutlich. Die beiden Freunde kamen ans Gitter. Zwei Diener in Livree klappten den Fußtritt eines geschmackvollen, mit Wappenschilden überladenen Wagens herunter. Das Mädchen mit den Goldaugen stieg zuerst ein, setzte sich auf die Seite, auf der sie gesehen werden mußte, wenn der Wagen umdrehte, legte die Hand ans Fenster und schwenkte, unbemerkt von der Dueña, ihr Taschentuch, ohne sich aus dem ›Was soll man davon denken?‹ der Neugierigen etwas zu machen und Henri öffentlich mit Taschentuchwinken zurufend: ›Folge mir ...‹
»Hast du jemals besser mit dem Taschentuch winken sehen?« sagte Henri zu Paul de Manerville.
Dann bemerkte er eine Droschke, die sich eben anschickte abzufahren, nachdem sie eine Gesellschaft hergebracht hatte. Er machte dem Kutscher ein Zeichen, anzuhalten.
»Folge diesem Wagen und sieh nach, in welcher Straße und vor welchem Hause er anhält; du bekommst zehn Franken. – Adieu, Paul.« Die Droschke verfolgte den Wagen. Er bog in die Rue Saint-Lazare ein und hielt dort vor einem der schönsten Häuser dieses Viertels.

45

IB 654,1B Doppelseite mit Illustration

651 [2] *Percy Bysshe Shelley: Der entfesselte Prometheus.* Lyrisches Drama in vier Akten. Mit dem Vorwort des Verfassers. Mit Titelporträt Shelleys von A. Curran (1819). Übertragung: Rainer Kirsch (Drama) und Manfred Wojcik (Vorwort). Nachwort: Manfred Wojcik. 1979 (L): 1.–10. Tsd.

652 [1] *Rudyard Kipling: Geschichten aus Indien.* [Garm als Geisel. Die Maltakatze.] Übertragung: Hans Reisiger. 1957 (W): 1.–10. Tsd. – 1963 (F): 17. Tsd. – 2 Auflagen

– [2] *Robert Musil: Drei Frauen.* Novellen. [Grigia. Die Portugiesin. Tonka.] 1980 (L): 1.–20. Tsd.

653 [1] *Thornton Wilder: Glückliche Reise.* [Schlafwagen Pegasus.] Zwei Einakter. Übertragung: Herberth E. Herlitschka. 1957 (W): 1.–12. Tsd. – 1962 (F): 18. Tsd. – 2 Auflagen

– [2] *Nathaniel Hawthorne: Der schwarze Schleier.* [Der Tag des Brückenwärters. Der Große Karfunkel. Mein Verwandter, der Major Molineux. Das Muttermal.] Ausgewählte Erzählungen. Mit 5 Holzschnitten von Ellen Willnow. Übertragung: Lore Krüger. Auswahl und Nachbemerkung: Heinz Förster. 1980 (L): 1.–15. Tsd.

654 [1A] *Honoré de Balzac: Das Mädchen mit den Goldaugen.* [Er-

zählung.] Mit 15 Holzstichen von Theo Kurpershoek. Übertragung: Ernst Hardt. Vorwort: Hugo von Hofmannsthal. 1961 (F): 1.–9. Tsd.

654 [IB] –. Mit 14 Holzstichen von Theo Kurpershoek. Ohne Vorwort. Nachwort: Udo Wolf. 1965 (L): 10.–29. Tsd. – 2 Auflagen

655 *Johann Sebastian Bach: Sonaten und Partiten für Violine allein.* Wiedergabe der Handschrift [44 Seiten]. Nachwort: Günter Haußwald. Geleitwort: Yehudi Menuhin. 1958 (L+W): 1.–30. Tsd. – 1984 (F): 53. Tsd. – 4 Auflagen [Leipziger Ausgaben ohne das Geleitwort von Y. Menuhin.]

656 [1] *Ali, der Meisterdieb.* Eine Geschichte alttürkischer Nomaden. Erzählt von Elsa Sophia von Kamphoevener. Mit Worterklärungen. 1957 (W): 1.–12. Tsd. – 1962 (F): 31. Tsd. – 3 Auflagen

– [2] *Leopold Friedrich Günther Goeckingk: Briefe eines Reisenden an Herrn Drost von LB.* Nachwort und Erläuterungen: Gerhard Steiner. 1981 (L): 1.–10. Tsd.

657 [1] *Gertrud von le Fort: Plus ultra.* Erzählung. [1.–18. Tsd. nicht IB – in IK 1007.] – 1957 (W): 19.–33. Tsd. – 1968 (F): 57. Tsd. – 4 Auflagen

– [2] *Alexander Blok: Des Himmels lichter Rand.* Gedichte. Russisch und deutsch. Auswahl: Marga und Roland Erb. Nachdichtungen: Friedemann Berger, Uwe Berger, Annemarie Bostroem, Adelheid Christoph, Adolf Endler, Elke Erb, Roland Erb, Rainer Kirsch, Sarah Kirsch, Jürgen Rennert, Axel Schulze, Alfred Edgar Thoss, Wilhelm Tkaczyk, Ilse Tschörtner, Paul Wiens nach Interlinearübersetzungen von Oskar Törne. 1980 (L): 1.–10. Tsd.

658 [1] *Paul Valéry: Herr Teste.* Mit einem Vorwort des Verfassers. Übertragung: Max Rychner. [1.–6. Tsd. nicht IB – IK 1800.] – 1957 (W): 7.–14. Tsd. – 1963 (F): 21. Tsd. – 2 Auflagen

– [2] *Mihail Sadoveanu: Bärenauge.* [Einst in einem Dorf. Eine Geschichte aus alter Zeit. Auf dem Weg nach Hîrlău. Auf dem Deleleu.] Erzählungen. Auswahl, Übertragung und Nachwort: Roland Erb. 1980 (L): 1.–10. Tsd.

659 *Maxim Gorki: Geschichten aus Italien.* [Es ist vollbracht. Die Mutter des Verräters. Der Tod des Fischers. Pepe.] Russisch und deutsch. Übertragung: Erich Boehme und Alexander Stein. 1957 (L): 1.–10. Tsd. – 1968 (L): 20. Tsd. – 2 Auflagen

660 [1] *T. S. [Thomas Stearns] Eliot: Das wüste Land.* [Gedichte.] Englisch und deutsch. Mit den Anmerkungen des Verfassers. Übertragung: Ernst Robert Curtius. 1957 (W): 1.–10. Tsd. – 1962 (F): 18. Tsd. – 2 Auflagen

– [2] *Gianlorenzo Bernini: Zeichnungen.* 32 farbige Tafeln. Aufnahmen: Peter Garbe und Barbara Reinhold. Auswahl, Nachwort und Bilderläuterungen: Karl-Heinz Mehnert. 1982 (L): 1.–25. Tsd.

661 *Wilhelm Busch: Hans Huckebein, der Unglücksrabe.* [Reproduktion] Nach der Handschrift im Städelschen Kunstinstitut Frankfurt am Main. Mit 48 kolorierten Federzeichnungen auf 25 Tafeln und mit 3 Silhouetten. Geleitwort: Edmund Schilling. 1958 (W): 1.–30. Tsd. [Restbestände 1966 (L).]

662 [1] *Franz Kafka: Die Verwandlung.* Erzählung. 1958 (W): 1.–12. Tsd. – 1970 (F): 43. Tsd. – 5 Auflagen

– [2] *Francis Scott Fitzgerald: Wiedersehen mit Babylon.* [Winterträume. Das Vernünftige. Junger Mann aus reichem Haus. Der lange Weg hinaus.] Ausgewählte Erzählungen. Übertragung: Elga Abramowitz und Walter Schürenberg. Auswahl und Nachwort: Klaus-Dieter Sommer. 1981 (L): 1.–15. Tsd.

663 [1] *William Blake: Gedichte.* Übertragung und Nachwort: Georg von der Vring. 1958 (W): 1.–10. Tsd.

– [2] *Marcel Proust: Der Gleichgültige.* Erzählung. Französisch und deutsch. Übertragung: Elisabeth Borchers. Vorwort und Anmerkungen: Philip Kolb. 1981 (L): 1.–15. Tsd.

664 *Urs Graf: Federzeichnungen.* 36 Bildtafeln. Mit der Wiedergabe einer Seite in der Geheimschrift des Urs Graf. Geleitwort: Margarete Pfister-Burkhalter. 1958 (W): 1.–25. Tsd. – 1960 (L): 45. Tsd. – 2 Auflagen

665 [1] *Edwin Fischer: Von den Aufgaben des Musikers.* [Vom Verfasser überarbeitet und zusammengestellt.] Mit Nachbemerkung des Verlags. 1960 (W): 1.–10. Tsd. – 1962 (F): 20. Tsd. – 2 Auflagen

– [2] *Joseph Conrad: Ein Vorposten des Fortschritts und andere Erzählungen.* [Falk – Eine Erinnerung. Amy Foster.] Übertragung: Irmgard Nickel. Auswahl und Nachwort: Günter Walch. 1981 (L): 1.–15. Tsd.

666 *Anton P. Tschechow: Meine Frau.* Erzählung. Übertragung: Walter Richter-Ruhland und Ottomar Schwechheimer. 1958 (W): 1.–10. Tsd. – 1958 (L): 19. [statt 20.] Tsd. – 2 Auflagen

667 [1] *Günter Eich: Allah hat hundert Namen.* Ein Hörspiel. 1958 (W): 1.–10. Tsd.
– [2] *Johann Gottfried Herder: Der Cid.* Geschichte des Don Ruy Diaz, Grafen von Bivar. Nach spanischen Romanzen. Nachwort und Anmerkungen: Matthias Oehme. 1984 (L): 1.–15. Tsd.
668 [1] *Ina Seidel: Gedichte.* [Von der Dichterin ausgewählt.] 1958 (W): 1.–10. Tsd.
– [2] *Nigellus von Longchamps: Narrenspiegel oder Burnellus, der Esel, der einen längeren Schwanz haben wollt.* Mit dem Brief des Nigellus an Wilhelm von Longchamps. Übertragung aus dem Mittellateinischen, Nachwort und Anmerkungen: Karl Langosch. 1982 (L): 1.–15. Tsd.
669 [1] *Hans Wimmer: Bildnisse unserer Zeit.* 32 Bildtafeln und eine Abbildung im Text. Mit einem Geleitwort des Künstlers. Nachwort: Erhard Göpel. 1958 (W): 1.–20. Tsd.
– [2] *Enea Silvio Piccolomini [Papst Pius II.]: Euryalus und Lukrezia.* Die Geschichte zweier Liebender. Mit zwei Briefen des Enea. Mit 17 zeitgenössischen Holzschnitten der Ausgabe Anton Sorg, Augsburg 1489. Übertragung: Konrad Falke und Christine Schaper (Briefe). Nachwort: Anneliese Schmitt. 1982 (L): 1.–15. Tsd.
670 [1] *Karl Heinrich Waggerl: Wagrainer Tagebuch.* [1. bis 104. Tsd. nicht IB – IK 1861.] – 1958 (W): 105.–124. Tsd. – 1973 (F): 144. Tsd. – 3 Auflagen
– [2] *Johann Wolfgang Goethe: Iphigenie auf Tauris.* In der Prosafassung von 1781. Nachwort, Bemerkungen zur Textgestalt und Erläuterungen: Eberhard Haufe. 1982 (L): 1. bis 10. Tsd. – Siehe auch IB 1014,2
671 *Anna Seghers: Die Hochzeit von Haiti.* Erzählung. 1961 (L): 1.–10. Tsd.
672 *August Kopisch: Kleine Geister.* Eine Auswahl. Mit 39 Illustrationen von Rolf Felix Müller. Nachwort: Wilhelm Haupt. 1959 (L): 1.–20. Tsd. – 1961 (L+F): 29. Tsd. – 2 Auflagen
673 [1] *Fürstliches Jagen.* 16 Farbtafeln nach Gemälden von Johann Heinrich Tischbein d. Ä. Aufnahmen: Hans Retzlaff. Nachwort und Bilderläuterungen: Eberhard Lutze. 1961 (F): 1.–20. Tsd.
– [2] *Mihai Eminescu: Hunderte von Masten.* Gedichte. Mit einem Essay von Tudor Arghezi. Auswahl: Roland Erb. Nach-

dichtungen: Werner Bossert, Günther Deicke, Roland Erb (Essay), Albert Flachs, Zoltán Franyó, Alfred Kittner, Ewald Ruprecht Korn, Alfred Margul-Sperber, Hedy Medrea, Victor Orendi-Hommenau, Konrad Richter, Moses Rosenkranz, Herman Roth, Georg Scherg, Maximilian W. Schroff, Christine Wolter. 1982 (L): 1.–10. Tsd.

674 [1] *Werner Helwig: Der Gerechtigkeitssattel.* Eine marokkanische Erzählung. 1962 (F): 1.–10. Tsd.

– [2] *Martin Luthers Sprichwortsammlung.* Buchstaben- und zeilengetreue Wiedergabe der Luther-Handschrift. Übertragung, Erklärungen und Nachwort: Rudolf Große. 1983 (L): 1.–20. Tsd.

675 *Frans Masereel: Die Idee.* 83 Holzschnitte. Nachwort: Fritz Adolf Hünich. 1959 (L): 1.–20. Tsd.

676 *Langston Hughes: Lachen, um nicht zu weinen.* [Der kleine Hund. Denkste. Cora – demütig und ohne Scham. Mach ihn fertig! Armes schwarzes Kerlchen.] Erzählungen. Übertragung: Paridam von dem Knesebeck. 1958 (W): 1.–10. Tsd. – 1962 (L): 20. Tsd. [Untertitel ›Fünf Erzählungen‹.] – 2 Auflagen

677 [1] *Tibor Déry: Der Riese.* Erzählung. Übertragung: Ivan Nagel. 1958 (W): 1.–10. Tsd. – 1963 (F): 20. Tsd. – 2 Auflagen

– [2] *Georg Heym: Der Dieb.* Ein Novellenbuch. [7 Novellen.] Nachwort: Gerhard Rothbauer. 1983 (L): 1.–15. Tsd.

678 [1] *Maler der Brücke.* Farbige Kartengrüße an Rosa Schapire von Erich Heckel, Ernst Ludwig Kirchner, Max Pechstein, Karl Schmidt-Rottluff. 19 Tafeln. Mit einem Holzschnitt von Karl Schmidt-Rottluff als Schlußvignette. Auswahl und Geleitwort: Gerd Wietek. 1958 (W): 1.–30. Tsd.

– [2] *Hviezdoslav [Pavol Országh]: Mit dem Olivenzweig kehr bei uns ein.* Sonette. Slowakisch und deutsch. Mit 3 Grafiken von Hans-Hendrik Grimmling. Nachdichtung: Dietmar Zirnstein. Mit Anmerkungen und einer bio-bibliographischen Notiz. 1983 (L): 1.–10. Tsd.

679 *Christian Fürchtegott Gellert: Fabeln und Erzählungen.* Mit 9 Kupfern von Johann Heinrich Meil. Auswahl und Nachwort: Friedhelm Kemp. 1959 (W): 1.–10. Tsd.

680 [1] *Rainer Maria Rilke: Ewald Tragy.* [Erzählung.] Mit Nachbemerkung. 1959 (W): 1.–20. Tsd.

– [2] *Washington Irving: Little Britain und [8] andere Skizzen.*

Übertragung: Barbara Cramer-Nauhaus. Nachwort: Eberhard Brüning. Mit Anmerkungen. 1983 (L): 1.–15. Tsd.

681 [1] *Federico García Lorca: Das kleine Don-Cristóbal-Retabel.* Posse für Puppentheater. Mit 8 Holzschnitten von Frans Masereel. Übertragung, Nachwort und Anmerkungen: Enrique Beck. 1960 (W): 1.–10. Tsd.

– [2] *Marcel Schwob: Das Buch von Monelle.* Übertragung: Franz Blei. Nachwort: Helmut Melzer. 1983 (L): 1.–15. Tsd.

682 [1] *Joan Miró: Farbige Lithographien.* 22 Tafeln und 3 Textabbildungen. Geleitwort: Paul Wember. 1959 (W): 1.–30. Tsd.

– [2] *Paul Verlaine: Ausgewählte Gedichte.* Titelzeichnung und 20 Vignetten [aus der Insel-Ausgabe von 1906; vgl. IK 1831] von Heinrich Wilhelm Wulff. Übertragung: Wolf Graf v. Kalckreuth. 1983 (L): 1.–10. Tsd.

683 [1] *Arnold Schönberg: Fünfzehn Gedichte aus ›Das Buch der hängenden Gärten‹ von Stefan George.* Für Gesang und Klavier. Nachwort: Theodor W. Adorno. [Querformat.] 1959 (W): 1.–11. Tsd.

– [2] *Païssi von Chilandar: Slawobulgarische Geschichte.* Mit der Wiedergabe einer Seite des vom Autor geschriebenen Handexemplars seiner ›Geschichte‹. Übertragung, Nachwort und Namenverzeichnis: Norbert Randow. Mit Herrschertabellen. 1984 (L): 1.–15. Tsd.

684 *Adalbert Stifter: Abdias.* Eine Erzählung. Nachwort: Hans-Heinrich Reuter. 1959 (L): 1.–10. Tsd.

685 [1] *Johann Michael Sailer: Die Weisheit auf der Gasse.* Deutsche Sprichwörter. Im Anhang: ›Über das deutsche Sprichwort‹ von J. M. Sailer. Auswahl, Nachwort und Quellennachweis: Dieter Narr. 1959 (W): 1.–10. Tsd.

– [2] *Ugo Foscolo: Letzte Briefe des Jacopo Ortis.* Übertragung: Heinrich Luden; durchgesehen, berichtigt und ergänzt von Roland Erb. Nachbemerkung: Roland Erb. 1984 (L): 1. bis 15. Tsd.

686 [1] *Albert Camus: Jonas oder Der Künstler bei der Arbeit.* Erzählung. Übertragung: Guido G. Meister. 1959 (W): 1. bis 10. Tsd. – 1969 (F): 19. Tsd. – 3 Auflagen

– [2] *Gustave Flaubert: November.* Fragmente in x-beliebigem Stil. Mit 10 Zeichnungen von Ulrike Triebel. Übertragung: Helmut Bartuschek. Nachwort: Klaus Herrmann. Mit Anmerkungen. 1984 (L): 1.–15. Tsd. – Siehe auch IB 319,2

687 [1] *Rudolf Hagelstange: Ballade vom verschütteten Leben.* [1.–4. Tsd. nicht IB – IK 640.] – 1959 (W): 5.–14. Tsd.

– [2] *David Herbert Lawrence: Chrysanthemenduft.* [7] Ausgewählte Erzählungen. Auswahl, Übertragung und Nachwort: Heide Steiner. 1984 (L): 1.–15. Tsd.

688 [1] *Karl Kraus: Die Sprache.* Auswahl und Nachwort: Heinrich Fischer. 1959 (W): 1.–15. Tsd.

– [2] *Wilhelm Raabe: Meister Autor* oder Die Geschichten vom versunkenen Garten. Nachwort: Peter Goldammer. Mit Anmerkungen. 1985 (L): 1.–15. Tsd.

689 [1A] *Das Igor-Lied.* Eine Heldendichtung. Der altrussische Text mit der Übertragung von Rainer Maria Rilke und der neurussischen Prosafassung von D. S. Lichatschow. Nachwort: Wilhelm Haupt. 1960 (L): 1.–10. Tsd.

– [1B] –. Nachwort: Helmut Graßhoff. Mit einer Anmerkung des Verlags. 1978 (L): 11.–25. Tsd. – 1985 (L): 40. Tsd. – 3 Auflagen

690 *Wilhelm Busch: Drei Märchen.* Das brave Lenchen. Die beiden Schwestern. Hänschen Däumeling. In erster [handschriftlicher] Fassung [reproduziert]. Mit kolorierten Federzeichnungen auf 33 Tafeln. Nachwort: Hans Balzer. 1959 (L+W): 1.–50. Tsd. – 1964 (L+F): 75. Tsd. – 2 Auflagen

691 *Albert Schaefer-Ast: Fabuleux.* 35 Radierungen. Geleitwort: Anne Gabrisch. 1960 (L+W): 1.–30. Tsd.

692 *Kuan Liang: Gestalten und Szenen der Peking-Oper.* 24 [farbige] Pinselzeichnungen. Geleitwort: Gerhard Pommeranz-Liedtke. 1959 (L+W): 1.–50. Tsd. [Bei einem Teil der Auflage Titelschild hochkant und asymmetrisch angeordnet.]

693 [1] *Henry James: Daisy Miller.* Erzählung. Übertragung: Helmut M. Braem und Elisabeth Kaiser. 1959 (W): 1.–10. Tsd.

– [2] *Stephen Crane: Schwarze Reiter.* Ausgewählte Gedichte. Zweisprachig [Amerikanisch und deutsch]. Übertragung: Karl Heinz Berger. Auswahl, Nachwort und Anmerkung: Heinz Wüstenhagen unter Mitarbeit von Kornelia Freitag. 1985 (L): 1.–15. Tsd.

694 [1] *Gertrud von le Fort: Die Tochter Farinatas.* Erzählung. [1.–18. Tsd. nicht IB – vgl. IK 1007.] – 1959 (W): 19.–33. Tsd.

– [2] *George Washington Cable: Tite Poulette und andere Kreolengeschichten.* [Attalie Brouillard. Das Café des Exilés. Die Farm Belles Demoiselles. Jean-ah Poquelin.] Erzählungen.

Übertragung: Marianne Bühnert und Hannelore Winter. Auswahl und Nachwort: Horst Ihde. 1986 (L): 1.–15. Tsd.

695 [1] *Winckelmanns Tod.* Die Originalberichte. [Bartolomeo Cavaceppi: ›Bericht über die Reise mit Winckelmann von Rom nach Wien‹. Die letzten erhaltenen Briefe. Domenico de' Rossetti: ›Johann Winckelmanns letzte Lebenswoche‹.] Anmerkungen und Nachwort: Horst Rüdiger. 1959 (W): 1.–10. Tsd.

– [2] *Die Geschichte von Kullerwo.* Sechs Lieder aus dem ›Kalewala‹. Mit 6 Vignetten. Übertragung, Nachwort, Anmerkungen: Gisbert Jänicke. 1985 (L): 1.–15. Tsd. – Siehe auch IB 819

696 [1] *Christian Morgenstern: Das Mondschaf.* Eine Auswahl aus den Galgenliedern / *The Moon Sheep.* Authorized English Version by A. E. W. Eitzen. [1.–3. Tsd. nicht IB – IK 1145.] – 1959 (W): 4.–10. Tsd. – 1963 (F): 22. Tsd. – 3 Auflagen

– [2] *Ilja und der Räuber Nachtigall.* Altrussische Bylinen. Mit einer Notenzeichnung. Auswahl und Übertragung: Wolfgang E. Groeger. Nachwort: Norbert Randow und Xenia Werner. 1986 (L): 1.–15. Tsd.

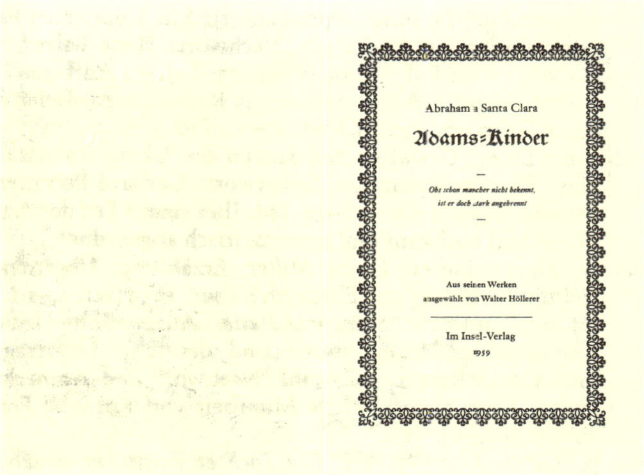

IB 697 Titel

697 *Abraham a Sancta Clara: Adams-Kinder.* Auswahl und Nachwort: Walter Höllerer. 1959 (W): 1.–10. Tsd.

698 [1] *Russische Lyrik des XX. Jahrhunderts.* Auswahl: Gisela Drohla. Übertragungen: Erwin Johannes Bach, Paul Celan, Karl Dedecius, Alexander Eliasberg, Wolfgang E. Groeger, Dorothea Hiller von Gaertringen, Holbeck-Kaempfe, Hugo Huppert, Pesch-Kaempfe, Sigismund von Radecki, Klaus G. Riehle. 1959 (W): 1.–10. Tsd.

– [2] *Ekkehart [I. von Sankt Gallen]: Waltharius.* Lateinisch und deutsch. Übertragung und mit Nachwort von Karl Langosch. 1987 (L): 1.–15. Tsd. [In Vorbereitung.]

699 *Wolfgang Borchert: Draußen vor der Tür.* Ein Stück, das kein Theater spielen und kein Publikum sehen will. Mit Nachbemerkung. 1960 (L): 1.–20. Tsd.

700 [1] *Der Sankt-Annen-Altar des Wolf Huber.* 20 farbige Tafeln. Geleitwort: Erwin Heinzle. 1959 (W): 1.–30. Tsd.

– [2] *[Justus] Friedrich Wilhelm Zachariä: Der Renommist.* Mit 8 Federzeichnungen von Theodor Hosemann. Herausgegeben und mit Nachwort von Detlef Ignasiak. 1987 (L): 1.–15. Tsd. [In Vorbereitung.]

701 *Nikolai Leskow: Lady Macbeth von Mzensk.* Erzählung. Übertragung: Ruth Hanschmann. 1960 (L): 1.–10. Tsd. – 1962 (L): 20. Tsd. – 2 Auflagen

702 *Iwan Turgenjew: Ein König Lear der Steppe.* Novelle. Übertragung: Ena von Baer. 1960 (L): 1.–10. Tsd. – 1962 (L): 20. Tsd. – 2 Auflagen

703 *Andreas Gryphius: Gedichte.* Auswahl und Nachwort: Hans Magnus Enzensberger. Mit Anmerkungen. 1962 (F): 1. bis 7. Tsd.

704 *Miguel Angel Asturias: Legenden aus Guatemala.* Mit 21 Illustrationen nach alten Maya-Motiven. Übertragung: Fritz Vogelgsang. Vorwort: Paul Valéry. Mit einer Vita des Autors. 1960 (W): 1.–11. Tsd. – 1968 (F): 24. Tsd. – 4 Auflagen

705 *Die schöne Li.* [Vom Totenhemd ins Brautkleid.] Zwei chinesische Liebesgeschichten aus der Tang-Zeit. Übertragung: Franz Kuhn. 1959 (W): 1.–10. Tsd. – 1977 (L): 73. Tsd. [4. statt 3. Auflage.] – 4 Auflagen

706 [1A] *Das Leben des Lazarillo von Tormes. Seine Freuden und Leiden.* Der erste Schelmenroman. Übertragung: Helene Henze. 1959 (W): 1.–11. Tsd.

– [1B] *Das Leben des Lazarillo von Tormes, sein Glück und sein*

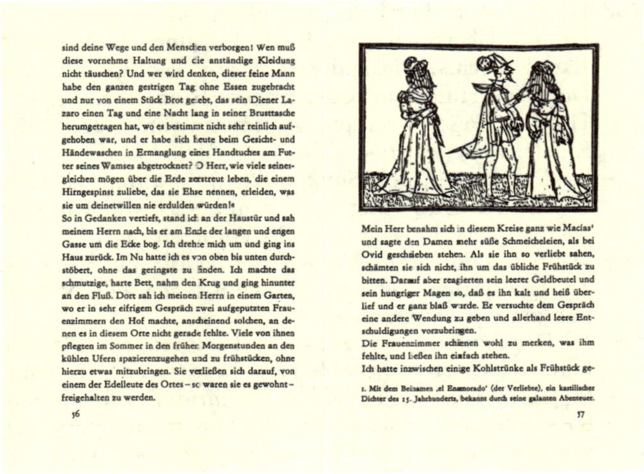

sind deine Wege und den Menschen verborgen! Wen muß diese vornehme Haltung und die anständige Kleidung nicht täuschen? Und wer wird denken, dieser feine Mann habe den ganzen gestrigen Tag ohne Essen zugebracht und nur von einem Stück Brot gelebt, das sein Diener Lazaro einen Tag und eine Nacht lang in seiner Brusttasche herumgetragen hat, wo es bestimmt nicht sehr reinlich aufgehoben war, und er habe sich heute beim Gesicht- und Händewaschen in Ermanglung eines Handtuches am Futter seines Wamses abgetrocknet? O Herr, wie viele seinesgleichen mögen über die Erde zerstreut leben, die einem Hirngespinst zuliebe, das sie Ehre nennen, erleiden, was sie um deinetwillen nie erdulden würden!«
So in Gedanken vertieft, stand ich an der Haustür und sah meinem Herrn nach, bis er am Ende der langen und engen Gasse um die Ecke bog. Ich drehte mich um und ging ins Haus zurück. Im Nu hatte ich es von oben bis unten durchstöbert, ohne das geringste zu finden. Ich machte das schmutzige, harte Bett, nahm den Krug und ging hinunter an den Fluß. Dort sah ich meinen Herrn in einem Garten, wo er in sehr eifrigem Gespräch zwei aufgeputzten Frauenzimmern den Hof machte, anscheinend solchen, an denen es in diesem Orte nicht gerade fehlte. Viele von ihnen pflegten im Sommer in den frühen Morgenstunden an den kühlen Ufern spazierenzugehen und zu frühstücken, ohne hierzu etwas mitzubringen. Sie verließen sich darauf, von einem der Edelleute des Ortes – so waren sie es gewohnt – freigehalten zu werden.

56

Mein Herr benahm sich in diesem Kreise ganz wie Macias[1] und sagte den Damen mehr süße Schmeicheleien, als bei Ovid geschrieben stehen. Als sie ihn so verliebt sahen, schämten sie sich nicht, ihn um das übliche Frühstück zu bitten. Darauf aber reagierten sein leerer Geldbeutel und sein hungriger Magen so, daß es ihn kalt und heiß überlief und er ganz blaß wurde. Er versuchte dem Gespräch eine andere Wendung zu geben und allerhand leere Entschuldigungen vorzubringen.
Die Frauenzimmer schienen wohl zu merken, was ihm fehlte, und ließen ihn einfach stehen.
Ich hatte inzwischen einige Kohlstrünke als Frühstück ge-

1. Mit dem Beinamen ‚el Enamorado' (der Verliebte), ein kastilischer Dichter des 15. Jahrhunderts, bekannt durch seine galanten Abenteuer.

57

IB 706,1B Doppelseite mit Illustration

Unglück. Mit 10 Holzschnitten von Rudolf Peschel. Übertragung: Georg Spranger. Mit Nachbemerkung. 1962 (L): 12. bis 26. Tsd. – 1980 (L): 41. Tsd. – 3 Auflagen

707 [1] *K. F. Edmund von Freyhold: Hasenbuch.* Verse von Christian Morgenstern. Mit 16 farbigen Tafeln. [Querformat.] 1960 (W): 1.–25. Tsd.

– [2] *August Strindberg: Historische Miniaturen.* Erzählungen. Auswahl und Übertragung: Hans-Jürgen Hube. 1987 (L): 1.–15. Tsd. [In Vorbereitung.]

708 *Heinrich Mann: Zola.* Essay. Nachwort: Fritz Adolf Hünich. 1962 (L): 1.–10. Tsd.

709 *Ōgai Mori: Die Wildgans.* Roman. Übertragung aus dem Japanischen und Nachwort: Fritz Vogelgsang. 1962 (F): 1. bis 10. Tsd.

710 *Robert Schumann: Liederkreis.* Zwölf Gesänge von Joseph von Eichendorff. Für eine Singstimme mit Begleitung des Pianoforte op. 39. Nachwort: Theodor W. Adorno. [Querformat.] 1960 (W): 1.–10. Tsd.

711 *Albrecht Goes: Goethes Mutter.* [Eine Rede.] 1960 (W): 1. bis 10. Tsd. – 1961 (F): 19. Tsd. – 2 Auflagen

712 *Bo Dschü-I: Gedichte.* Mit 4 Holzschnitten aus der ›Zehn-Bambus-Halle‹ (1644). Übertragung aus dem Chinesischen und Nachwort: Andreas Donath. 1960 (W): 1.–10. Tsd.
713 *Igor Strawinsky: Musikalische Poetik.* [Sieben Vorlesungen.] Übertragung: Heinrich Strobel. 1960 (W): 1.–10. Tsd.
714 *Virginia Woolf: Die Dame im Spiegel.* [Der Juwelier und die Herzogin. Der Scheinwerfer. Das Vermächtnis. Die Jagdgesellschaft.] Fünf Erzählungen. Übertragung: Herberth E. und Marlys Herlitschka. 1960 (F): 1.–10. Tsd.
715 *Friedrich Sieburg: Helden und Opfer.* Fünf historische Miniaturen. [Die Laute auf dem Dachboden. Das Gebet für den König. Soll ich dich malen? Die rote Mütze. Ich überschritt den Strom.] Mit einer Anmerkung des Verfassers. 1960 (W): 1.–10. Tsd. – 1963 (F): 20. Tsd. – 2 Auflagen
716 *John Keats: Gedichte.* Übertragung und Nachwort: Heinz Piontek. 1960 (W): 1.–10. Tsd. [Restbestände 1966 (L).]
717 *Oskar Schlemmer: Aquarelle.* 20 farbige Tafeln und 2 Textabbildungen. Geleitwort: Will Grohmann. 1960 (W): 1.–20. Tsd.
718 *Michel de Montaigne: Von der Freundschaft.* Mit ›Aus dem Brief, den der Herr Rat von Montaigne seinem Herrn Vater ... geschrieben ...‹. Übertragung, Nachwort und Anmerkungen: Hans Staub. 1960 (W): 1.–7. Tsd.
719 *Rudolf Hagelstange: Huldigung.* [Das Moderne bei der] Droste. [Joseph von] Eichendorff. Schiller [und die Deutschen]. 1960 (W): 1.–10. Tsd.
720 *Jules Supervielle: Ochs und Esel bei der Krippe.* [Erzählung.] Mit 10 Federzeichnungen von Hannes Gaab. Übertragung: Gustav Rademacher. 1960 (W): 1.–10. Tsd. – 1961 (F): 19. Tsd. [Revidierte Übertragung.] – 2 Auflagen
721 [1A] *Hans Purrmann: Sommer auf Ischia.* 16 Farbtafeln nach Ölgemälden des Künstlers. Auswahl und Geleitwort: Erhard Göpel. [Querformat.] 1961 (F): 1.–19. Tsd.
– [1B] –. 16 Farbtafeln nach Gemälden des Künstlers. Neues Geleitwort: Erhard Göpel. Mit einer Vita Purrmanns. [Querformat.] 1963 (L): 20.–41. Tsd. – 2 Auflagen
722 *Spanische Gedichte des XX. Jahrhunderts.* Spanisch und deutsch. Auswahl, Übertragung und Nachwort: Karl Krolow. Mit biographischen Notizen. 1962 (F): 1.–10. Tsd.
723 *Theodor Heuss: Friedrich Naumann und die deutsche Demokratie.* [Rede, gehalten am 8. 3. 1960 in Paris.] Mit der Begrü-

ßungsansprache Jean Schlumbergers [französisch und deutsch]. Mit Vorbemerkung des Verlags und einer Vita Naumanns. 1960 (W): 1.–10. Tsd.

724 *Johann Nestroy: Des wüsten Lebens flücht'ger Reiz.* Theaterlieder. Auswahl und Nachwort: Heinz Politzer. Mit Worterklärungen. 1961 (F): 1.–10. Tsd.

725 *Das kleine Insektenbuch.* 22 farbige Bildtafeln nach Aquarellen von Uwe Bangert. Geleitwort und Erläuterungen: Karl von Frisch. Wissenschaftliche Beratung: Berndt Heydemann. 1961 (L+F): 1.–60. Tsd.

726 *Sophokles: König Oidipus.* Eine Tragödie. Übertragung: Roman Woerner. 1960 (W): 1.–6. Tsd.

727 *Guan Hsiu: Die sechzehn Lohans.* Eine berühmte Bildnisreihe der chinesisch-buddhistischen Kunst. 32 Bildtafeln nach chinesischen Steinabreibungen. Geleitwort und Bilderläuterungen: Gerhard Pommeranz-Liedtke. 1961 (L): 1.–30. Tsd.

728 *Arnold Zweig: Baruch Spinoza.* Porträt eines freien Geistes. 1632–1677. 1961 (L): 1.–10. Tsd.

729 *Herman Melville: Kikeriki oder Das Krähen des edlen Hahnes Beneventano.* [Erzählung.] Mit 5 Holzstichen von Hans-Joachim Walch. Übertragung: Wolfheinrich von der Mülbe. Nachwort: Karl-Heinz Wirzberger. 1962 (L): 1.–10. Tsd.

730 *Saint-John Perse: Exil.* [Regen. Schnee. Gedicht an eine Fremde.] Übertragung: Leonharda Gescher und Friedhelm Kemp. Nachwort: Friedhelm Kemp. 1961 (F): 1.–10. Tsd.

731 *Leo N. Tolstoi: Nach vierzig Jahren.* Volkserzählung. Übertragung: Rahel bin Gorion. Nachwort: Emanuel bin Gorion. 1961 (F): 1.–10. Tsd. [Restbestände 1967 (L).]

732 *Frank O'Connor: Bitterer Whisky.* Fünf irische Erzählungen. [Wenn der Tod kommt ... Die weinenden Kinder. Die Achillesferse. Jumbos Frau. In der Bahn.] Übertragung: Elisabeth Schnack. 1962 (F): 1.–10. Tsd.

733 *Oskar Loerke: Das alte Wagnis des Gedichts.* [Vom Reimen.] Zwei Essays. 1961 (F): 1.–10. Tsd.

734 *Gottfried Benn: Roman des Phänotyp.* Landsberger Fragment, 1944. 1961 (F): 1.–10. Tsd.

735 *Wladimir Porché: Karamel.* Eine Geschichte aus dem Vallespir. Übertragung: Hedwig Andertann. 1961 (F): 1.–10. Tsd.

736 *Angus Wilson: Mehr Freund als Untermieter.* Erzählung. Übertragung: Hilde Spiel. 1961 (F): 1.–10. Tsd.

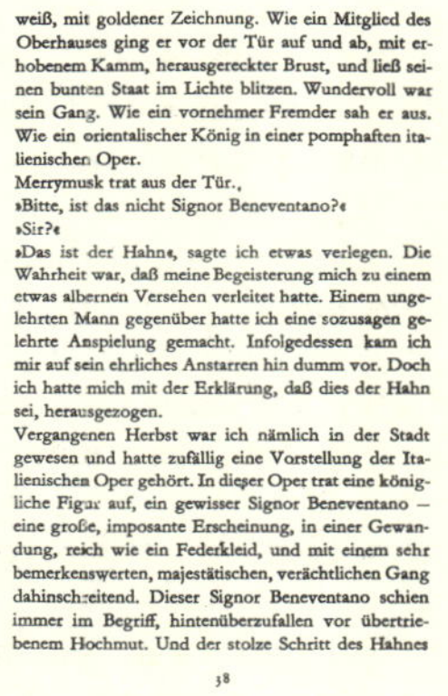
weiß, mit goldener Zeichnung. Wie ein Mitglied des Oberhauses ging er vor der Tür auf und ab, mit erhobenem Kamm, herausgereckter Brust, und ließ seinen bunten Staat im Lichte blitzen. Wundervoll war sein Gang. Wie ein vornehmer Fremder sah er aus. Wie ein orientalischer König in einer pomphaften italienischen Oper.

Merrymusk trat aus der Tür.,

»Bitte, ist das nicht Signor Beneventano?«

»Sir?«

»Das ist der Hahn«, sagte ich etwas verlegen. Die Wahrheit war, daß meine Begeisterung mich zu einem etwas albernen Versehen verleitet hatte. Einem ungelehrten Mann gegenüber hatte ich eine sozusagen gelehrte Anspielung gemacht. Infolgedessen kam ich mir auf sein ehrliches Anstarren hin dumm vor. Doch ich hatte mich mit der Erklärung, daß dies der Hahn sei, herausgezogen.

Vergangenen Herbst war ich nämlich in der Stadt gewesen und hatte zufällig eine Vorstellung der Italienischen Oper gehört. In dieser Oper trat eine königliche Figur auf, ein gewisser Signor Beneventano – eine große, imposante Erscheinung, in einer Gewandung, reich wie ein Federkleid, und mit einem sehr bemerkenswerten, majestätischen, verächtlichen Gang dahinschreitend. Dieser Signor Beneventano schien immer im Begriff, hintenüberzufallen vor übertriebenem Hochmut. Und der stolze Schritt des Hahnes

38

IB 729 Doppelseite mit Illustration

737 *Italienische Gedichte des XX. Jahrhunderts.* Italienisch und deutsch. Auswahl, Übertragung, Nachwort und biographische Notizen: Paul-Wolfgang Wührl. 1962 (F): 1.–10. Tsd.

738 *Bettina Seipp: Rom – gestern und heute.* 1961 (F): 1.–10. Tsd.

739 *Miguel de Unamuno: San Manuel der Gute.* Erzählung. Übertragung: Doris Deinhard. 1961 (F): 1.–10. Tsd.

740 *Menander: Der Menschenfeind (Dyskolos).* Komödie. Übertragung und Nachwort: Bernhard Wyss. 1961 (F): 1.–5. Tsd.

741 *Reinhold Schneider: Las Casas vor Karl V.* Szenen aus der Konquistadorenzeit. [1.–65. Tsd. nicht IB – IK 1513.] – 1962 (F): 66.–75. Tsd.

742 *Alphonse Daudet: Tartarin von Tarascon.* Roman. Mit 22 Zeichnungen von George Grosz. Übertragung: Paul Stefan. 1962 (F): 1.–10. Tsd. – Siehe auch IB 42

743 *André Gide: Aufzeichnungen über Chopin.* Übertragung: Walter Kolneder. Mit 16 Notenbeispielen. 1962 (F): 1. bis 10. Tsd.

744 *Auf dem Berg Athos.* 26 Abbildungen nach Fotos von Jacques Lacarrière. Nachwort: Erhart Kästner. Mit einer Chronik des Berges Athos. 1962 (F): 1.–17. Tsd.

745 *Ikebana.* Meisterwerke japanischer Blumenkunst auf 16 Farbtafeln. Aufnahmen: Kazuko Hamachi. Mit dem Text ›Die Überlieferung des Meisters Ikenobō Sen-ō‹ (Um 1500). Herausgegeben, mit Geleitwort ›Ikebana – die Kunst des Blumenstellens‹ und einer Anleitung zum Blumenstellen von Irmtraut Schaarschmidt-Richter. Mit 6 Abbildungen im Text. 1962 (F): 1.–25. Tsd. – 1970 (F): 75. Tsd. – 4 Auflagen

746 *Reinhold Schneider: Das Erdbeben.* [Erzählung.] 1961 (L): 1.–10. Tsd.

747 *Rainer Maria Rilke: Briefe über Cézanne.* Herausgegeben von Clara Rilke. Nachwort und Anmerkungen: Heinrich Wiegand Petzet. 1962 (F): 1.–7. Tsd.

748 *Wilhelm Lehmann: Kunst des Gedichts.* [Sieben Essays.] 1961 (F): 1.–10. Tsd.

749 *Georg Heym: Umbra vitae.* Nachgelassene Gedichte. Mit 46 Holzschnitten von Ernst Ludwig Kirchner. Reprint der 1924 im Kurt Wolff Verlag, München, erschienenen Ausgabe. 1962 (F): 1.–12. Tsd.

750 *Hugo von Hofmannsthal:* [8] *Kleine Dramen.* 1962 (F): 1. bis 20. Tsd.

751 *Egon Erwin Kisch: Hintergründe der Geschichte.* [Dantons Tod und Poppers Neffen. Maximilian von Habsburg und Karl Marx. Der Fall des Generalstabschefs Redl.] 1963 (L): 1. bis 10. Tsd.

752 *Künstlerische Schachfiguren aus zehn Jahrhunderten.* 45 Bildtafeln. Aufnahmen: Wolfgang G. Schröter. Auswahl und Erläuterungen: Rainer Behrends. Geleitwort: Gerhard Pommeranz-Liedtke. 1963 (L): 1.–50. Tsd. – 1964 (F): 65. Tsd. [U. d. T. ›Schachfiguren aus zehn Jahrhunderten‹.] – 2 Auflagen

753 *Niccolò Machiavelli: Mandragola.* Komödie in fünf Aufzügen. Mit Titelholzstich von Hans-Joachim Walch. Übertragung: Paul Heyse und Johannes Ziegler. Anmerkungen: Hans-Heinrich Reuter. Nachwort: Fritz Adolf Hünich. 1962 (L): 1.–10. Tsd.

754 *Miguel de Cervantes Saavedra: Fräulein Cornelia.* [Novelle.] Mit 7 Holzstichen von Imre Reiner. Übertragung: Konrad Thorer [d. i. Felix Paul Greve]. – 1962 (L): 1.–20. Tsd.

755 *Die schönsten deutschen Spielkarten.* 79 farbige Abbildungen auf 32 Tafeln. Herausgegeben von Hellmut Rosenfeld und Er-

win Kohlmann. Geleitwort: Hellmut Rosenfeld. Tafelerläuterungen: Erwin Kohlmann. [Querformat.] 1964 (L): 1. bis 30. Tsd. – 1964 (F): 50. Tsd. [U. d. T. ›Deutsche Spielkarten aus fünf Jahrhunderten‹.] – 2 Auflagen

756 *František Kubka: Wie der Soldat Iwan Iwanowitsch zu einem Kreuz kam.* [Novelle.] Übertragung und Nachwort: Grete Ebner-Eschenhaym. 1962 (L): 1.–10. Tsd.

757 *Kalidasa: Sakuntala.* Drama. Übertragung und Anmerkungen: Carl Cappeller. Nachwort: Johannes Mehlig. [1. bis 15. Tsd. unter IB 346,1; jetzt veränderte Ausgabe.] – 1963 (L): 16.–25. Tsd. – 1973 (L): 35. Tsd. – 2 Auflagen

758 *Gottfried-Keller-Brevier.* Auswahl und Nachwort: Franz Hammer. 1963 (L): 1.–15. Tsd.

759 *Friedrich Schlegel: Lucinde. Friedrich Schleiermacher: Vertraute Briefe über Friedrich Schlegels ›Lucinde‹.* Mit einer Nachbemerkung. 1964 (F): 1.–8. Tsd. – Siehe auch IB 295,1

760 *Kinderzeichnungen aus aller Welt.* 36 farbige Tafeln. Auswahl und Nachbemerkung: Anne Braun. [Querformat.] 1966 (L): 1.–30. Tsd. – 1967 (F): 40. Tsd. – 2 Auflagen

761 *Georg Weerth: Streiflichter auf Old England.* [Eine Reise ins Innere des Landes. Weihnachtsfest in den Yorkshire-Bergen. Ein Jahrmarkt in Yorkshire. Das Blumenfest der englischen Arbeiter.] Auswahl und Nachwort: Grete Ebner-Eschenhaym. 1963 (L): 1.–10. Tsd.

762 *Barlach im Gespräch.* Aufgezeichnet von Friedrich Schult. Mit einer Vita Barlachs. [1.–13. Tsd. nicht IB – IK 1550.] – 1963 (L): 14.–28. Tsd. – 1964 (F): 36. Tsd. – 2 Auflagen

763 *Johann Gottfried Seume: Mit dem Stempel der Wahrheit.* Nachwort: Claus Träger. Auswahl der Apokryphen und Worterklärungen: Grete Ebner-Eschenhaym. 1964 (L): 1. bis 10. Tsd. – 1982 (L): 20. Tsd. – 2 Auflagen

764 *Louis Fürnberg: Ein Herz, von einem Traum genährt.* Ausgewählte Gedichte. Auswahl: Grete Ebner-Eschenhaym. Mit einer Vita Fürnbergs. 1964 (L): 1.–10. Tsd.

765 [1A] *Albert Ebert: Poesie des Alltags.* 20 farbige Tafeln. Geleitwort: Werner Timm. 1963 (L): 1.–50. Tsd. [Davon Teilauflage unter 1B.] – 1978 (L): 80. Tsd.

– [1B] –. Einleitung: Johannes Bobrowski. Geleitwort: Elmar Jansen. 1963 (F): Teilauflage [13 000 Exemplare] des 1. bis 50. Tsd. – 2 Auflagen

766 [1A] *François Mauriac: Die Tat der Thérèse Desqueyroux.* Roman. Übertragung: Georg Cramer. [1.–4. Tsd. nicht 1B – 1K 1073.] – 1963 (F): 5.–20. [statt 9.–24.] Tsd. [Restbestände 1976 (L) in der Ausstattung von 1 B, aber ohne Nachwort.]
– [1B] –. Nachwort: Heinz-Jörg Burmester. 1976 (L): 1.–20. Tsd. – 2 Auflagen
767 *Adalbert Stifter: Der fromme Spruch.* Erzählung. In der ersten Fassung zum ersten Mal herausgegeben und mit einem Nachwort von K. G. Fischer. 1962 (F): 1.–10. Tsd.
768 *Heinrich Böll: Als der Krieg ausbrach. Als der Krieg zu Ende war.* Zwei Erzählungen. 1962 (F): 1.–18. Tsd. – 1983 (F): 20. Tsd. – 2 Auflagen
769 *Trilussa [Carlo Alberto Salustri]: Der erste Haifisch und andere Fabeln.* Übertragung und Nachwort: Hans von Hülsen. 1962 (F): 1.–9. Tsd.
770 *Ernst Ludwig Kirchner: Im Tanzcafé.* 29 Zeichnungen. Herausgegeben von Theo Hill. Nachwort: Ewald Rathke. 1962 (F): 1.–18. Tsd.
771 *Robert Minder: Kultur und Literatur in Deutschland und Frankreich.* Fünf Essays. [Deutsche und französische Literatur – inneres Reich und Einbürgerung des Dichters. Das Bild des Pfarrhauses in der deutschen Literatur von Jean Paul bis Gottfried Benn. Kadettenhaus, Gruppendynamik und Stilwandel von Wildenbruch bis Rilke und Musil. Madame de Staël entdeckt Deutschland. Schiller, Frankreich und die Schwabenväter.] Mit Nachwort des Autors. 1962 (F): 1.–10. Tsd. – 1963 (F): 20. Tsd. [›Revidierte Ausgabe‹.] – 2 Auflagen
772 *Paul Valéry: Gedanken. Cahier B 1910.* Französisch und deutsch. Mit einer Vorbemerkung des Verfassers. Übertragung: Ernst Haerle und Herbert Steiner. 1962 (F): 1.–10. Tsd.
773 [1A] *Dshingis Ajtmatov: Dshamilja.* Erzählung. Übertragung: Gisela Drohla. Mit einer Vita Ajtmatovs. 1962 (F): 1.–10. Tsd.
– [1B] *Tschingis Aitmatow: Djamila.* Übertragung: Hartmut Herboth. 1974 (L): 1.–20. Tsd. – 1981 (L): 30. Tsd. – 1986 (L): 45. Tsd. [U. d. T. ›Dshamila‹.] – 4 Auflagen
774 *Marcel Aymé: Der Bilderbrunnen.* [Die Clochards. Josse.] Drei Erzählungen. Übertragung: Anneliese Botond. 1963 (F): 1.–10. Tsd.
775 [1A] *Die Bamberger Apokalypse.* 16 farbige Miniaturen auf

Tafeln. Mit einem Essay von Reinhold Schneider. Nachwort und Bilderläuterungen: Alois Fauser. 1962 (F): 1.–25. Tsd.
775 [IB] –. Ohne Essay. 1964 (L): 26.–38. Tsd. – 2 Auflagen
776 *Benjamin Constant: Adolphe. Cécile.* Zwei Romane. Übertragung: Max Hölzer und Hanno Helbling. Mit einer Schlußbemerkung. 1963 (F): 1.–10. Tsd. – Siehe auch IB 284,1
777 *Deutsche Künstler des 20. Jahrhunderts in Selbstbildnissen.* 29 Bildtafeln. Auswahl und Nachwort: K. F. Ertel. 1963 (F): 1.–15. Tsd.
778 *Albert Paris Gütersloh: Fabeln vom Eros.* [9 Erzählungen.] 1963 (F): 1.–10. Tsd.

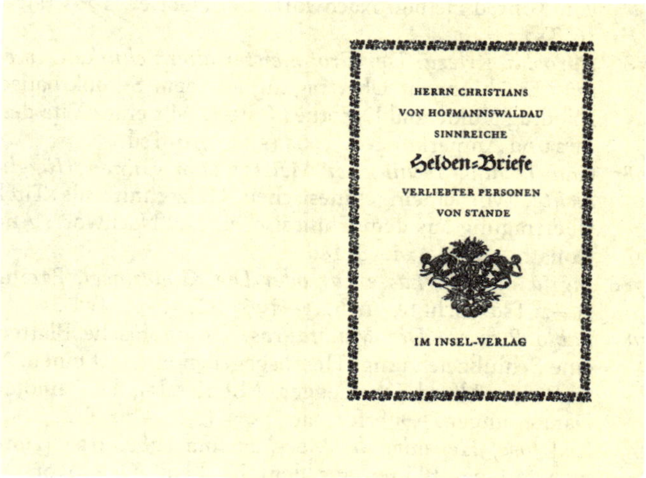

IB 779 Titel

779 *Herrn Christians von Hofmannswaldau sinnreiche Helden-Briefe verliebter Personen von Stande.* Mit Schmucktitel und 9 zeitgenössischen Holzschnitten. Auswahl, Nachwort und Worterklärungen: Friedhelm Kemp. 1962 (F): 1.–10. Tsd.
780 *Ringe aus vier Jahrtausenden.* Gesammelt und beschrieben von Heinz Battke. 15 farbige Bildtafeln. Aufnahmen: Helmut Dornauf. Nachwort: Otto Friedrich Regner. [Querformat.] 1963 (F): 1.–23. Tsd. – 1970 (F): 31. Tsd. – 2 Auflagen

781 *Oscar Wilde: Lehren und Sprüche.* Mit einem Titelrahmen nach Aubrey Beardsley. Übertragung und Anmerkung: Franz Blei. [1.–90. Tsd. unter IB 53,1.] – 1963 (F): 91.–100. Tsd.

782 *Chronik von Goethes Leben.* Zusammengestellt und mit einem Nachwort von Franz Götting. Mit Register und 2 Karten. [1.–16. Tsd. nicht IB – IK 566.] – 1963 (F): 17.–26. Tsd. – Siehe auch IB 415,1

783 *Ernst Stadler: Der Aufbruch.* Gedichte. 1964 (F): 1.–8. Tsd.

784 *William Goyen: Der diebische Steppenwolf.* [Tapioka-Überraschung. Die Spiellaube.] Drei Erzählungen. Übertragung: Elisabeth Schnack. 1963 (F): 1.–11. Tsd.

785 *Tempel Siziliens.* 26 Bilder [auf 30 Tafeln] nach Aufnahmen von Konrad Helbig. Nachwort: Gerd Gaiser. 1963 (F): 1. bis 16. Tsd.

786 *Miroslav Krleža: Der Großmeister aller Schurken. In extremis.* Erzählungen. Übertragung aus dem Serbokroatischen: Miodrag Vukić und Dorothea Putter. Mit einer Vita des Autors und Anmerkungen. 1963 (F): 1.–10. Tsd.

787 *Gau Tsching-Tschiu, der Meister vom grünen Hügel: Gedichte.* Mit einem chinesischen Holzschnitt als Titelbild. Übertragung aus dem Chinesischen und Nachwort: Andreas Donath. 1963 (F): 1.–8. Tsd.

788 *Ingrid Bachér: Lasse Lar oder Die Kinderinsel.* Erzählung. [1.–2. Tsd. nicht IB – IK 62.] – 1963 (F): 3.–12. Tsd.

789 *Pablo Picasso: Der Minotauros.* 30 graphische Blätter und eine Schlußzeichnung. Herausgegeben und mit einem Nachwort von Alfred Scheidegger. Mit Katalog der Minotauros-Darstellungen. [Querformat.] 1963 (F): 1.–20. Tsd.

790 [1A] *Josef Hegenbarth: Märchen und Fabeln.* 24 [zum Teil mehrfarbige] Blätter aus dem Nachlaß. Geleitwort: Karl-Heinz Janda und Annegret Janda. 1964 (L): 1.–35. Tsd.

– [1B] *Märchen und Fabeln illustriert von Josef Hegenbarth.* Nachwort: Fritz Löffler. 1964 (F): 36.–50. Tsd. [Restbestände mit Geleitwort Janda 1970 (L).] – 2 Auflagen

791 *Erwin Strittmatter: Pony Pedro.* [Erzählung.] Mit einer Titelzeichnung von Hans Baltzer. 1963 (L): 1.–10. Tsd.

792 *György Bálint: Lob der Tiere.* Mit 13 Zeichnungen von Vera Csillag. Übertragung und Nachbemerkung: Bruno Heilig. 1963 (L): 1.–8. Tsd.

793 *Halldór Laxness: Drei Erzählungen.* [New Iceland. Napoleon

Bonaparte. Lilja.] Übertragung aus dem Isländischen: Ernst Harthern. 1963 (L): 1.–10. Tsd.

794 [1A] *Wladimir Majakowski: Vorwärts die Zeit!* Ausgewählte Gedichte. Russisch und deutsch. Nachdichtungen: Hugo Huppert und Alfred Edgar Thoß (›Wolke in Hosen‹). Auswahl und Nachbemerkung: Fritz Mierau. 1964 (L): 1.–7. Tsd.

– [1B] –. Auch ›Wolke in Hosen‹ von Hugo Huppert übertragen. 1973 (L): 8.–17. Tsd. – 2 Auflagen

795 *Arnold Zweig: Symphonie Fantastique.* [Quartettsatz von Schönberg.] Zwei Erzählungen. 1963 (L): 1.–10. Tsd.

796 *Hugo von Hofmannsthal: Buch der Freunde.* Textdurchsicht, Quellennachweise und Nachwort: Ernst Zinn. Mit Register und Nachträgen. [1.–8. Tsd. nicht IB – IK 760 A, B.] – 1965 (F): 9.–15. Tsd. – 1967 (F): 21. Tsd. – 2 Auflagen

797 *Albert Ehrenstein: Tubutsch* und *Der Selbstmord eines Katers.* [Erzählungen.] 1964 (F): 1.–11. Tsd. – S. auch IB 261,1

798 *Zen.* Aussprüche und Verse der Zen-Meister. Auswahl und Nachwort: Peter Weber-Schäfer. Mit einer Namenliste der Zen-Meister. 1964 (F): 1.–10. Tsd. – 1986 (F): 20. Tsd. – 5 Auflagen

799 *Georg Büchner: Dantons Tod. Leonce und Lena. Woyzeck.* Neue, durchgesehene Ausgabe von Fritz Bergemann. Mit Paralipomena. 1963 (F): 1.–15. Tsd. – Siehe auch IB 88, 91, 92 und 1056

800 *Paul Klee: Traumlandschaft mit Mond.* 16 Farbtafeln. Auswahl und Nachwort: Werner Hofmann. 1964 (F): 1.–25. Tsd.

801 *Carl Einstein: Bebuquin oder Die Dilettanten des Wunders.* [Roman.] Nachwort: Ewald Wasmuth. 1963 (F): 1.–10. Tsd.

802 *Christian Morgenstern: Das aufgeklärte Mondschaf.* 28 Galgenlieder und deren gemeinverständliche Deutung durch Jeremias Mueller, Dr. phil., Privatgelehrter. Aus dem Nachlaß herausgegeben von Margareta Morgenstern. [1.–11. Tsd. nicht IB – IK 1141.] – 1963 (F): 12.–21. Tsd.

803 *Hermann Hesse: Die späten Gedichte.* Mit einer Nachbemerkung des Verlages. 1963 (F): 1.–13. Tsd. – 1968 (L): 33. Tsd. [2. statt 1. Auflage.] – 1985 (F): 58. [statt 38.] Tsd. – 10 Auflagen

804 *Felix Timmermans: Das Jesuskind in Flandern.* Übertragung: Anton Kippenberg [1.–91. Tsd. nicht IB – IK 1746.] – 1963 (F): 92.–107. Tsd.

805 *Hans Erich Nossack: Sechs Etüden.* [Der Schlagsahnebaiser. Das Federmesser. Neonlicht. Eine große Hilfe. Töte deinen Feind. Viktoria.] 1964 (F): 1.–10. Tsd.

806 *Jacob Grimm über seine Entlassung.* Nachwort: Werner Vordtriede. Mit einem Anhang und einem Reprint des Titelblattes der Erstausgabe. 1964 (F): 1.–8. Tsd.

807 *[Friedrich] Hölderlin: Oden. Elegien. Gesänge.* Auswahl und Nachwort: Friedrich Beißner. 1964 (F): 1.–10. Tsd.

808 *Paul Valéry: La jeune parque. Die junge Parze.* [Gedichte.] Französisch und deutsch. Übertragung: Paul Celan. 1964 (F): 1.–8. Tsd.

809 *Marguerite Yourcenar: [8] Orientalische Erzählungen.* Übertragung: Anneliese Botond. Nachbemerkung: Marguerite Yourcenar. 1964 (F): 1.–12. Tsd.

810 *Bertolt Brecht: Gedichte im Exil. Buckower Elegien.* Mit Nachbemerkung. 1964 (F): 1.–15. Tsd.

811 *W. H. [Wystan Hugh] Auden: Shakespeare.* Fünf Aufsätze. [Totus mundus agit histrionem. Des Prinzen Hund. Die Brüder und die anderen. Der Joker im Spiel. Musik bei Shakespeare.] Übertragung: Fritz Lorch. 1964 (F): 1.–7. Tsd.

812 *Walter Benjamin: Goethes Wahlverwandtschaften.* 1964 (F): 1.–8. Tsd.

813 *Edward Lear's Nonsense Verse.* Mit 55 Zeichnungen des Autors. Übertragung: Hans Carl Artmann. Nachwort: Klaus Reichert. 1964 (F): 1.–12. Tsd.

814 *Hermann Hesse: Kurgast.* Aufzeichnungen von einer Badener Kur. 1964 (F): 1.–12. Tsd.

815 *Thomas Mann: Pariser Rechenschaft.* [Essay.] 1964 (F): 1. bis 10. Tsd.

816 *Alejo Carpentier: Das Reich von dieser Welt.* Roman. Übertragung: Doris Deinhard. 1964 (F): 1.–8. Tsd.

817 *Sigmund Freud: Der Moses des Michelangelo.* Mit 2 Bildtafeln und 4 Zeichnungen. Mit Bibliographie und einer Schlußbemerkung. 1964 (F): 1.–8. Tsd.

818 *Arno Schmidt: Die Umsiedler.* [Erzählung.] Nachwort: Helmut Heißenbüttel. 1964 (F): 1.–9. Tsd.

819 *Die Geschichte von Kullerwo.* Sechs Lieder aus der ›Kalewala‹. Übertragung, Anmerkungen und Nachwort: Gisbert Jänicke. 1964 (F): 1.–7. Tsd. – Siehe auch IB 695,2 [Dort Übertragung und Nachwort bearbeitet.]

820 *Denis Diderot: Das Paradox über den Schauspieler.* Übertragung: Katharina Scheinfuß. Nachwort: Reinhold Grimm. Mit Anmerkungen. 1964 (F): 1.–8. Tsd.
821 *Minoische Kunst.* 26 Bilder [auf 29 Tafeln] nach Aufnahmen von Konrad Helbig. Nachwort: Gerhard Kleiner. 1964 (F): 1.–15. Tsd. [Restbestände 1971 (L).]
822 *Jorge Luis Borges: Der Zahir und andere Erzählungen.* [Tlön, Uqbar, Orbis Tertius. Der Unsterbliche. Die Theologen.] Übertragung: Eva Hesse und Karl August Horst. Nachwort: Rafael Gutiérrez-Girardot. 1964 (F): 1.–5. Tsd.
823 *S.J. [Samuel Joseph] Agnon: Der Verstoßene.* [Erzählung.] Übertragung aus dem Hebräischen: Nahum Norbert Glatzer und Moritz Spitzer. 1964 (F): 1.–7. Tsd.
824 *Harry Graf Kessler: Notizen über Mexiko.* Mit einer Vorrede. 1964 (F): 1.–10. Tsd. [= 4. Auflage; 1.–3. Auflage nicht IB – IK 903.]
825 [1A] *Nelly Sachs: Glühende Rätsel.* Gedichte. 1964 (F): 1. bis 10. Tsd.
– [1B] –. Um zwei Zyklen (III und IV) erweitert. 1968 (F): 11. bis 14. Tsd. [1.–4. Tsd. der erweiterten Ausgabe.] – 2 Auflagen
826 *Horace Walpole: Die Burg von Otranto.* Eine phantastische Geschichte. Mit den Vorworten des Autors zur ersten und zur zweiten Auflage und mit einem Aufsatz von Walter Scott über Horace Walpole. Übertragung: Joachim Uhlmann und Ludwig Rellstab (Scott). 1965 (F): 1.–5. Tsd.
827 *Marcel Jouhandeau: Minos und ich.* [Von allerlei Tieren. Tauben. Das Leben und Sterben eines Hahns.] Tiergeschichten. Übertragung und Nachbemerkung: Friedhelm Kemp. 1965 (F): 1.–8. Tsd.
828 *Je länger ein Blinder lebt, desto mehr sieht er.* Jiddische Sprichwörter. Übertragung: Hans Carl Artmann. 1965 (F): 1.–10. Tsd. – 1986 (F): 16. Tsd. – 4 Auflagen
829 *Gottfried Keller: Galatea-Legenden.* Im Urtext herausgegeben und mit einer Einleitung von Karl Reichert. 1965 (F): 1.–8. Tsd.
830 *Die Weisheit des Konfuzius.* Übertragung aus dem chinesischen Urtext und Einleitung: Hans O. H. Stange. 1964 (F): 1.–8. Tsd. – 1984 (F): 14. Tsd. – 4 Auflagen
831 *Gotthold Ephraim Lessing: Fabeln.* Anmerkungen: Paul Rilla. 1964 (L): 1.–10. Tsd.

832 *Heinrich Böll: Doktor Murke und andere.* Drei Satiren. [Doktor Murkes gesammeltes Schweigen. Hauptstädtisches Journal. Der Wegwerfer.] Nachwort: Heinz Bär. 1963 (L): 1. bis 20. Tsd.

833 *Bratakathas.* [13] Bengalische Erzählungen. Aufgezeichnet von Arun Ray. Kopfleisten von Günter Blochberger nach indischen Vorlagen von Sajal Roy. Übertragung und Vorwort: Heinz Mode. Mit Erläuterungen. 1964 (L): 1.–10. Tsd.

834 *Willi Bredel: Pater Brakel.* Erzählung. 1964 (L): 1.–5. Tsd.

835 *Hanns-Ulrich Haedeke: Altes Zinn.* 42 Bildtafeln. Geleitwort: Hanns-Ulrich Haedeke. 1964 (L): 1.–27. Tsd. – 1969 (L): 57. Tsd. – 2 Auflagen

836 *Ivan Olbracht: Von der Liebe zur Monarchie.* [Der Táta.] Zwei Erzählungen. Übertragung und Nachwort: Grete Ebner-Eschenhaym. 1964 (L): 1.–10. Tsd.

837 *Grimms Märchen in ursprünglicher Gestalt.* Nach der Oelenburger Handschrift von 1810. Mit einem Titelbild und zwei ganzseitigen Handschriftenproben von Jacob und Wilhelm Grimm. Herausgegeben [nach der Ausgabe von Joseph Lefftz] und mit einem Nachwort von Manfred Lemmer. 1963 (L): 1. bis 15. Tsd. – 1964 (F): 23. Tsd. [Ohne Titelbild und Handschriftenproben; Nachwort gekürzt.] – 2 Auflagen

838 [1A] *Samuel Johnson: Die Geschichte von Rasselas Prinzen von Abessinien.* Eine morgenländische Erzählung. Übertragung: Joachim Uhlmann. Mit einer Schlußbemerkung. 1964 (F): 1.–8. Tsd.

– [1B] –. Nachwort: Manfred Wojcik. Ohne Schlußbemerkung. 1972 (L): 9.–18. Tsd. [2. statt 1. Auflage.] – 2 Auflagen

839 *Ambrose Bierce: Katzenfracht und [8] andere Erzählungen.* Mit 12 Zeichnungen von Hans Fronius. Übertragung: Gisela Günther. 1965 (F): 1.–7. Tsd.

840 *Kopfreliquiare des Mittelalters.* 42 Bildtafeln. Auswahl und Nachwort: Éva Kovács. Mit bibliographischen Hinweisen und Erläuterungen. 1964 (L): 1.–30. Tsd.

841 *Heinrich Böll: Die Spurlosen.* [Zum Tee bei Dr. Borsig. Eine Stunde Aufenthalt.] Drei Hörspiele. Nachwort: Lothar Kleine. 1966 (L): 1.–30. Tsd. – 1972 (L): 50. Tsd. – 2 Auflagen

842 *Grillparzer über sich selbst. Aus den Tagebüchern.* Auswahl und Nachwort: Heinz Politzer. Mit Anmerkungen. 1965 (F): 1.–7. Tsd.

843 *Ozeanische Totenbeschwörung.* 29 Bildtafeln. Auswahl und Nachwort: Georges Schlocker. Mit Erläuterungen. 1965 (F): 1.–8. Tsd.

844 *Aubrey Beardsley: Unter dem Hügel.* Eine romantische Erzählung. Mit 5 Illustrationen des Autors und Schmucktitel. Übertragung: Rudolf Alexander Schröder. 1965 (F): 1. bis 6. Tsd.

845 *Lewis Carroll: Briefe an kleine Mädchen.* Mit 18 Tafeln sowie mit 5 Briefseiten im Reprint und zahlreichen Zeichnungen des Autors. Als Anhang ›Lewis Carroll: Acht oder neun weise Worte übers Briefeschreiben‹. Auswahl, Übertragung und Nachwort: Klaus Reichert. 1966 (F): 1.–5. Tsd. – 1966 (F): 10. Tsd. [Um 1 Tafel vermehrt; Tafelfolge geändert.] – 1968 (F): 14. Tsd. – 3 Auflagen

846 *Ijob. [Das Buch Ijob.]* Verdeutscht von Martin Buber. 1965 (F): 1.–6. Tsd.

847 *Paul Fleming: Gedichte.* Mit einem zeitgenössischen Porträt als Frontispiz. Auswahl, Textrevision und Nachwort: Eberhard Haufe. Mit Worterklärungen. 1970 (L): 1.–10. Tsd.

848 *Christoph Martin Wieland: Zweierlei Götterglück und andre Gedichte.* Auswahl und Nachwort: Friedrich Beißner. Mit einem Glossarium. 1965 (F): 1.–3. Tsd.

849 *hap grieshaber: Seestern und Tomahawk.* 14 Collagen unter Resopal und 2 Farbholzschnitte. Nachwort: Wilhelm Boeck. 1965 (F): 1.–19. Tsd.

850 *Jules Laforgue: Pierrot, der Spaßvogel.* [Kleine Auswahl der Gedichte. Über die Frauen. Eine Augustnacht. Die beiden Täubchen.] Auswahl und Übertragung: Franz Blei und Max Brod. Vorbemerkung: Max Brod. Nachwort: Franz Blei. 1965 (F): 1.–5. Tsd.

851 *Goethe über die Deutschen.* Auswahl und Nachbemerkung: Hans-J. Weitz. Nachweise und Register. 1965 (F): 1.–5. Tsd.

852 *Bertolt Brecht: Liebesgedichte.* Auswahl: Elisabeth Hauptmann. 1966 (F): 1.–11. Tsd. – 1979 (F): 47. Tsd. – 1986 (F): 81. Tsd. – 11 Auflagen

853 *Edwin Fischer: Ludwig van Beethovens Klaviersonaten.* Ein Begleiter für Studierende und Liebhaber. Mit Notenbeispielen. Vorwort: Edwin Fischer. 1966 (F): 1.–7. Tsd.

854 *Charles Baudelaire: Mein entblößtes Herz.* [Raketen.] Tagebücher. Übertragung, Nachwort und Anmerkungen: Fried-

helm Kemp. 1966 (F): 1.–5. Tsd. – 1986 (F): 9. Tsd. [Mit Titelbild] – 2 Auflagen

855 *Johann Christoph Gottsched: Der Biedermann.* Eine Auswahl. Mit Titelporträt sowie mit Reprint von Titelblatt und Kopfleisten der Ausgabe von 1728. Auswahl, Nachwort und Anmerkungen: Marianne Wehr. 1966 (L): 1.–12. Tsd.

856 *Oscar Wilde: Die Erzählungen.* [Lord Arthur Saviles Verbrechen. Das Gespenst von Canterville. Die Sphinx ohne Geheimnis. Der Modellmillionär. Das Bildnis des Mr. W. H. Gedichte in Prosa.] Übertragung: Christine Hoeppener. Nachwort: Günter Weise. Mit Anmerkungen. 1968 (L): 1.–20. Tsd.

857 *Joseph von Eichendorff: Erlebtes.* Autobiographische Schriften. Mit einem Vorwort des Autors. Nachwort: Claus Träger. 1967 (L): 1.–10. Tsd. – 1980 (L): 20. Tsd. [Nachwort stark bearbeitet.] – 2 Auflagen

858 *Arnold Zweig: Westlandsaga.* Erzählung. 1967 (L): 1.–10. Tsd.

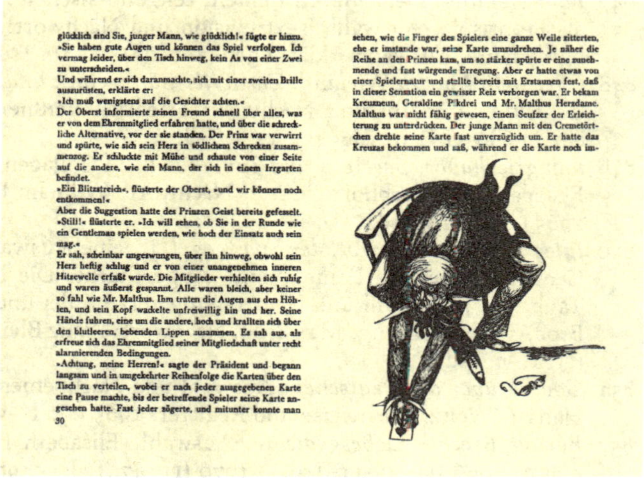

glücklich sind Sie, junger Mann, wie glücklich!« fügte er hinzu. »Sie haben gute Augen und können das Spiel verfolgen. Ich vermag leider, über den Tisch hinweg, kein As von einer Zwei zu unterscheiden.«

Und während er sich daranmachte, sich mit einer zweiten Brille auszurüsten, erklärte er:

»Ich muß wenigstens auf die Gesichter achten.«

Der Oberst informierte seinen Freund schnell über alles, was er von dem Ehrenmitglied erfahren hatte, und über die schreckliche Alternative, vor der sie standen. Der Prinz war verwirrt und spürte, wie sich sein Herz in tödlichem Schrecken zusammenzog. Er schluckte mit Mühe und schaute von einer Seite auf die andere, wie ein Mann, der sich in einem Irrgarten befindet.

»Ein Blitzstreich«, flüsterte der Oberst, »und wir können noch entkommen!«

Aber die Suggestion hatte des Prinzen Geist bereits gefesselt. »Still!« flüsterte er. »Ich will sehen, ob Sie in der Runde wie ein Gentleman spielen werden, wie hoch der Einsatz auch sein mag.«

Er sah, scheinbar ungezwungen, über ihn hinweg, obwohl sein Herz heftig schlug und er von einer unangenehmen inneren Hitzewelle erfaßt wurde. Die Mitglieder verhielten sich ruhig und waren äußerst gespannt. Alle waren bleich, aber keiner so fahl wie Mr. Malthus. Ihm traten die Augen aus den Höhlen, und sein Kopf wackelte unfreiwillig hin und her. Seine Hände fuhren, eine um die andere, hoch und krallten sich über den blutleeren, bebenden Lippen zusammen. Es sah aus, als erfreue sich das Ehrenmitglied seiner Mitgliedschaft unter recht alarmierenden Bedingungen.

»Achtung, meine Herren!« sagte der Präsident und begann langsam und in umgekehrter Reihenfolge die Karten über den Tisch zu verteilen, wobei er nach jeder ausgegebenen Karte eine Pause machte, bis der betreffende Spieler seine Karte angesehen hatte. Fast jeder zögerte, und mitunter konnte man

30

sehen, wie die Finger des Spielers eine ganze Weile zitterten, ehe er imstande war, seine Karte umzudrehen. Je näher die Reihe an den Prinzen kam, um so stärker spürte er eine zunehmende und fast würgende Erregung. Aber er hatte etwas von einer Spielernatur und stellte bereits mit Erstaunen fest, daß in dieser Sensation ein gewisser Reiz verborgen war. Er bekam Kreuzneun, Geraldine Pikdrei und Mr. Malthus Herzdame. Malthus war nicht fähig gewesen, einen Seufzer der Erleichterung zu unterdrücken. Der junge Mann mit den Cremetörtchen drehte seine Karte fast unverzüglich um. Er hatte das Kreuzas bekommen und saß, während er die Karte noch im-

IB 859 Doppelseite mit Illustration

859 *Robert Louis Stevenson: Der Selbstmörderklub.* [Der Diamant des Radschahs.] Neue Geschichten aus Tausendundeiner Nacht. Mit 17 Holzstichen von Karl-Georg Hirsch.

Übertragung: Elfriede Mund. Nachwort: Günter Gentsch. 1968 (L): 1.–20. Tsd.

860 *Koptische Stoffe.* 36 farbige Tafeln. Auswahl, Geleitwort und Bilderläuterungen: Günther Bröker. 1967 (L): 1.–25. Tsd. – 1982 (L): 50. Tsd. – 2 Auflagen

861 *Alexej Tolstoi: Der schwarze Freitag.* [Die Handschrift unter dem Bett. Fata Morgana.] Erzählungen. Übertragung: Felix Loesch, Maria Stein und Erwin Tittelbach. 1967 (L): 1.–10. Tsd.

862 *Johannes R. Becher: Das Atelier.* Ausgewählte Gedichte 1914 bis 1958. Auswahl und Nachwort: Alfred Klein. 1969 (L): 1.–10. Tsd.

863 *Johann Friedrich Reichardt: Leben des berühmten Tonkünstlers Heinrich Wilhelm Gulden nachher genannt Guglielmo Enrico Fiorino.* Mit einem Stich nach Anton Graff als Titelbild. Nachwort und Anmerkungen: Günter Hartung. 1967 (L): 1.–10. Tsd.

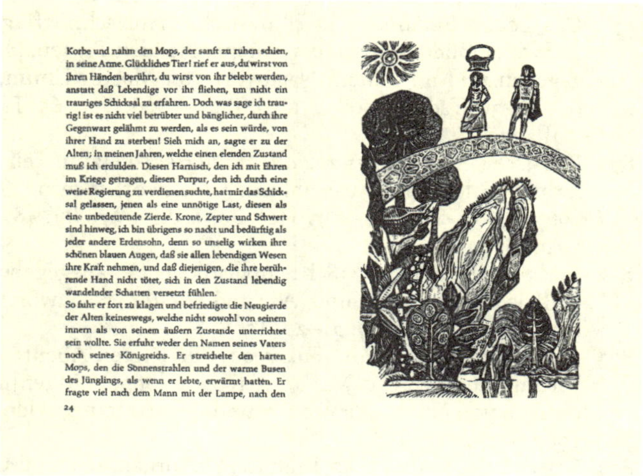
Korbe und nahm den Mops, der sanft zu ruhen schien, in seine Arme. Glückliches Tier! rief er aus, du wirst von ihren Händen berührt, du wirst von ihr belebt werden, anstatt daß Lebendige vor ihr fliehen, um nicht ein trauriges Schicksal zu erfahren. Doch was sage ich traurig! ist es nicht viel betrübter und bänglicher, durch ihre Gegenwart gelähmt zu werden, als es sein würde, von ihrer Hand zu sterben! Sieh mich an, sagte er zu der Alten; in meinen Jahren, welche einen elenden Zustand muß ich erdulden. Diesen Harnisch, den ich mit Ehren im Kriege getragen, diesen Purpur, den ich durch eine weise Regierung zu verdienen suchte, hat mir das Schicksal gelassen, jenen als eine unnötige Last, diesen als eine unbedeutende Zierde. Krone, Zepter und Schwert sind hinweg, ich bin übrigens so nackt und bedürftig als jeder andere Erdensohn, denn so unselig wirken ihre schönen blauen Augen, daß sie allen lebendigen Wesen ihre Kraft nehmen, und daß diejenigen, die ihre berührende Hand nicht tötet, sich in den Zustand lebendig wandelnder Schatten versetzt fühlen.

So fuhr er fort zu klagen und befriedigte die Neugierde der Alten keineswegs, welche nicht sowohl von seinem innern als von seinem äußern Zustande unterrichtet sein wollte. Sie erfuhr weder den Namen seines Vaters noch seines Königreichs. Er streichelte den harten Mops, den die Sonnenstrahlen und der warme Busen des Jünglings, als wenn er lebte, erwärmt hatten. Er fragte viel nach dem Mann mit der Lampe, nach den

24

IB 864 Doppelseite mit Illustration

864 *[Johann Wolfgang von] Goethe: Das Märchen.* Mit 4 Holzstichen von Heiner Vogel. Nachwort: Regine Otto. 1967 (L): 1.–20. Tsd.

865 *Die Miniaturen der Berliner Bāisonqur-Handschrift.* 28 farbige Tafeln. Geleitwort und Bilderläuterungen: Volkmar Enderlein. 1969 (L): 1.–35. Tsd. – 1970 (F): 40. Tsd. – 1976 (L): 80. Tsd. – 3 Auflagen

866 *Nikolai Gogol: Die schreckliche Rache.* Erzählung. Mit 11 Zeichnungen von Jürgen Mau. Übertragung: Ruth Fritze-Hanschmann. 1967 (L): 1.–10. Tsd.

867 [1A] *Georg Herwegh: Morgenruf.* Ausgewählte Gedichte. Auswahl und Nachwort: Agnes Ziegengeist. 1969 (L): 1. bis 10. Tsd.

– [1B] –. Ohne das Gedicht ›Ihr lieben Herren von Eisenach‹. 1975 (L): 11.–20. Tsd. – 2 Auflagen

868 *Victor Hugo: Hernani.* Drama. Mit 5 Zeichnungen von Rolf Münzner. Übertragung: Heidrun Beltz. Nachwort: Dieter Tauchmann. 1968 (L): 1.–15. Tsd.

869 *Emilijan Stanew: Der Pfirsichdieb.* Novelle. Übertragung: Hildegard Grantscharowa. 1967 (L): 1.–10. Tsd.

870 *Das Leben Buddhas.* Ein chinesisches Holzschnittfragment. 22 farbige Bildtafeln mit den entsprechenden Texten. Herausgegeben und mit einem Nachwort von Martin Gimm. 1967 (L): 1.–30. Tsd. – 1968 (F): 40. Tsd. – 1980 (L): 65. Tsd. – 3 Auflagen

871 *Russische Graphik des 20. Jahrhunderts.* 100 [zum Teil mehrfarbige] Bildtafeln. Auswahl und Geleitwort: Werner Timm. 1967 (L): 1.–20. Tsd. – 1970 (L): 40. Tsd. – 1970 (F): 48. Tsd. – 3 Auflagen

872 *Bildnerische Etüden.* 38 Kleinplastiken. Herausgegeben von Wilfried Fitzenreiter und Wieland Förster. Nachwort: Wieland Förster. 1967 (L): 1.–20. Tsd.

873 *Alphonse Daudet: Port-Tarascon.* Die letzten Abenteuer des berühmten Tartarin. Mit 10 [davon 3 doppelseitigen] Zeichnungen von Nuria Quevedo-Mund. Übertragung: Udo Wolf. 1967 (L): 1.–15. Tsd.

874 *Griechische Tempel.* 42 Bildtafeln. Aufnahmen und Geleitwort: Erich Arendt. Mit Erläuterungen, Zeichnungen und 2 Karten. 1970 (L): 1.–30. Tsd.

875 *Ikonen.* 32 farbige Tafeln. Auswahl und Nachwort: Günther Bröker. 1968 (L): 1.–30. Tsd. – 1981 (L): 55. Tsd. – 2 Auflagen

876 *Anna Seghers: Das Licht auf dem Galgen.* Erzählung. 1968 (L): 1.–20. Tsd.

877 *Maxim Gorki: Russische Märchen.* Mit 18 Zeichnungen [eine davon auf dem Titelblatt wiederholt] von Joachim Kratsch. Übertragung: Erich Boehme und Alexander Stein. 1968 (L): 1.–10. Tsd.

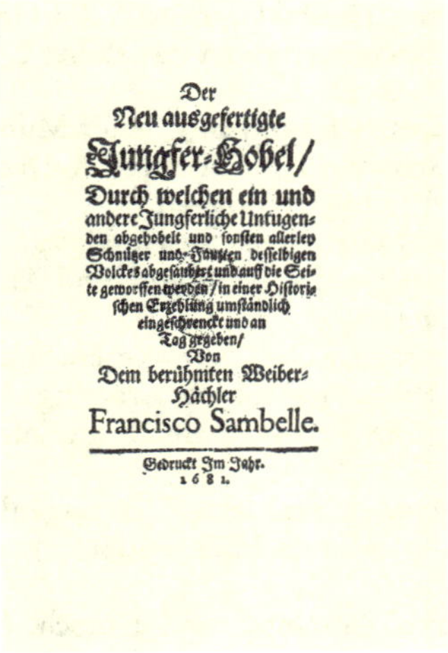
Der
Neu ausgefertigte
Jungfer-Hobel/
Durch welchen ein und
andere Jungferliche Untugen-
den abgehobelt und sonsten allerley
Schnitzer und [illegible] desselbigen
Volckes abgesaubert und auff die Sei-
te geworffen werden / in einer Histori-
schen Erzehlung umständlich
eingeschrencket und an
Tag gegeben/
Von
Dem berühmten Weiber-
Hächler
Francisco Sambelle.
Gedruckt Im Jahr.
1681.

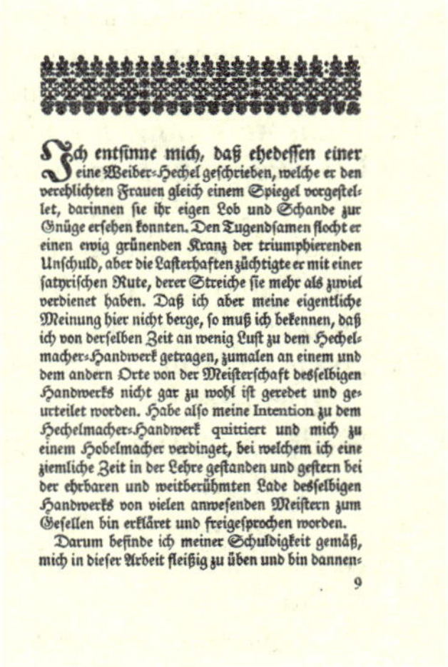
Ich entsinne mich, daß ehedessen einer eine Weiber-Hechel geschrieben, welche er den verehlichten Frauen gleich einem Spiegel vorgestellet, darinnen sie ihr eigen Lob und Schande zur Gnüge ersehen konnten. Den Tugendsamen flocht er einen ewig grünenden Kranz der triumphierenden Unschuld, aber die Lasterhaften züchtigte er mit einer satyrischen Rute, derer Streiche sie mehr als zuviel verdienet haben. Daß ich aber meine eigentliche Meinung hier nicht berge, so muß ich bekennen, daß ich von derselben Zeit an wenig Lust zu dem Hechelmacher-Handwerk getragen, zumalen an einem und dem andern Orte von der Meisterschaft desselbigen Handwerks nicht gar zu wohl ist geredet und geurteilet worden. Habe also meine Intention zu dem Hechelmacher-Handwerk quittiert und mich zu einem Hobelmacher verdinget, bei welchem ich eine ziemliche Zeit in der Lehre gestanden und gestern bei der ehrbaren und weitberühmten Lade desselbigen Handwerks von vielen anwesenden Meistern zum Gesellen bin erkläret und freigesprochen worden.

Darum befinde ich meiner Schuldigkeit gemäß, mich in dieser Arbeit fleißig zu üben und bin dannen-

9

IB 878 Historischer Titel und Textseite

878 *Johann Beer: Der neu ausgefertigte Jungfer-Hobel.* [Erzählung.] Textrevision und Nachwort: Eberhard Haufe. Mit Anmerkungen und Worterklärungen. 1968 (L): 1.–15. Tsd. – 1968 (F): 20. Tsd. – 1970 (L): 35. Tsd. – 3 Auflagen

879 [1A] *Alexander Pope: Der Lockenraub.* Ein komisches Heldengedicht. Mit 9 Zeichnungen von Aubrey Beardsley. Übertragung und Nachwort: Rudolf Alexander Schröder. [1.–10. Tsd. unter IB 99,2; 11.–30. Tsd. unter 1B.] – 1968 (F): 31.–36. [statt 34.–39.] Tsd.

– [1B] –. Nachwort: Walther Martin. 1968 (L): 11.–30. Tsd. – 2 Auflagen

880 [1A] *Pablo Picasso: Traum und Lüge Francos.* 20 Bildtafeln und Titelradierung des Graphikzyklus. Mit einem Gedicht von Picasso in der Übertragung von Max Hölzer. Nachwort: Diether Schmidt. [Querformat.] 1968 (L): 1.–37. Tsd.

880 [1B] –. Nachwort: Werner Spies. [Querformat.] 1968 (F): 38.–47. Tsd. [= 1.–10. Tsd. von 1B.] – 2 Auflagen

881 *Franz Tumler: Das Tal von Lausa und Duron.* [Erzählung.] Mit Nachschrift des Autors. 1966 (F): 1.–4. Tsd.

882 *Rahel Varnhagen: Lichtstreifen und Glutwege.* Aufzeichnungen. Mit einem gezeichneten Titelbild von Wilhelm Hensel. Auswahl, Anmerkungen, Nachwort und Vita: Rahel E. Steiner. 1968 (F): 1.–4. Tsd.

883 *François Villon: Baladn.* [Deutsch und] In Wiener Mundart. Übertragung: Hans Carl Artmann. Mit Erläuterungen. 1968 (F): 1.–4. Tsd. – 1969 (F): 7. Tsd. – 2 Auflagen

884 *[Hans Jacob Christoffel von] Grimmelshausen: Simplicianische Kalendergeschichten.* Auswahl, Nachwort und Anmerkungen: Hubert Gersch. 1966 (F): 1.–5. Tsd.

885 *Denis Diderot: Mystifikation oder Die Porträtgeschichte.* Mit 4 Tuschezeichnungen von Pablo Picasso. Übertragung: Heinz Riedt. Nachtrag: Herbert Dieckmann. Mit Anmerkungen. 1966 (F): 1.–5. Tsd.

886 *Die vier Zweige des Mabinogi.* Ein keltisches Sagenbuch. Übertragung und Einleitung: Martin Buber. 1966 (F): 1. bis 4. Tsd.

887 *Die Gedichte des Archipoeta.* Lateinisch und deutsch. Übertragung und Einleitung: Josef Eberle. Mit Anmerkungen. 1966 (F): 1.–5. Tsd.

888 *Fürstin Marie von Thurn und Taxis-Hohenlohe: Erinnerungen an Rainer Maria Rilke.* Deutsche Ausgabe besorgt von Georg H. Blokesch. 1966 (F): 1.–6. Tsd. – 1983 (F): 8. Tsd. – 2 Auflagen

889 *Bernard Shaw: Über die Frauen.* Aphorismen aus dem Werk. Übertragung: Siegfried Trebitsch. Auswahl: Karlheinz Braun. 1966 (F): 1.–7. Tsd.

890 *Ambrose Bierce: Aus dem Wörterbuch des Teufels.* Auswahl, Übertragung und Nachwort: Dieter E. Zimmer. 1966 (F): 1.–6. Tsd. – 1969 (F): 12. Tsd. – 2 Auflagen

891 *Irische Elfenmärchen.* Übertragung der Brüder Grimm. Mit Vorrede und Einleitung. 1966 (F): 1.–6. Tsd.

892 *Voltaire über den König von Preußen.* Memoiren. Mit Titelbild und 4 Tafeln. Übertragung, Anmerkungen, Bibliographie und Nachwort: Anneliese Botond. 1967 (F): 1.–5. Tsd. – 1981 (F): 11. [statt 8.] Tsd. – 3 Auflagen

893 *G.C.[Georg Christoph] Lichtenberg: Die Heirat nach der Mode.* (Sechs Blätter). Ausführliche Erklärung der Hogarthischen Kupferstiche. Mit 6 Kupfern von William Hogarth auf Falttafeln. 1967 (F): 1.–5. Tsd. – 1981 (F): 7. Tsd. – 2 Auflagen

894 *Arthur Rimbaud: Illuminationen.* [Prosagedichte.] Französisch und deutsch. Übertragung: Jeanne Mammen. 1967 (F): 1.–5. Tsd.

895 *Geschichten von Herrn B.* 99 Brecht-Anekdoten. Mit einer Titelzeichnung von Andrzej Stopka. Aufgeschrieben und mit einem Nachwort von André Müller und Gerd Semmer. 1966 (F): 1.–7. Tsd.

896 *Lewis Carroll: Alice im Wunderland.* Mit 37 Illustrationen des Autors. Übertragung: Christian Enzensberger. 1967 (F): 1.–7. Tsd. – 1970 (F): 11. Tsd. – 2 Auflagen

897 *Daisy und Angela Ashford: Liebe und Ehe.* [Die wahre Geschichte der Leslie Woodcock. Die Eifersucht der Gofernante oder Erfüllter Herzenswunsch.] Drei Geschichten. Mit 16 [davon 3 doppelseitigen] Illustrationen von Ralph Steadman. Übertragung: Hans Carl Artmann. Vorwort: Daisy Ashford. 1967 (F): 1.–5. Tsd.

898 *William Shakespeare: Einundzwanzig Sonette.* Englisch und deutsch. Übertragung: Paul Celan. 1967 (F): 1.–4. Tsd.

899 [1A] *[Friedensreich] Hundertwasser: Der Weg zu Dir.* 24 farbige Tafeln. Nachwort: Wieland Schmied. 1967 (F): 1.–8. Tsd. – 1971 (F): 20. Tsd.

– [1B] –. 23 farbige Tafeln [Tafel 20 von 1A weggelassen.] 1974 (F): 21.–37. [statt 35.] Tsd. – 3 Auflagen

900 *Thomas Mann: Deutsche Hörer!* Fünfundzwanzig [richtig: 55] Radiosendungen nach Deutschland. Mit einem Vorwort des Autors und der ›Ansprache an die Amerikaner deutscher Herkunft‹. Nachwort: Eike Middell. 1970 (L): 1.–20. Tsd. [Ein Teil der Auflage mit korrigiertem Untertitel ›Fünfundfünfzig Radiosendungen‹ und Erscheinungsjahr 1971.] – 1975 (L): 35. Tsd. [›Fünfundfünfzig Radiosendungen‹.] – 2 Auflagen

901 [1A] *Samuel Taylor Coleridge: The Rime of the Ancient Mariner / Der alte Seefahrer.* Eine Ballade. Englisch und deutsch. Mit 2 Holzstichen von Gustave Doré. Übertragung und Nachwort: Heinz Politzer. Mit einer Anmerkung. [1.–2. Tsd. nicht IB – IK 320.] – 1968 (F): 3.–7. Tsd.

901 [1B] –. Nachwort: Manfred Wojcik. 1968 (L): 8.–22. Tsd. [2. statt 1. Auflage.] – 2 Auflagen
902 [1A] *Ernest Hemingway: Die Sturmfluten des Frühlings.* Ein romantischer Roman zu Ehren des Verschwindens einer Großen Rasse. Übertragung: Annemarie Horschitz-Horst. Nachwort: Hans Petersen. 1969 (L): 1.–20. Tsd.
– [1B] –. Mit 13 Holzstichen von Hans-Joachim Walch. 1980 (L): 21.–40. Tsd. – 2 Auflagen
903 *[Johann Wolfgang von] Goethe: Gedichte.* Auswahl: Hans Klähn. 1969 (L): 1.–20. Tsd. – 1976 (L): 37. Tsd. – 2 Auflagen
904 *Martin Andersen Nexö: Die Küste der Kindheit.* [Der Todeskampf. Fränke. Jakobs wunderbare Reise.] Novellen und Skizzen. Übertragung: Hermann Kiy, Emilie Stein u. a. 1969 (L): 1.–10. Tsd.
905 *Die Bildwerke des Magdeburger Doms.* 48 Bildtafeln. Aufnahmen: Klaus G. Beyer. Auswahl und Nachwort: Hannelore Sachs. 1968 (L): 1.–30. Tsd. – 1977 (L): 50. Tsd. – 2 Auflagen
906 *Die lêre von der kocherie.* Von mittelalterlichem Kochen und Speisen. Originaltext und Übertragung in heutiges Deutsch. Mit einem zeitgenössischen Holzschnitt. Auswahl, Übertragung und Anmerkungen: Manfred Lemmer und Eva-Luise Schultz. Einführung: Manfred Lemmer. 1969 (L): 1.–16. Tsd. – 1980 (L): 36. Tsd. [Einführung bearbeitet.] – 2 Auflagen
907 [1A] *Bertolt Brecht: Von der Freundlichkeit der Welt.* Gedichte. Auswahl: Hubert Witt. 1971 (L): 1.–20. Tsd.
– [1B] –. Nachwort: Hubert Witt. Mit Schlußbemerkung ›Zur Auswahl‹. 1980 (L): 21.–30. Tsd. – 2 Auflagen
908 *Heinrich Böll: Wo warst du, Adam?* Roman. 1969 (L): 1. bis 25. Tsd.
909 *Die Flucht eines Gefangenen.* [Ecbasis cuiusdam captivi per tropologiam.] Ein mittelalterliches Tierepos. Übertragung und Nachwort: Winfried Trillitzsch. 1969 (L): 1.–10. Tsd.
910 *Die Bronzetür der Sophienkathedrale in Nowgorod.* 44 Bildtafeln. Geleitwort: Hans-Joachim Krause und Ernst Schubert. Mit einer Topographie der Bronzetür. 1968 (L): 1.–30. Tsd. – 1976 (L): 55. Tsd. – 2 Auflagen
911 *Alexander Serafimowitsch: Auf den Flößen.* [8] Erzählungen. Übertragung: Friedrich Schwarz. Mit einer Nachbemerkung. 1969 (L): 1.–10. Tsd.
912 *Minna Canth: Die Trödel-Lopo.* [Die Frau des Studienrats.]

Zwei Erzählungen. Übertragung aus dem Finnischen und Nachwort: Heinz Goldberg. 1969 (L): 1.–10. Tsd.

913 *Lajos Nagy: Der ägyptische Schreiber.* [8] Erzählungen. Übertragung und Nachbemerkung: Vera Thies. 1969 (L): 1.–10. Tsd.

914 *William Faulkner: Der Bär.* Erzählung. Übertragung: Hermann Stresau. Nachwort: Günter Gentsch. 1969 (L): 1. bis 20. Tsd.

915 *Deutsche romanische Bildteppiche aus den Domschätzen zu Halberstadt und Quedlinburg.* 36 farbige Tafeln. Aufnahmen: Heinrich L. Nickel und Wolfgang G. Schröter. Auswahl und Nachwort [mit 3 Zeichnungen]: Heinrich L. Nickel. 1970 (L): 1.–35. Tsd. – 1976 (L): 65. Tsd. – 2 Auflagen

916 *Leonid Leonow: Jewgenija Iwanowna.* Erzählung. Mit 26 Zeichnungen von Rolf Kuhrt. Übertragung: Hilde Angarowa. Mit Nachbemerkung. 1970 (L): 1.–10. Tsd.

917 *Ernst Barlach: Graphik.* 48 Lithographien und Holzschnitte. Auswahl und Geleitwort: Elmar Jansen. 1970 (L): 1.–30. Tsd. – 1974 (L): 60. Tsd. – 2 Auflagen

918 *Stephan Hermlin: Scardanelli.* Ein Hörspiel. Mit Anmerkungen des Verfassers. 1971 (L): 1.–10. Tsd.

919 *Heinrich Mann: Flaubert und George Sand.* Ein Essay. Nachwort: Manfred Hahn. 1971 (L): 1.–10. Tsd.

920 *Graphikspiegel.* Bildnerisches Volksschaffen der DDR. 100 [zum Teil mehrfarbige] Bildtafeln. Auswahl und Geleitwort: Gerhard Pommeranz-Liedtke. 1969 (L): 1.–20. Tsd.

921 *[Johann Wolfgang von] Goethe: Der Mann von funfzig Jahren.* [Erzählung.] Mit 9 Holzstichen von Hans-Joachim Walch. Textrevision und Nachwort: Regine Otto. 1971 (L): 1.–15. Tsd.

922 *[Friedrich] Schiller: Kabale und Liebe.* Ein bürgerliches Trauerspiel. Mit den 12 Kupferstichen von Daniel Chodowiecki. Nachwort: Siegfried Seidel. 1971 (L): 1.–10. Tsd.

923 *Heinrich Böll: ... und sagte kein einziges Wort.* Roman. Nachbemerkung: Dieter Tauchmann. 1970 (L): 1.–20. Tsd.

924 *Alexander S. Gribojedow: Verstand schafft Leiden.* Komödie. Übertragung: Arthur Luther. Nachwort: Gerhard Dudek. 1970 (L): 1.–10. Tsd.

925 *Der Bildhauer Andreas Schlüter.* 48 Bildtafeln. Auswahl und Geleitwort: Edith Fründt. 1969 (L): 1.–20. Tsd.

in die Rede. Eilig war jeder im Sprechen und Handeln, Kommen und Gehen, denn es blieb immer die Gefahr, ein plötzliches Tauwetter möchte den ganzen schönen Kreis glücklichen Wechselwirkens zerstören, die Wirte bedrohen und die Gäste vom Hause abschneiden.
War man den Tag in so rascher Bewegung und dem lebhaftesten Interesse beschäftigt, so verlieh der Abend auf ganz andere Weise die angenehmsten Stunden; denn das hat die Eislust vor allen andern körperlichen Bewegungen voraus, daß die Anstrengung nicht erhitzt und die Dauer nicht ermüdet. Sämtliche Glieder scheinen gelenker zu werden und jedes Verwenden der Kraft neue Kräfte zu erzeugen, so daß zuletzt eine selig bewegte Ruhe über uns kommt, in der wir uns zu wiegen immerfort gelockt sind.
Heute nun konnte sich unser junges Paar von dem glatten Boden nicht loslösen; jeder Lauf gegen das erleuchtete Schloß, wo sich schon viele Gesellschaft versammelte, ward plötzlich umgewendet und eine Rückkehr ins Weite beliebt; man mochte sich nicht voneinander entfernen aus Furcht, sich zu verlieren, man faßte sich bei der Hand, um der Gegenwart ganz gewiß zu sein. Am allersüßesten aber schien die Bewegung, wenn über den Schultern die Arme verschränkt ruhten und die zierlichen Finger unbewußt in beiderseitigen Locken spielten.
Der volle Mond stieg zu dem glühenden Sternenhimmel herauf und vollendete das Magische der Umgebung. Sie sahen sich wieder deutlich und suchten wechselseitig in den beschatteten Augen Erwiderung wie sonst, aber es schien anders zu sein. Aus ihren Abgründen schien

70

ein Licht hervorzublicken und anzudeuten, was der Mund weislich verschwieg, sie fühlten sich beide in einem festlich-behäglichen Zustande.
Alle hochstämmigen Weiden und Erlen an den Gräben, alles niedrige Gebüsch auf Höhen und Hügeln war deutlich geworden; die Sterne flammten, die Kälte war gewachsen, sie fühlten nichts davon und fuhren dem lang daherglitzernden Widerschein des Mondes, unmittelbar

71

IB 921 Doppelseite mit Illustration

926 *Jack London: Das Haus des Stolzes.* [Der Enkel des Meuterers McCoy. Eine kleine Abrechnung mit Swithin Hall. Koolau der Aussätzige.] Südseegeschichten. Mit 9 Holzstichen von Peter Pfefferkorn. Übertragung: Elfriede Mund. Nachwort: Günter Gentsch. 1971 (L): 1.–20. Tsd.

927 *Thomas Wolfe: Hinter jenen Bergen.* Erzählung. Übertragung: Susanne Rademacher. Nachwort: Eberhard Brüning. Mit Worterklärungen. 1971 (L): 1.–20. Tsd.

928 *Kristijonas Donelaitis: Die Jahreszeiten.* Ein litauisches Epos. Mit einer Porträtbüste des Autors als Frontispiz. Nachdichtung und Geleitwort: Hermann Buddensieg. Mit Worterklärungen. 1970 (L): 1.–10. Tsd.

929 *Ion Luca Caragiale: Thema mit Variationen.* Prosaskizzen. Übertragung und Nachwort: Klaus Bochmann. Mit Anmerkungen. 1970 (L): 1.–10. Tsd.

930 [IA] *Kinderzeichnungen zu Brecht.* 34 [zum Teil mehrfarbige] Tafeln und die Texte. Auswahl und Schlußbemerkung: Sina Witt. Nachwort: Werner Hecht. Mit der Wiedergabe eines Briefes von Helene Weigel. [Querformat.] 1970 (L): 1. bis 30. Tsd. – 1970 (F): 38. Tsd.

930 [1B] –. Eine Tafel (S. 17) ausgetauscht. [Querformat.] 1972 (L+F): 39.–76. Tsd. – 3 Auflagen

931 *Johannes R. Becher: Die Korrektur.* Erzählende Prosa. Auswahl: Ilse Siebert und Ingeborg Ortloff. Nachwort: Ilse Siebert. Mit Quellenhinweisen. 1971 (L): 1.–10. Tsd.

932 *Jules Supervielle: Gedichte.* Übertragung: Paul Celan. 1968 (F): 1.–4. Tsd.

933 *[Jonathan Swift:] Des Herrn Dr. Jonathan Swifts wo nicht unverbesserliche so doch wohlgemeynte Anweisungen für alle Arten unerfahrner Dienstboten aus vieljähriger sorgfältiger Aufmerksamkeit und Erfahrung zusammengetragen.* Nach der Übertragung von Johann Joachim Schwabe [?] (1748). Mit einer Nachbemerkung. 1968 (F): 1.–5. Tsd.

934 *Lewis Carroll: The Hunting of the Snark. An Agony in Eight Fits. / Die Jagd nach dem Schnark. Agonie in acht Krämpfen.* Englisch und deutsch. Mit den 11 Illustrationen der Originalausgabe von Henry Holiday und einer ›Meereskarte‹. Übertragung und Nachwort: Klaus Reichert. 1968 (F): 1.–5. Tsd.

935 *[Rudrabhatta:] Zeichen der Liebe.* Wie man lieben und die Liebe dichten soll. Ein indisches Lehrbuch für Liebende und Dichter. Übertragung aus dem Sanskrit-Original: Heinrich Zimmer; durchgesehen von Stefan Zimmer. Anmerkungen und Geleitwort: Heinrich Zimmer. Mit einer Vita des Übersetzers. 1975 (F): 1.–3. Tsd. – 1981 (F): 7. Tsd. – 3 Auflagen

936 *G. C. [Georg Christoph] Lichtenberg: Der Weg des Liederlichen.* The Rake's Progress. (Acht Blätter). Ausführliche Erklärung der Hogarthischen Kupferstiche. Mit 8 Kupfern von William Hogarth auf Falttafeln. 1968 (F): 1.–5. Tsd.

937 *Bohumil Hrabals Lesebuch.* [K. J. Erben: Träume. Jan Neruda: Aus dem Pfandhaus. Jakub Deml: Das vergessene Licht. Ignat Herrmann: Die Parze. Ladislav Klíma: Ein wirkliches Ereignis, das sich in Postmortalien zutrug. Vladimír Holan: Man fischte den Teich ab. Richard Weiner: Gleichgewicht. Jaroslav Hašek: Einige Rapporte des Staatsdetektivs Jandák (Kennz. ›Třebízský‹). Die Gemeindewahlen.] Mit einer Einleitung von Bohumil Hrabal. Übertragung: Věra Černá, Olga von Haller, Anton Hamm, Franz Peter Künzel, Konrad Balder Schäuffelen und Marianne Swoboda. Einband und Frontispiz aus einer farbigen Collage von Jiří Kolář. 1969 (F): 1.–5. Tsd.

938 *Literarische Nasen.* Gesammelt von Michael Schulte. [Bei-

träge von Johann Caspar Lavater, Johann Gottfried Seume, Ernst Moritz Arndt, Karl Julius Weber, Heinrich Daniel Zschokke, Hans Sachs, Francisco de Quevedo y Villegas, Hans Assmann von Abschatz, Friedrich Haug, Wilhelm Busch, Edward Lear, Christian Morgenstern, François Rabelais, Lawrence Sterne, Brüder Grimm, Nikolai Gogol.] Mit einem Frontispiz und 11 Textillustrationen. Mit Quellenhinweisen. 1969 (F): 1.–5. Tsd.

939 *Dichter über Hölderlin.* [20 Beiträge.] Mit 2 Porträts Hölderlins auf Tafeln. Auswahl, Nachwort und Bemerkung zur Textgestaltung: Jochen Schmidt. 1969 (F): 1.–5. Tsd.

940 *Daisy Ashford: Wo Lieb am tiefsten liegt.* Mit 17 Zeichnungen [davon 7 doppelseitigen] von Ralph Steadman. Übertragung: Hans Carl Artmann. 1969 (F): 1.–4. Tsd.

941 *Der Abbé de Choisy in Frauenkleidern.* Memoiren. Übertragung: Julia Kirchner. Nachwort: Georges Mongrédien. 1969 (F): 1.–5. Tsd.

942 *G. C. [Georg Christoph] Lichtenberg: Der Weg der Buhlerin.* The Harlot's Progress. (Sechs Blätter). Ausführliche Erklärung der Hogarthischen Kupferstiche. Mit 6 Kupfern von William Hogarth auf Falttafeln. 1969 (F): 1.–4. Tsd.

943 *Jules Laforgue: Berlin. Der Hof und die Stadt 1887.* Mit 16 Abbildungen zeitgenössischer Bilder und Fotos auf Tafeln. Übertragung und Nachwort: Anneliese Botond. Mit bibliographischen Hinweisen. 1970 (F): 1.–4. Tsd. – 1981 (F): 11. Tsd. [3. statt 2. Auflage.] – 3 Auflagen

944 *Edward Lear: Die Jumblies.* Mit 20 Zeichnungen, Vorsatz und Einband von Edward Gorey. Übertragung: Barbara Frischmuth. [Querformat.] 1970 (F): 1.–4. Tsd.

945 *Das große Nürnberg'sche ABC für Kinder in* [25 kolorierten] *saubern Kupfern sinnlich dargestellt.* Reprint nach dem Exemplar der Sammlung Walter Benjamin. Nachwort: Walter Benjamin. 1970 (F): 1.–5. Tsd.

946 *Aristophanes: Die Vögel.* Bühnenfassung. Übertragung, Bearbeitung und Nachwort: Wolfgang Schadewaldt. 1970 (F): 1.–4. Tsd.

947 *[Taschenspieler-Kunst.] Vollkommene Anweisung, die Taschenspieler-Kunst auf die leichteste Art zu erlernen.* Bestehend in Exempeln wie jede Kunstgriffe zu machen sind. 1768. Mit vielen [25] Figuren [und 4 zeitgenössischen Kopf-

bzw. Schlußvignetten]. Herausgegeben und mit einem Nachwort von Alexander Adrion. 1970 (F): 1.–4. Tsd.

948 *Von der Gestalt Natur / Krafft und Würckung der vierfüssigen Thiere Vögel und in Wasser lebenden Fische und Gewürme wie dieselbige zur Artzney und anderwegen sollen gebraucht werden* ... Auszug aus der ›Vollständigen Hauß- und Landbibliothec Andreas Glorez von Mährn. Regenspurg zu Statt am Hof Anno MDCCII‹. Mit 31 Kupfern. 1971 (F): 1.–4. Tsd.

949 *Gershom Scholem: Die Geheimnisse der Schöpfung.* Ein Kapitel aus dem kabbalistischen Buche Sohar. Übertragung und Einleitung: Gershom Scholem. 1971 (F): 1.–3. Tsd. – 1979 (F): 4. Tsd. – 2 Auflagen

950 *Jost Amman: Das Frauentrachtenbuch.* 122 Holzschnitte. Verkleinerter Faksimiledruck der 1586 in Frankfurt am Main durch Sigmund Feyrabend verlegten deutschen Erstausgabe. Nachwort: Manfred Lemmer. Mit Erläuterungen, Wörterverzeichnis und Register. 1972 (L): 1.–20. Tsd.

951 *Henry Becque: Die Pariserin.* Komödie in drei Akten. Übertragung: Karin Rohde. Nachwort: Rita Schober. 1970 (L): 1. bis 10. Tsd.

952 *Wieland Herzfelde: Blau und Rot.* Gedichte. Auswahl vom Autor. Nachwort: Stephan Hermlin. Mit Anmerkungen. 1971 (L): 1.–10. Tsd. – 1986 (L): 25. Tsd. – 2 Auflagen

953 *Horst Sagert: Bühnenbilder und Figurinen zu Jewgeni Schwarz' ›Der Drache‹.* 21 [Abbildungen auf 32] Farbtafeln. Aufnahmen: Wolfgang G. Schröter. Nachwort: Lothar Lang. 1971 (L): 1.–33. Tsd.

954 *Georg Weerth: Humoristische Skizzen aus dem deutschen Handelsleben.* Mit 14 Holzstichen von Heiner Vogel. Nachwort: Bruno Kaiser. 1972 (L): 1.–20. Tsd. – 1979 (L): 30. Tsd. – 2 Auflagen

955 *Griechische Münzen der klassischen Zeit.* 48 Bildtafeln. Aufnahmen: Wolfgang G. Schröter. Auswahl, Nachwort und Münzverzeichnis: Sabine Schultz. 1972 (L): 1.–30. Tsd. – Siehe auch IB 559

956 *Sofroni von Wraza: Leben und Leiden des sündigen Sofroni.* Mit 20 Holzschnitten von Iwan Koshucharow. Übertragung und Nachwort: Norbert Randow. Mit Worterklärungen. 1972 (L): 1.–10. Tsd. – 1979 (L): 25. Tsd. – 2 Auflagen

957 *Pablo Neruda: España en el corazón. Himno a las glorias del*

einen Streit mit Gentsch Agha und Hamamdschi-oghlu habe, die er aus Widin vertrieben hätte. Sie hätten allerlei Truppen aus Arnauten und Türken zusammengebracht, um sich mit ihm zu schlagen. Aber da sie wegen der Heeresmacht Pasvant-oghlus nicht in den Widiner Bezirk einzudringen vermöchten, lägen sie in den Dörfern um Wraza.

Wie sollten wir da nach Wraza kommen? Ich blieb drei Tage lang in Plewen, brach am vierten Tage aber doch auf, um nach Wraza zu gelangen. Voraus schickte ich Bauern, die, wenn Truppen in den Dörfern wären, uns entgegeneilen und es mir berichten sollten, damit wir wieder nach Plewen zurückkehren könnten. So kamen wir bis zu dem Dorf Koinare, das auf halbem Wege nach Wraza liegt. Um Mitternacht aber kamen die Bauern und berichteten, daß in das Dorf Breniza gegen vierhundert Panduren Pasvant-oghlus gekommen seien. Dieses Dorf liegt nur eine Wegstunde von Koi-

36

nare entfernt. Da wir nicht wußten, was der Name ›Panduren‹ bedeutet, erfaßte uns Furcht, und wir wußten nicht, wohin wir uns wenden sollten. Ich schickte Leute aus, die mir Begleiter zu meinem Schutz suchen sollten; aber aus Furcht und weil es so kalt war, wollte niemand gehen. Es wurde Mittag. Die Leute kamen nicht, und ich fürchtete, daß die Panduren uns überfallen und ausplündern könnten. Schließlich fanden wir mit Müh und Not einen Türken. Da verließen wir das Dorf; als wir uns Wraza näherten, sahen wir viele Truppen uns aus der Stadt entgegenkommen. Wir wußten jedoch nicht, was das für ein Heer war. Wieviel Furcht standen wir noch aus, bis wir merkten, daß es Einwohner aus Wraza waren! Sie zogen aus, um die Truppen zu verfolgen, von denen die Dörfer im Umkreis von Wraza verwüstet und geplündert worden waren.

Endlich langte ich in meinem Bischofssitz an. Aber er

37

IB 956 Doppelseite mit Illustrationen

pueblo en guerra 1936–1937 / Spanien im Herzen. Hymne auf den Ruhm des Volkes im Kriege 1936–1937. [Spanisch und deutsch.] Mit einer Radierung von Pablo Picasso. Übertragung: Erich Arendt und Stephan Hermlin. Nachwort: Carlos Rincón. 1972 (L): 1.–10. Tsd. – 1974 (L): 20. Tsd. – 2 Auflagen

958 *Alexander Iwanowitsch Kuprin: Smaragd.* [›Gambrinus‹. Olesja.] Drei Erzählungen. Übertragung: Hermann Asemissen. Nachwort: Erhard Hexelschneider. 1972 (L): 1.–10. Tsd.

959 *Erich Weinert: Das Lied von der roten Fahne.* Ausgewählte Gedichte. Auswahl: Hans Klähn. 1976 (L): 1.–10. Tsd.

960 *Albrecht Dürer: Kupferstiche.* 48 Bildtafeln. Auswahl und Nachwort: Werner Timm. 1971 (L+F): 1.–36. Tsd. – 1983 (L): 61. Tsd. – 2 Auflagen

961 [1] *Aischylos: Orestie.* [Eine Trilogie.] Übertragung, Nachwort und Anmerkungen: Dietrich Ebener. Mit einem Namenverzeichnis. 1971 (L): 1.–10. Tsd.

– [2] *Wladimir W. Majakowskij: Die Wirbelsäulenflöte (1915).* Russische Urfassung und deutsch. Mit einem Auszug aus Majakowskijs Autobiographie und mit Texten von Lilja Brik und Ossip Brik. 13 Abbildungen und 2 Faksimiles auf 16 Tafeln sowie 3 Abbildungen im Text. Übertragung: Karl Dedecius (Neuübersetzung), Hugo Huppert, Alfred Edgar Thoss (frühere Übersetzungen). Nachwort: Karl Dedecius. Mit Anmerkungen. 1971 (F): 1.–5. Tsd.

962 *Aristophanes: Die Frösche.* Bühnenfassung. Übertragung, Bearbeitung und Nachwort: Wolfgang Schadewaldt. Mit einem Anhang. 1971 (F): 1.–4. Tsd.

963 *Ödön von Horváth: Sportmärchen.* Mit 12 Abbildungen nach zeitgenössischen Fotos auf Tafeln. Nachwort: Traugott Krischke. Mit bibliographischen Anmerkungen. 1972 (F): 1.–5. Tsd.

964 *Szymon Kobyliński: Entschuldigen's.* Gezeichnete Aphorismen. 47 Zeichnungen. Deutsche Fassung vom Autor. Nachwort: Stanisław Lem. 1972 (F): 1.–5. Tsd.

965 *Torquato Tasso: Die Einkehr.* Übertragung und Einleitung: Emil Staiger. Mit Anmerkungen, Bibliographie und einer Zeittafel. 1972 (F): 1.–4. Tsd.

966 *Enno Littmann: Vom morgenländischen Floh.* Dichtung und Wahrheit über den Floh bei Hebräern, Syriern, Arabern, Abessiniern und Türken. Mit Titelradierung, 11 Radierungen und einer radierten Vignette von Marcus Behmer. Auswahl und Erläuterung: Enno Littmann. [Reprint der 1925 im Insel-Verlag erschienenen Ausgabe; vgl. IK 1037.] 1972 (F): 1.–4. Tsd.

967 *Aristophanes: Lysistrata.* Bühnenfassung. Übertragung, Bearbeitung und Nachbemerkung: Wolfgang Schadewaldt. 1972 (F): 1.–4. Tsd. – 1984 (F): 5. Tsd. – 2 Auflagen

968 *Dichter über Büchner.* [20 Beiträge.] Auswahl, Nachwort und Bemerkung zur Textgestaltung: Werner Schlick. 1973 (F): 1.–3. Tsd.

969 *Leben und Sterben der Kindsmörderin Susanna Margaretha Brandt.* Nach den Prozeßakten der Kaiserlichen Freien Reichsstadt Frankfurt am Main, den sogenannten Criminalia 1771, dargestellt von Siegfried Birkner. Mit Abbildungen zeitgenössischer Darstellungen auf 12 Tafeln. Einführung, Erläuterungen, Literatur- und Bildnachweis: Siegfried Birkner. 1973 (F): 1.–4. Tsd.

970 *Lucas Cranach der Ältere: Zeichnungen.* 31 farbige Tafeln. Auswahl und Nachwort: Werner Schade. 1972 (L+F): 1. bis 79. Tsd. – 1983 (L): 129. Tsd. – 3 Auflagen

971 *Theophrast: Charaktere.* Übertragung, Nachwort und An-

merkungen: Dietrich Ebener. 1972 (L): 1.–15. Tsd. – 1978 (L): 35. Tsd. – 2 Auflagen

972 *William Shakespeare: König Lear.* Eine Tragödie. Mit dem reproduzierten Titelblatt der ersten Quartausgabe 1608. Übertragung: Georg Herwegh. Nachwort: Robert Weimann. Anmerkungen: Walther Martin. 1972 (L): 1.–15. Tsd.

HEINRICH HEINE
DEUTSCHLAND
Ein Wintermärchen
Mit dreizehn Holzstichen
von
Gerhard Kurt Müller
1972
Insel-Verlag · Leipzig

IB 973 Doppeltitel

973 *Heinrich Heine: Deutschland.* Ein Wintermärchen. Mit dem Vorwort des Verfassers. Mit 13 Holzstichen von Gerhard Kurt Müller. Mit Namen- und Worterklärungen. 1972 (L): 1. bis 10. Tsd. – 1973 (L): 30. Tsd. – 2 Auflagen

974 *Luigi Pirandello: Das schwarze Umschlagtuch.* [8] Novellen. Übertragung: Ruth Macchi. Nachwort: Klaus Bochmann. 1973 (L): 1.–20. Tsd.

975 *Anatoli Lwowitsch Kaplan: Farbige Keramik.* 32 Tafeln. Auswahl und Aufnahmen: Lothar Reher. Geleitwort: Lothar Bolz. 1973 (L): 1.–20. Tsd.

976 *Stefan Zweig: Schachnovelle und andere.* [Die Mondscheingasse. Untergang eines Herzens. Die unsichtbare Sammlung.] Nachwort: Manfred Wolter. 1973 (L): 1.–20. Tsd.

977 *Jack London: Tochter des Nordlichts.* [Die Liebe zum Leben. Eine Odyssee des Nordens. Feuer im Schnee. Es lebe der Mann auf Fahrt! Das Gesetz des Lebens. Der Herrscher über den Zauber.] Erzählungen aus dem amerikanischen Norden. Mit 14 Holzstichen von Peter Pfefferkorn. Übertragung: Elfriede Mund. Mit Anmerkungen. 1973 (L): 1.–20. Tsd.

978 *Ferdinand Freiligrath: Gedichte.* Mit einem Briefzitat des Verfassers. Auswahl und Nachwort: Manfred Häckel. 1973 (L): 1.–10. Tsd.

979 *Johannes Wüsten: Kupferstiche.* 32 Tafeln. Auswahl und Nachwort: Beate Jahn-Zechendorff. 1973 (L): 1.–20. Tsd.

980 *Griechische Vasen des 7. bis 4. Jahrhunderts.* 32 farbige Tafeln. Aufnahmen: Klaus Nitsche. Auswahl und Nachwort: Konrad Zimmermann. 1973 (L+F): 1.–30. Tsd. – 1978 (L): 55. Tsd. – 2 Auflagen

981 *Heinrich Vogeler: Dir.* Gedichte. Mit Vortitel, Titel, Rahmen und Vignetten von Heinrich Vogeler. [Reprint der 1899 im Insel-Verlag erschienenen Ausgabe – IK 1842.] Nachwort: Heinrich Wiegand Petzet. 1973 (F): 1.–5. Tsd. – 1984 (F): 29. Tsd. – 8 Auflagen – Siehe auch IB 1072

982 [1] *Andrei Platonow: Juligewitter.* Acht Erzählungen. Übertragung: Larissa Robiné. Auswahl und Nachwort: Gerhard Schaumann. 1974 (L): 1.–15. Tsd.

– [2] *Felix Timmermans: Minneke Pus oder Die schönen Tage im Kempenland.* Mit 54 Vignetten des Verfassers. Übertragung: Karl Jacobs. 1978 (F): 1.–4. Tsd.

983 *Theodore Dreiser: St. Kolumban und der Fluß.* [Phantom Gold. Nigger Jeff. Kommen Sie?] Erzählungen. Übertragung: Margarete Berg. Nachwort: Jutta Friedrich. 1973 (L): 1. bis 20. Tsd.

984 [1] *John Gay: Die Bettleroper.* Mit 12 Zeichnungen von Hans Brosch. Übertragung: Hans Magnus Enzensberger. Mit einem dokumentarischen Anhang, zusammengestellt und übersetzt von Klaus Reichert. Nachwort: Karl Heinz Berger. 1973 (L): 1.–10. Tsd.

– [2] *Kleist in der Dichtung.* [45 Beiträge.] Auswahl und Nachwort: Helmut Sembdner. Mit Quellenhinweisen. 1977 (F): 1.–2. Tsd. – 1985 (F): 3. Tsd. [Als Frontispiz ein Bildnis Kleists von Max Slevogt.] – 2 Auflagen

985 *Griechische Terrakotten.* 32 farbige Tafeln. Aufnahmen:

Wolfgang G. Schröter. Auswahl und Nachwort: Eberhard Paul. 1974 (L): 1.–30. Tsd. – 1987 (L): 55. Tsd. [In Vorbereitung.] – 2 Auflagen

986 [1] *Erich Arendt: Feuerhalm.* Gedichte. 1973 (L): 1.–8. Tsd.

– [2] *Philipp Otto Runge: Scherenschnitte.* 52 Abbildungen auf 49 Tafeln. Mit einer Vorbemerkung von Daniel Runge. Auswahl und Nachwort: Werner Hofmann. 1977 (F): 1.–8. Tsd. – 1983 (F): 13. Tsd. – 3 Auflagen

987 *E. T. A. [Ernst Theodor Amadeus] Hoffmann: Der goldne Topf.* Ein Märchen aus der neuen Zeit. Mit 38 Federzeichnungen von Ernst Lewinger. Nachwort: Uta Kühn. 1974 (L): 1. bis 15. Tsd.

988 [1] *Bret Harte: Wan Li, der Heide und [8] andere Erzählungen.* Übertragung: Paul Baudisch und Ernst Schoen. Nachwort: Hans Petersen. 1974 (L): 1.–20. Tsd.

– [2] *Franz Graf Pocci: Viola Tricolor.* In [8 farbigen] Bildern und Versen. Mit Schmucktitel, einer Vignette sowie einer Vorrede Poccis (1873). Nachwort: Dietrich Leube. 1977 (F): 1.–5. Tsd.

989 [1] *Franz Fühmann: König Ödipus.* Eine Idylle. 1974 (L): 1.–15. Tsd.

– [2] *Madame Leprince de Beaumont: Die Schöne und das Tier.* Ein Märchen. Schmucktitel und Illustrationen von Richard Doyle. Übertragung und Nachwort: Maria Dessauer. 1977 (F): 1.–4. Tsd. – 1985 (F): 13. Tsd. – 4 Auflagen

990 [1] *Meisterwerke der Amarnakunst.* 40 [zum Teil farbige] Bildtafeln. Auswahl, Geleitwort und Bilderläuterungen: Steffen Wenig. 1974 (L): 1.–30. Tsd. – 1977 (L): 60. Tsd. – 2 Auflagen

– [2] *Die Ammenuhr.* Aus des Knaben Wunderhorn. In Holz geschnitten nach Zeichnungen von Ludwig Richter und [8] anderen Künstlern. Mit 10 farbigen Tafeln. [Reprint der Originalausgabe von 1843.] Nachwort: Horst Kunze. 1976 (F): 1.–6. Tsd. – Siehe auch IB 60 und 439

991 [1] *[Friedrich] Schiller: Die Verschwörung des Fiesko zu Genua.* Ein republikanisches Trauerspiel. Mit einer Vorrede des Dichters und mit Schlußvarianten. Mit 8 Kupferstichen von Johann Heinrich Ramberg. Nachwort: Ursula Wertheim. 1974 (L): 1.–15. Tsd.

– [2] *Die Bahn und der rechte Weg des Lao-Tse.* Der chinesi-

IB 989,2 Titel

schen Urschrift nachgedacht von Alexander Ular. Mit einer chinesischen Steinabreibung als Titelbild. Nachwort: Alexander Ular. 1976 (F): 1.–3. Tsd. – 1982 (F): 9. Tsd. – 4 Auflagen – Frühere Auflagen unter IB 253,2 A

992 [1] *[Jorinde und Joringel.] Acht Märchen der Brüder Grimm.* Mit 8 farbigen Bildern [und einem farbigen Titelbild] von Heinrich Vogeler. 1976 (F): 1.–6. Tsd. – 1984 (F): 29. Tsd. – 1986 (F): 34. Tsd. – 7 Auflagen

– [2] *Bertolt Brecht: Der Städtebauer.* Geschichten und Anekdoten 1919–1956. Auswahl und Nachwort-Dialog: Hubert Witt. 1978 (L): 1.–20. Tsd.

993 *Peter Hacks: Der Schuhu und die fliegende Prinzessin.* 1973 (F): 1.–3. Tsd.

994 [1] *Jacques Stéphen Alexis: Der Tanz der Goldenen Blume.* [8 Erzählungen.] Übertragung: Ewald Czapski. Nachwort: Eberhard Wesemann. Mit Worterklärungen. 1974 (L): 1. bis 20. Tsd.

– [2] *Clemens Brentano / Philipp Otto Runge: Briefwechsel.* Mit 15 Abbildungen auf Tafeln. Herausgegeben mit Anmerkungen und Nachwort: Konrad Feilchenfeldt. Mit Literaturverweisen. 1974 (F): 1.–3. Tsd. – 1979 (F): 4. Tsd. – 2 Auflagen

995 [1] *Francesco Petrarca: Sonette und Kanzonen.* Italienisch und deutsch. Übertragung: Bettina Jacobson. Auswahl, Nachwort und Anmerkungen: Horst Heintze. 1974 (L): 1.–10. Tsd.

– [2] *Maxim Gorki / Stefan Zweig: Briefwechsel.* Mit einem Anhang. Übertragung: Irmgard Neugebauer (aus dem Russischen), Helga Hasselbach (aus dem Französischen). Zusammenstellung und Einleitung: Kurt Böttcher. Mit Anmerkungen. 1974 (F): 1.–3. Tsd.

996 [1] *Johannes Bobrowski: Gedichte 1952–1965.* Eine Auswahl in chronologischer Folge. Auswahl und Nachwort: Eberhard Haufe. Mit Namen- und Worterklärungen. 1974 (L): 1. bis 10. Tsd.

– [2] *Hugo von Hofmannsthal: Der Kaiser und die Hexe.* Mit Zeichnungen [mehrfarbiger Doppeltitel und Vorsatz sowie 2 Initialen] von Heinrich Vogeler. Textdruck in Rot und Schwarz. [Reprint der 1900 im Insel-Verlag erschienenen Ausgabe – IK 765.] Nachwort: Rudolf Hirsch. 1974 (F): 1.–6. Tsd. – 1978 (F): 13. Tsd. – 1987 (F) [In Vorbereitung.] – 5 Auflagen

997 *Hugo Huppert: Quadrat im Rückspiegel.* Gedichte aus vierzig Jahren. 1974 (L): 1.–10. Tsd.

998 [1] *Henry Fielding: Das Tagebuch einer Reise nach Lissabon.* Mit einer Vorrede ›An den Leser‹, einem Vorwort und einer Einleitung des Verfassers. Mit 18 Vignetten von Horst Hussel. Übertragung und Worterklärungen: Erika Gröger. Nachwort: Karl Heinz Berger. 1974 (L): 1.–10. Tsd. – 1982 (L): 25. Tsd. – 2 Auflagen

– [2] *Das Kopfkissenbuch der Dame Sei Shonagon.* Mit 52 Vignetten [27 Motive] aus einer alten japanischen Gedichtsammlung. Freie Auswahl und Anordnung nach dem japanischen Original (um das Jahr 1000) sowie Nachwort: Helmut Bode. Nachbemerkung zu den Vignetten: Irmtraut Schaarschmidt-Richter. Mit Literaturnachweis. 1975 (F): 1.–4. Tsd. – 1983 (F): 10. Tsd. – 1986 (F): 14. Tsd. – 6 Auflagen

999 [1] *James Baldwin: Sonnys Blues.* [Die unveräußerlichen Rechte. Heute morgen, heute abend, so bald. Rückkehr aus der Wüste. Des Menschen nackte Haut.] Erzählungen. Übertragung: Gisela Stege. Nachwort: Günter Gentsch. 1974 (L): 1.–15. Tsd.

999 [2] *Hermann Hesse: Stunden im Garten. Der lahme Knabe.* Zwei Idyllen. Mit [47] Zeichnungen, [2] Aquarellen und Nachwort von Gunter Böhmer. Mit Reproduktion eines handschriftlichen Widmungsgedichtes von Hesse. [Querformat.] 1976 (F): 1.–10. Tsd. – 1984 (F): 23. Tsd. – 4 Auflagen

1000 [1] *Ich will wirken in dieser Zeit.* Druckgraphik in der DDR. 80 [zum Teil mehrfarbige] Bildtafeln. Auswahl und Nachwort: Volker Frank. 1974 (L): 1.–20. Tsd.

– [2] *›Das Tagebuch‹ Goethes und Rilkes ›Sieben Gedichte‹* erläutert von Siegfried Unseld. Mit einem Foto und 3 Faksimiles auf 9 Tafeln. Vorbemerkung ›Aus Anlaß des Bandes 1000 der Insel-Bücherei‹ sowie Anmerkungen: Siegfried Unseld. 1978 (F): 1.–24. Tsd. – 1978 (F): 46. Tsd. – 3 Auflagen

1001 [1] *Iwan Turgenjew: Asja.* [Erste Liebe. Faust.] Drei Erzählungen. Übertragung: Werner Creutziger und Herbert Wotte. 1975 (L): 1.–20. Tsd.

– [2] *Rainer Maria Rilke: Die Dame mit dem Einhorn.* Mit 12 Abbildungen der Teppiche ›La Dame à la Licorne‹. Nachwort: Egon Olessak. 1978 (F): 1.–6. Tsd. – 1985 (F): 15. Tsd. – 4 Auflagen

1002 *Henrik Ibsen: Die Wildente.* Schauspiel in fünf Akten. Übertragung: Bernhard Schulze. 1975 (L): 1.–10. Tsd.

1003 [1] *Alberto Moravia: Römisches Journal.* [17] Erzählungen. Übertragung: Percy Eckstein, Katarina Helmling und Wendla Lipsius. 1975 (L): 1.–20. Tsd.

– [2] *Vergil: Bucolica.* Hirtengedichte. Lateinisch und deutsch. Mit [38] Holzschnitten von Aristide Maillol. Übertragung: Rudolf Alexander Schröder. 1978 (F): 1.–5. Tsd.

1004 [1] *Carson McCullers' Novelle ›Die Ballade vom traurigen Café‹ für die Bühne bearbeitet von Edward Albee.* Übertragung: Pinkas Braun. Nachwort: Klaus Köhler. 1975 (L): 1.–10. Tsd.

– [2] *Über die Kunst mit Vögeln zu jagen.* [40 farbige] Miniaturen aus einer Handschrift des Falken-Buches von Kaiser Friedrich II. Geleitwort und Erklärung der Abbildungen: Carl A. Willemsen. Mit Literaturhinweisen. [Querformat.] 1979 (F): 1.–7. Tsd. – 1986 (F): 10. Tsd. – 2 Auflagen

1005 [1] *Käthe Kollwitz: Blätter über den Bauernkrieg.* 32 [statt 31] Tafeln. Auswahl und Nachwort: Harri Nündel. 1975 (L): 1.–30. Tsd.

1005 [2] *Die Liebesbriefe der Babet.* In einer Übersetzung aus dem 18. Jahrhundert. Nachworte: Wilhelm Printz (zur Ausgabe 1908) und Katja Behrens (zur vorliegenden Neuausgabe). 1979 (F): 1.–3. Tsd. – 1980 (F): 5. Tsd. – 2 Auflagen

1006 [1] *Heinrich Böll: Die verlorene Ehre der Katharina Blum oder: Wie Gewalt entstehen und wohin sie führen kann.* Erzählung. 1975 (L): 1.–20. Tsd. – 1979 (L): 40. Tsd. – 2 Auflagen

– [2] *Edgar Allan Poe: Der Rabe.* Zweisprachige Ausgabe. Mit 3 zweifarbigen Holzschnitten von d'Aragues. Übertragung: Hans Wollschläger. Mit E. A. Poes Essay ›Die Methode der Komposition‹ in der Übertragung von Ursula Wernicke. Nachwort: E. Y. Meyer. 1982 (F): 1.–5. Tsd. – 1985 (F): 7. Tsd. – 2 Auflagen

1007 [1] *Günter Kunert: Kinobesuch.* [12] Geschichten. 1976 (L): 1.–15. Tsd.

– [2] *Karl Riha: Commedia dell'arte.* [Zur Geschichte und Erscheinung der Commedia dell'arte.] Mit den Figurinen Maurice Sands auf 16 farbigen Tafeln und mit 20 Abbildungen im Text. Mit Beschreibung der Tafeln, zwei Szenariumstexten, Literaturhinweisen und einer Nachbemerkung. 1980 (F): 1.–3. Tsd. – 1982 (F): 9. Tsd. – 1986 (F): 22. Tsd. – 6 Auflagen

1008 [1] *Fjodor Gladkow: Das Birkenwäldchen.* [Erzählung.] Übertragung: Larissa Robiné. Nachwort: Günter Warm. 1976 (L): 1.–10. Tsd.

– [2] *Polnische Liebesgedichte.* Mit [15] Zeichnungen von Pablo Picasso. Auswahl, Übertragung und Nachwort: Karl Dedecius. Druck in Rot und Schwarz. 1980 (F): 1.–3. Tsd. – 1984 (F): 8. Tsd. – 3 Auflagen

1009 [1] *Erskine Caldwell: Beechum, der Candy-Man.* [14] Ausgewählte Kurzgeschichten. Übertragung: Inge M. Artl, Joachim Marten und Elisabeth Schnack. Auswahl und Nachbemerkung: Günter Gentsch. 1976 (L): 1.–20. Tsd.

– [2] *Hafis: Liebesgedichte.* Mit 9 farbigen Miniaturen. Übertragung und Nachwort: Cyrus Atabay. Mit Anmerkungen. 1980 (F): 1.–4. Tsd. – 1986 (F): 11. Tsd. – 4 Auflagen

1010 [1] *Fritz Cremer: Zeichnungen.* 48 Bildtafeln. Auswahl und Nachwort: Diether Schmidt. 1976 (L): 1.–20. Tsd.

– [2] *[Johann Wolfgang von] Goethe: Römische Elegien.* Reprint [statt Faksimile] der Handschrift. Transkription und Bemerkungen zu Überlieferung, Transkription und Lesarten: Hans-Georg Dewitz. Nachwort: Horst Rüdiger. 1980 (F): 1.–4. Tsd. – 1984 (F): 6. Tsd. – 2 Auflagen

IB 1011,2 Doppeltitel

1011 [1] *Jorge Amado: Die drei Tode des Jochen Wasserbrüller.* Erzählung. Übertragung: Curt Meyer-Clason. Mit Worterklärungen. 1976 (L): 1.–20. Tsd.

– [2] *Das bucklicht Männlein.* Ein altes Lied in Bild und Schrift gesetzt von Christoph Meckel. Mit 13 Radierungen von Christoph Meckel und mit Noten. Einleitung: Christoph Meckel. Mit einer Erinnerung ›Das bucklicht Männlein‹ von Walter Benjamin. 1981 (F): 1.–6. Tsd.

1012 [1] *Anatoli L. Kaplan: Variationen zu jiddischen Volksliedern.* 32 farbige Tafeln. Auswahl und Nachwort: Beate Jahn-Zechendorff. 1976 (L): 1.–30. Tsd.

– [2] *Nestroy-Brevier.* Worte, Lieder, Szenen. Mit 4 Abbildungen. Auswahl, Quellennachweise und Nachwort: Franz H. Mautner. 1981 (F): 1.–3. Tsd. – 1984 (F): 4. Tsd. – 2 Auflagen

1013 [1] *Miguel Angel Asturias: Don Niño oder Die Geographie der Träume.* [Roman.] Übertragung: Anselm Maler. Nachwort: Ulrich Kunzmann. 1977 (L): 1.–20. Tsd.

– [2] *Goethes schönste Gedichte.* Auswahl und Nachwort: Jochen Schmidt. 1982 (F): 1.–4. Tsd. – 1985 (F): 10. Tsd. – 4 Auflagen

1014 [1] *Miroslav Krleža: Beisetzung in Theresienburg.* Erzählung. Übertragung: Barbara Sparing. Mit einer biographischen Notiz. 1977 (L): 1.–20. Tsd.

– [2] *Johann Wolfgang Goethe: Iphigenie auf Tauris.* Prosa-Fassung [von 1781]. Mit einer aquarellierten Zeichnung Goethes. Nachwort, Bemerkungen zur Textgestaltung und Erläuterungen: Eberhard Haufe. 1982 (F): 1.–4. Tsd. – Siehe auch IB 670,2.

1015 [1] *Das Goldene Kloster zu Mandalay.* 40 Bildtafeln. Aufnahmen: Otto Esche. Nachwort und Erklärungen: Annemarie Esche. Mit Grundriß und 2 Aufrissen des Klosters. 1977 (L): 1.–20. Tsd.

– [2] *Johann Wolfgang Goethe: Briefe an Auguste Gräfin zu Stolberg.* Mit einem farbigen Porträt Augustes von Jens Juel [als Frontispiz] und einer Zeichnung Goethes. Anhang mit Kommentar, Nachwort und Literaturverzeichnis: Jürgen Behrens. 1983 (F): 1.–4. Tsd. – Siehe auch IB 10

1016 *Hermann Hesse: Demian.* Die Geschichte von Emil Sinclairs Jugend. Nachwort: Klaus Pezold. 1977 (L): 1.–20. Tsd.

1017 *Sean O'Casey: Juno und der Pfau.* Eine Tragödie in drei Akten. Übertragung: Adolf Dresen und Maik Hamburger. 1977 (L): 1.–20. Tsd.

1018 [1] *Boleslav Prus [Alexander Głowacki]: Die Welle strömt zurück.* [Erzählung.] Mit 12 Zeichnungen von Tamara Ebert. Übertragung: Johannes Jankowiak und Christa Schubert-Consbruch. Mit Nachbemerkung. 1977 (L): 1.–20. Tsd.

– [2] *Der Prophet Jona.* Nach Martin Luther. Titel in Holz geschnitten und 12 Radierungen in zweiter Farbe von Marcus Behmer. [Reprint der 1930 im Insel-Verlag erschienenen Ausgabe – IK 1269.] 1983 (F): 1.–3. Tsd. – 1983 (F): 5. Tsd. – 2 Auflagen

1019 [1] *Iwan Wasow: Die brennenden Garben.* [12] Ausgewählte Erzählungen. Übertragung und Nachwort: Norbert Randow. Nachdichtungen (lyrischer Passagen): Uwe Grüning.

Mit Anmerkungen, Worterklärungen und Namenverzeichnis. 1978 (L): 1.–15. Tsd.

1019 [2] *Das Buch Esther.* Übersetzt von Martin Luther. Doppeltitel und [10] Initialen von Friedrich Wilhelm Kleukens [nicht: und C. H. Kleukens]. Druck in Schwarz und Gold. [Reprint der 1908 im Insel-Verlag als 1. Druck der Ernst-Ludwig-Presse erschienenen Ausgabe – IK 238.] 1983 (F): 1.–3. Tsd. – 1983 (F): 5. Tsd. – 2 Auflagen

1020 [1] *Albert Kapr: Johannes Gutenberg.* Tatsachen und Thesen. Mit 53 zum Teil farbigen Abbildungen. Mit Anmerkungen und Literaturhinweisen. 1977 (L): 1.–18. Tsd.

– [2] *Joachim Heinrich Campe: Bilder-Abeze.* Mit 23 Fabeln und [24] illuminierten Kupfern. Nachwort: Dietrich Leube. 1984 (F): 1.–4. Tsd. [= 2. Auflage; 1. Auflage nicht IB.]

1021 [1] *Iwan Bunin: Nächtliches Gespräch.* [12] Erzählungen aus den Jahren 1892 bis 1911. Übertragung: Larissa Robiné und Georg Schwarz. Auswahl und Nachwort: Gerhard Schaumann. 1978 (L): 1.–20. Tsd.

– [2] *[Rudolf Koch:] Das Zeichenbuch,* welches alle Arten von Zeichen enthält, wie sie gebraucht worden sind in den frühesten Zeiten, bei den Völkern des Altertums, im frühen Christentum und im Mittelalter. Mit Hilfe von Freunden gesammelt, gezeichnet und erläutert von Rudolf Koch. Die Zeichen wurden von Fritz Kredel in Holz geschnitten. Bearbeitung des Abschnittes über die Runen: Friedrich von der Leyen. [Reprint der 1936 im Insel-Verlag erschienenen Ausgabe – IK 954.] Nachwort: Christian Scheffler. 1984 (F): 1.–3. Tsd. – 1985 (F): 5. Tsd. – 2 Auflagen

1022 [1] *William Somerset Maugham: Vor der Party.* [Regen. Der geschlossene Laden. Schein und Wirklichkeit. Louise. Die Mutter. Episode.] Ausgewählte Erzählungen. Übertragung: Ilse Krämer, Helene Mayer, Kurt Wagenseil und Mimi Zoff. Nachwort: Helmut Findeisen. 1978 (L): 1.–20. Tsd.

– [2] *Das Silhouetten-Kabinett.* [102] Scherenschnitte und Schattenbilder aus zwei Jahrhunderten. Mit Titelvignette und 5 Abbildungen im Text. Auswahl, Bilderläuterungen und Nachwort ›Lob einer Kleinkunst‹: Wilfried F. Schoeller. 1985 (F): 1.–3. Tsd.

1023 [1] *Isaac Bashevis Singer: Der Spinoza von der Marktstraße.* [Die kleinen Schuhmacher. Kurzer Freitag. Taibele und ihr

Dämon. Blut. Gimpel der Narr. Als Schlemihl nach Warschau ging.] Ausgewählte Erzählungen. Übertragung: Wolfgang von Einsiedel und Rolf Inhauser. Nachwort: Utz Riese. 1982 (L): 1.–15. Tsd.

1023 [2] *Sprüche der Spartaner.* Mit Kopfleisten und 12 Vignetten [Nachzeichnungen antiker Vasen- und Münzbilder]. Auswahl, Übertragung, Vorbemerkung und Erläuterungen: Manfred Clauss. Mit Personen- und Ortsverzeichnis. 1985 (F): 1.–3. Tsd.

1024 [1] *Maxim Gorki: Jakow Bogomolow.* (Paradies auf Erden.) Drama. Übertragung und Schlußfassung: Wolf Müller. Nachwort: Günter Warm. 1978 (L): 1.–15. Tsd.

– [2] *Qin.* Die klassische chinesische Griffbrettzither und ihre Musik in Geschichte, Geschichten und Gedichten. Mit einer Farbtafel als Frontispiz und 25 Abbildungen [davon 4 Farbtafeln]. Auswahl und Zusammenstellung, Übertragung aus dem Chinesischen, Anmerkungen und Abbildungsverzeichnis: Manfred Dahmer. 1985 (F): 1.–3. Tsd.

1025 [1] *Otto Dix: Graphik aus fünf Jahrzehnten.* 48 [zum Teil farbige] Bildtafeln. Auswahl und Nachwort: Fritz Löffler. 1978 (L): 1.–30. Tsd. – 1984 (L): 50. Tsd. – 2 Auflagen

– [2] *Wolfgang Hildesheimer: Der ferne Bach.* Eine Rede [zur Eröffnung des Internationalen Musikfestes Stuttgart 1985]. Mit 6 Abbildungen auf Tafeln. Als Anhang zwei Briefe Bachs und ein Kantatentext in Reproduktionen. 1985 (F): 1.–5. Tsd. – 1986 (F): 14. Tsd. – 3 Auflagen

1026 [1] *Bildhauerzeichnungen von 15 Künstlern der DDR.* 48 Bildtafeln. Auswahl und Nachwort: Hans Liebau. 1979 (L): 1.–20. Tsd.

– [2] *Hannelore Schlaffer: Die Scherenschnitte der Luise Duttenhofer.* Mit 40 Scherenschnitten. Mit Anmerkungen und Abbildungsnachweisen. 1986 (F): 1.–4. Tsd.

1027 [1] *Meroitische Kleinkunst.* 32 farbige Tafeln. Auswahl, Nachwort und Bilderläuterungen: Steffen Wenig. 1978 (L): 1.–30. Tsd. – 1986 (L): 55. Tsd. – 2 Auflagen

– [2] [25] *Deutsche Weihnachtslieder.* Zweistimmig gesetzt von Helmut Walcha. [Titelzeichnung und 16] Vignetten von Willi Harwerth. Notenschrift und Satzgestaltung: Paul Koch. Druck in 2 Farben. [1.–213. Tsd. vgl. IK 379.] – 1986 (F): 1.–10. Tsd.

1028 [1] *Joseph Roth: Die Rebellion.* Ein Roman. Nachwort: Hubert Witt. 1979 (L): 1.–20. Tsd.

– [2] *Johann Wolfgang Goethe: Alle Freuden, die unendlichen.* Gedichte und Interpretationen. Herausgegeben von Marcel Reich-Ranicki. 1987 (F) [In Vorbereitung.]

1029 [1] *Gabriel García Márquez: Laubsturm.* Roman. Übertragung: Curt Meyer-Clason. Nachbemerkung: Eberhard Wesemann. 1978 (L): 1.–20. Tsd.

– [2] *Heinrich von Kleist: Prinz Friedrich von Homburg.* Ein Schauspiel. Mit 55 Lithographien von Karl Walser. Nachwort: Hans Mayer. 1987 (F) [In Vorbereitung.]

1030 [1] *Hans Theo Richter: Zeichnungen.* 48 teils farbige Bildtafeln. Auswahl und Nachwort: Fritz Löffler. 1979 (L): 1.–20. Tsd. – 1982 (L): 40. Tsd. [Farbtafeln nach den Originalen reproduziert.] – 2 Auflagen

– [2] *Heinrich Heine: Der Doktor Faust.* Ein Tanzpoem, nebst kuriosen Berichten über Teufel, Hexen und Dichtkunst. Mit 6 farbigen Zeichnungen (davon 5 doppelseitige), 3 farbigen Vignetten und 7 Initialen von József Divéky. 1987 (F) [In Vorbereitung.]

1031 [1] *Veränderte Landschaft.* Gedichte. Auswahl und Nachwort: Wulf Kirsten. Mit Quellenverzeichnis. 1979 (L): 1.–10. Tsd.

– [2] *Honoré de Balzac: Das unbekannte Meisterwerk.* Mit 20 Zeichnungen und 13 Radierungen von Pablo Picasso und mit 63 Holzschnitten nach Picasso. Übertragung: Herma Goeppert-Frank. Nachwort: Sebastian Goeppert und Herma Goeppert-Frank. 1987 (F) [In Vorbereitung.]

1032 [1] *Römische Funde zwischen Thüringer Wald und Ostsee.* 32 farbige Tafeln. Aufnahmen: Wolfgang G. Schröter. Mit einer Karte der Fundorte. Auswahl, Nachwort und Tafelerläuterungen: Rudolf Laser. 1979 (L): 1.–20. Tsd.

– [2] *St. Brandans wundersame Seefahrt.* Mit farbigem Frontispiz. Übertragung aus dem Mittelhochdeutschen und Nachwort: Gerhard E. Sollbach. 1987 (F) [In Vorbereitung.]

1033 [1] *Leonid Andrejew: Das Leben des Menschen.* Ein Spiel in fünf Bildern. Übertragung: August Scholz. Mit einem Essay ›Dem Gedächtnis Leonid Andrejews‹ von Alexander Blok in der Übertragung von Ingeborg Schröder. Mit Noten. 1979 (L): 1.–10. Tsd.

1033 [2] *Präciosa's Orakelsprüche in sechsunddreißig* [farbigen] *Rätselbildern.* Nachwort von Karl Riha. 1987 (F) [In Vorbereitung.]

1034 [1] *Rafael Alberti: Sobre los ángeles / Von den Engeln.* Gedichte. Spanisch und deutsch. Übertragung: Erich Arendt. 1980 (L): 1.–10. Tsd.

– [2] *Friedrich der Große: Das Buch Blaubart.* Mit den Blaubart-Märchen von Charles Perrault [1697] und den Brüdern Grimm [1812]. Nachwort: Hartwig Suhrbier. 1987 (F) [In Vorbereitung.]

1035 *Aldous Huxley: Das Genie und die Göttin.* Roman. Übertragung: Herberth E. Herlitschka. Nachwort: Bernhard Scheller. 1984 (L): 1.–15. Tsd.

1036 [1] *Truman Capote: Baum der Nacht.* Skizzen und Stories. Übertragung: Hansi Bochow-Blüthgen, Liselotte Fassbinder, Ingeborg Müller, Helen Ryhenstroth und Marguerite Schlüter. Auswahl und Nachwort: Günter Gentsch. 1980 (L): 1.–20. Tsd.

– [2] *Von dem Machandelboom.* [Ein Märchen.] Nach Philipp Otto Runge. Mit einem farbigen Bild und einer Vignette von Anita Albus. Nacherzählung und Nachwort: Wolfgang Koeppen. 1987 (F) [In Vorbereitung.]

1037 [1] *Ingeborg Bachmann: Die Gedichte.* Nachwort: Vera Hauschild. 1980 (L): 1.–15. Tsd.

– [2] *Anita Albus: Eia popeia et cetera.* Eine Sammlung alter Wiegenlieder aus dem Volk. Mit 7 farbigen Bildern von Anita Albus. Textredaktion und musikalische Bearbeitung: Friedrich Kur. [Nach der 1978 im Insel Verlag, Frankfurt am Main, in 1000 Exemplaren erschienenen Ausgabe.] 1987 (F) [In Vorbereitung.]

1038 [1] *Japanische Netsuke.* 32 farbige Tafeln. Aufnahmen: Karin Wieckhorst. Auswahl, Nachwort und Tafelerläuterungen: Karla Bilang. 1980 (L): 1.–25. Tsd.

– [2] *Schwanenmärchen.* Mit Frontispiz und Vignetten. Auswahl und Nachwort: Klaus Bertisch. 1987 (F) [In Vorbereitung.]

1039 [1] *Doris Lessing: Hunger.* Erzählung. Übertragung: Lore Krüger. Nachwort· Elke Steenbeck. 1984 (L): 1.bis 15. Tsd.

– [2] *Tibetische Lieder.* Mit Zeichnungen von Wangdjal. Gesammelt, übertragen und erläutert von Margret Causemann. 1987 (F) [In Vorbereitung.]

1040 *Afrikanische Goldgewichte.* 32 farbige Tafeln. Aufnahmen: Karin Wieckhorst. Auswahl, Nachwort und Tafelerläuterungen: Peter Göbel. 1980 (L): 1.–25. Tsd.

1041 *Wladimir Majakowski: Ein Tropfen Teer.* Reden und Aufsätze. Mit 4 Zeichnungen von Alexander Tyschler [auf Tafeln]. Übertragung: Hugo Huppert. Auswahl: Marga Erb. Anmerkungen: Leonhard Kossuth. 1980 (L): 1.–10. Tsd.

1042 *Hermann Hesse: Traumfährte.* [12] Neue Erzählungen und Märchen. Nachwort: Klaus Pezold. 1981 (L): 1.–20. Tsd.

1043 *Boris Pilnjak: Eisgang.* [7] Erzählungen. Übertragung: Hans Joachim Brandstäter, Marga Erb, Larissa Robiné und Franz Carl Weiskopf. Mit einem Essay von Boris Pilnjak in der Übersetzung von Waltraud und Wolfram Schroeder. Auswahl und Nachwort: Marga Erb. Mit Literatur- und Quellenangaben. 1981 (L): 1.–15. Tsd.

1044 *Rajzel Żychlinski: Vogelbrot.* Gedichte aus fünf Jahrzehnten. Auswahl, Übertragung aus dem Jiddischen und Nachwort: Hubert Witt. 1981 (L): 1.–10. Tsd.

1045 *Antike Kameen.* 32 farbige Tafeln. Aufnahmen: I. D. Nikolajew. Auswahl und Nachwort: Oleg Newerow. Übertragung des Nachwortes: Gerd Phillip und Sergej Daniltschenko. 1981 (L): 1.–25. Tsd. – 1985 (L): 45. Tsd. – 2 Auflagen

1046 *Heinrich Böll: Das Vermächtnis.* Erzählung. 1984 (L): 1. bis 20. Tsd.

1047 *George Bacovia: Pfahlbauten.* Gedichte. Auswahl, Übertragung und Nachbemerkung: Roland Erb. Mit Anmerkungen und einer Biographie Bacovias. 1985 (L): 1.–15. Tsd.

1048 *Harold Pinter: Der stumme Diener.* [Teegesellschaft. Alte Zeiten.] Ausgewählte Dramen. Übertragung: Renate und Martin Esslin, Willy H. Thiem. Auswahl und Nachwort: Klaus Köhler. 1981 (L): 1.–15. Tsd.

1049 *Michail A. Kusmin: Die grüne Nachtigall.* [11] Erzählungen. Übertragung: Alexander Eliasberg. Mit einer biographischen Notiz. 1982 (L): 1.–15. Tsd.

1050 *Heidi Manthey: Fayencen.* 32 farbige Tafeln. Aufnahmen: Bernd Kuhnert. Nachwort: Eckart Krumbholz. 1983 (L): 1.–25. Tsd.

1051 *Paul Valéry: Album alter Verse.* Die frühen Gedichte. Französisch und deutsch. Nachdichtung: Peter Schwanz. Nachwort: Helmut Melzer. 1983 (L): 1.–10. Tsd.

1052 *James Joyce: Kammermusik.* Gesammelte Gedichte. Englisch und deutsch. Frontispiz nach 2 Porträtzeichnungen von Constantin Brancusi. Übertragung und Anmerkungen: Hans Wollschläger. Nachwort: Wolfgang Wicht. Schlußbemerkung: Klaus Reichert, Fritz Senn. 1982 (L): 1.–10. Tsd.

1053 *Frank Wedekind: Marianne und andere Erzählungen.* [Der Brand von Egliswyl. Rabbi Esra. Das Opferlamm. Die Schutzimpfung. Flirt.] Editorische Notiz [von Sina Witt]. 1982 (L): 1.–20. Tsd.

1054 *Christian Morgenstern: Der Walfafisch oder Das Überwasser.* Editorische Notiz [des Verlags]. 1982 (L): 1.–15. Tsd.

1055 *Die Bildwerke des Meisters H. W.* (Hans Witten?) 24 teils farbige Bildtafeln. Auswahl, Nachwort und Bilderläuterungen: Michael Stuhr. Aufnahmen: Klaus G. Beyer u. a. 1985 (L): 1.–25. Tsd.

1056 *Georg Büchner: Woyzeck.* Nach den Handschriften neu hergestellt und kommentiert von Henri Poschmann. Mit einem Essay ›Probleme der ‚Woyzeck'-Edition‹ und mit Übersichten von Henri Poschmann. [Mit Berichtigungszettel.] 1984 (L): 1.–15. Tsd. – Siehe auch IB 92 und 799

1057 *[Robert Walser:] Fritz Kocher's Aufsätze.* [Der Commis. Ein Maler. Der Wald.] *Mitgeteilt von Robert Walser.* Mit gezeichnetem Doppeltitel, 11 Zeichnungen und Kapitelüberschriften von Karl Walser [nach der 1904 im Insel-Verlag erschienenen Erstausgabe; vgl. IK 1872]. Nachwort: Ilona Siegel. 1983 (L): 1.–15. Tsd.

1058 *Dylan Thomas: Porträt des Künstlers als junger Dachs.* [10 Erzählungen.] Mit 10 Zeichnungen von Johannes Karl Gotthard Niedlich. Übertragung: Friedrich Polakovics. Nachwort: Bernhard Scheller. 1983 (L): 1.–15. Tsd.

1059 *Saul Bellow: Eine silberne Schale.* Erzählung. Übertragung: Walter Hasenclever. Nachwort: Utz Riese. 1983 (L): 1.–15. Tsd.

1060 *Peter Paul Rubens: Zeichnungen.* 25 [zum Teil farbige Bilder auf 28] Bildtafeln. Aufnahmen: Wladimir Terepenin. Auswahl, Nachwort und Bilderläuterungen: Juri Kusnezow. Übersetzung: Gertrud Heider. 1984 (L): 1.–25. Tsd.

1061 *Jean Giraudoux: Der Trojanische Krieg wird nicht stattfinden.* Stück in zwei Akten. Übertragung: Annette Kolb. Nachwort: Manfred Naumann. 1984 (L): 1.–15. Tsd.

1062 *Martin Walser: In Goethes Hand.* Szenen aus dem 19. Jahrhundert. 1985 (L): 1.–15. Tsd.

1063 *Walter Jens: Der Untergang.* Nach den Troerinnen des Euripides. [Drama.] 1985 (L): 1.–15. Tsd.

1064 *Brendan Behan: Der Mann von morgen früh.* Drama. Mit einem ›Autobiographischen Stenogramm‹. Deutsche Bearbeitung des Dramas und Übersetzung des ›Autobiographischen Stenogramms‹: Annemarie und Heinrich Böll. Nachwort: Bernhard Scheller. 1985 (L): 1.–15. Tsd.

1065 *André Breton: Nadja.* Übertragung: Max Hölzer. Nachwort: Helmut Melzer. Mit Anmerkungen. 1985 (L): 1.–15. Tsd.

1066 *Elias Canetti: Die Stimmen von Marrakesch.* Aufzeichnungen nach einer Reise. 1987 (L): 1.–15. Tsd. [In Vorbereitung.]

1067 *Jewgeni Samjatin: Wie der Mönch Erasmus geheilet ward.* [Russisch (Reprint der Erstausgabe 1922) und deutsch.] Mit 39 Zeichnungen von Boris Kustodijew und mit dem Essay ›Begegnungen mit B. M. Kustodijew‹ von Jewgeni Samjatin. Übertragung: Andreas Pham. 1986 (L): 1.–15. Tsd.

1068 *Ágnes Nemes Nagy: Dennoch schauen.* Gedichte. Auswahl und Übersetzung: Paul Kárpáti. Nachdichtung: Franz Fühmann. 1986 (L): 1.–15. Tsd.

1069 *Gertrude Stein: Picasso.* Erinnerungen. Mit einer Zeichnung Pablo Picassos als Frontispiz. Übertragung: Ursula von Wiese. Nachwort: Utz Riese. 1986 (L): 1.–15. Tsd.

1070 *Vladimír Komárek: Graphik.* 24 zum Teil farbige Tafeln. Herausgegeben und Nachwort von Ludwig Kundera. Übertragung: Eckart Thiele. 1987 (L): 1.–25. Tsd. [In Vorbereitung.]

1071 *Die Geschichte von Aucassin und Nicolette.* Mit 16 kolorierten Holzschnitten und mit Musiknoten von Fritz Kredel. Übertragung: Paul Hansmann. [Reprint der 1956 (L) erschienenen, von Martin Schauer kolorierten Vorzugsausgabe von IB 14 – IK 519 A.] Nachwort: Wolfgang Lange. 1986 (L): 1.–25. Tsd. [Band 1 der ›Jubiläumskassette 75 Jahre IB‹.] – 1987 (F) [In Vorbereitung.] – 2 Auflagen

1072 [1A] *Heinrich Vogeler: Dir.* Gedichte. Mit Vortitel, Titel, Rahmen und zum Teil kolorierten Vignetten von Heinrich Vogeler. [Reprint eines vom Künstler kolorierten Exemplars des 1899 im Insel-Verlag erschienenen Buches – IK 1842, VA.] Nachwort: Vera Hauschild. 1986 (L): 1.–25. Tsd. [Band 2 der ›Jubiläumskassette 75 Jahre IB‹.]

– [1B] –. Nachwort: Heinrich Wiegand Petzet. 1987 (F) [In Vorbereitung.] – Siehe auch IB 981

1073 *Jean Paul: Des Luftschiffers Giannozzo Seebuch.* Almanach für Matrosen wie sie sein sollten. Mit 16 kolorierten Zeichnungen von Emil Preetorius. [Reprint der 1912 im Insel-Verlag erschienenen Vorzugsausgabe – IK 837, VA.] Nachwort: Evi Rietzschel. 1986 (L): 1.–25. Tsd. [Band 3 der ›Jubiläumskassette 75 Jahre IB‹.] – 1987 (F) [In Vorbereitung.] – 2 Auflagen

1074 *Otto Julius Bierbaum: Gugeline.* Ein Bühnenspiel in fünf Aufzügen. Mit Zeichnungen und Vignetten von Emil Rudolf Weiß. Herausgegeben von Alfred Walter Heymel. [Reprint der 1899 erschienenen ersten Buchveröffentlichung der ›Insel‹ im Verlag von Schuster & Loeffler in Berlin – IK 167.] Nachwort: Vera Hauschild. 1986 (L): 1.–25. Tsd. [Band 4 der ›Jubiläumskassette 75 Jahre IB‹.]

1075 [1A] *Von dem Fischer un syner Fru.* Ein märchen nach Philipp Otto Runge mit sieben bildern [nach Radierungen] von Marcus Behmer. [Reprint der Erstauflage von IB 315,1A (1920) mit vom Künstler kolorierten Radierungen.] Nachwort: Beate Jahn. 1986 (L): 1.–25. Tsd. [Band 5 der ›Jubiläumskassette 75 Jahre IB‹.]

– [1B] –. Mit einer [hochdeutschen] Nacherzählung des Märchens und einem Nachwort von Uwe Johnson. 1987 (F) [In Vorbereitung.] – Siehe auch IB 315,1B

1076 *Cesare Pavese: Junger Mond.* Roman. Übertragung: Charlotte Birnbaum. 1986 (L): 1.–15. Tsd.

1077 *Aubrey Beardsley: Zeichnungen.* 32 Bildtafeln. Mit einem Anhang von Briefen Beardsleys in der Übertragung von Karl Heinz Berger. Auswahl und Nachwort: Ursula Horn. 1986 (L): 1.–15. Tsd.

1078 *Marina Zwetajewa: Irdische Zeichen.* [Prosaskizzen.] Übertragung: Larissa Robiné. 1987 (L): 1.–15. Tsd. [In Vorbereitung.]

1079 *Johannes R. Becher: Wiedergeburt.* Buch der Sonette. Nachwort: Rolf Harder. 1987 (L): 1.–15. Tsd. [In Vorbereitung.]
1080 *Altägyptische Götterfiguren.* 24 farbige Bildtafeln. Auswahl und Nachwort: Renate Krauspe. 1986 (L): 1.–25. Tsd.
1081 *Martin Gregor-Dellin: Schlabrendorf oder Die Republik.* Roman. 1987 (L): 1.–15. Tsd. [In Vorbereitung.]

Bände ohne Nummer

Die Insel-Bücherei 1912–1937. Mit Beiträgen von Rudolf G. Binding, Annemarie Meiner, Richard Jütte, Severin Rüttgers und einem Bericht des Verlags. Herausgegeben von Friedrich Michael. 1937: 1.–10. Tsd. – 1937: 20. Tsd. – 2 Auflagen
50 Jahre Insel-Bücherei 1912–1962. [Eine Bibliographie.] Bearbeitet von Heinz Sarkowski. Vorwort ›Von den Annehmlichkeiten bibliographischer Lektüre‹: Hanns W. Eppelsheimer. Vorwort ›Fünfzig Jahre Insel-Bücherei‹: Heinz Sarkowski. Mit 63 Abbildungen im Text und 5 Abbildungen auf Tafeln. 1962 (F): 1.–15. Tsd. – 1962 (F): 26. Tsd. [Mit 6 Abbildungen auf Tafeln.] – 2 Auflagen. [Für die Tafeln wurden Minnesinger-Bilder aus IB 450 in verschiedenen Kombinationen verwendet.]

Ganzlederausgaben in der Insel-Bücherei

Von einigen Titeln der Insel-Bücherei wurden seit 1913 neben den üblichen Pappbänden auch Ganzlederausgaben hergestellt. Offenbar bestand ursprünglich die Absicht, solche Ausgaben für einen beachtlichen Teil der jeweiligen Jahresproduktion zu fertigen. So sind von den bis Ende 1913 erschienenen 112 Titeln 39, also mehr als ein Drittel, auch in Ganzledereinbänden nachgewiesen. Während des ersten Weltkrieges und in der Nachkriegszeit war es nicht möglich, diese Entwicklung fortzusetzen. In den zehn Jahren von 1914 bis 1923 erschienen lediglich 6 Lederausgaben, davon 4 als Nachauflagen. Von 1924 bis 1930 gab es dann noch einmal Bindequoten in Ganzleder aus etwa 80 Auflagen, vorwiegend von erfolgreichen Titeln der Insel-Bücherei.

Die Bogen für die Ganzlederausgaben sind jeweils der gewöhnlichen Auflage entnommen. Für die schmiegsam gearbeiteten Einbände wurde Ziegenleder in den Farbtönen schwarz, dunkelblau, dunkelbraun, hellbraun, rot, dunkelgrün und hellgrün verwendet.

Der Titel ist über die gesamte Höhe des Buchrückens in Gold geprägt, den Vorderdeckel ziert ein von Walter Tiemann eigens entworfenes Signet, ebenfalls in Goldprägung. Die Bandnummer ist nicht angegeben, die Zugehörigkeit zur Insel-Bücherei also im allgemeinen nur der Druckbogen-Signatur zu entnehmen. Für die Vorsätze wurden neben vier Marmorpapieren mehrere für die Insel-Bücherei verwendete Überzugpapiere eingesetzt.

Der Preis eines Ganzlederbändchens betrug mit 3 Mark (1913) bzw. 7 Mark (1926) das Sechs- bzw. Siebenfache der Pappausgabe. Die in Ganzleder gefertigten Teilauflagen haben wohl 200 Exemplare nie überschritten.

Nachgewiesen sind derartige Ganzlederausgaben von 70 Titeln, die nachstehend (in Kurzfassung) aufgeführt werden. Sofern es Ganzlederbände aus mehreren Auflagen gibt, ist deren Anzahl genannt.

1 Rilke: Cornet – 9 Auflagen
2 Cervantes: Zigeunermädchen
5,1 Verhaeren: Hymnen
7,1A Bürger: Münchhausen
8 Hofmannsthal: Tod des Tizian – 2 Auflagen
10 Goethe an Auguste zu Stolberg
11,1B Jacobsen: Mogens – 2 Auflagen
12 Flaubert: Sankt Julianus
13 Hardt: An den Toren des Lebens – 2 Auflagen
14,1A Aucassin und Nicolette
16,1A Boccaccio: Fünf Geschichten
21,1A Novalis: Hymnen
22 Huch: Liebesgedichte
23 Binding: Opfergang – 4 Auflagen
27,1A Sophokles: Antigone
28 Hofmannsthal: Der Tor und der Tod – 4 Auflagen
30,1 Goethe: Pandora
34,1A Anakreon
37 Björnson: Synnöve Solbakken
40 Jacobsen: Erzählungen
41,1A,B Angelus Silesius: Wandersmann – 2 Auflagen
42,1A Daudet: Tartarin
43 Rilke: Marien-Leben – 3 Auflagen
46 Sachs: Fastnachtsspiele
48 Björnson: Arne

49,1 Schlaf: Frühling
50,1A,B Hölderlin: Gedichte – 2 Auflagen
53,1A,B Wilde: Lehren und Sprüche – 2 Auflagen
58 Huch: Wonnebald Pück
59,1A Hebbel: Gedichte
60,1A Kinderlieder aus des Knaben Wunderhorn
68 Tolstoi: Volkserzählungen
69 Stifter: Nachkommenschaften
70 Legenden des heiligen Franz
72 Emerson/Goethe: Natur
75,1A,B Mörike: Gedichte – 2 Auflagen
76,1 Flaubert: Herodias
78 Hofmannsthal: Das kleine Welttheater
80 Hebbel: Schnock
81,1A Von Gottes- und Liebfrauenminne
82 Grillparzer: Spielmann
97,2 Lagerlöf: Gutsgeschichte – 2 Auflagen
103,1 Wagner: Parsifal
122,1 Zweig: Brennendes Geheimnis – 4 Auflagen
149 Dostojewski: Großinquisitor – 2 Auflagen
165,2 Zweig: Sternstunden der Menschheit – 7 Auflagen
192 Andersen: Bilderbuch ohne Bilder – 2 Auflagen
195 Stieler: Winteridyll – 2 Auflagen
201 Li-tai-pe – 2 Auflagen
220,1A Wilde: Ballade vom Zuchthaus
224,1A Eichendorff: Taugenichts – 3 Auflagen
230 Mörike: Mozart – 3 Auflagen
246 Storm: Immensee – 2 Auflagen
247 Wilde: Salome
260,2 Bierbaum: Irrgarten der Liebe
271,1A Droste-Hülshoff: Judenbuche – 2 Auflagen
274,1A Okakura: Buch vom Tee – 2 Auflagen
285,2 Lagerlöf: Mädchen vom Moorhof – 2 Auflagen
300,2 Meyer: Hutten
302,2 Stevenson: Flaschenteufelchen – 2 Auflagen
315,1A Von dem Fischer un syner Fru
324 Keller: Romeo und Julia
327,1A Keller: Legenden
349,1 Zweig: Augen des ewigen Bruders – 6 Auflagen
361,1A Nietzsche: Gedichte – 3 Auflagen

362 Timmermans: Triptychon – 4 Auflagen
367 Stifter: Waldsteig
390 Wilde: Gespenst von Canterville
394,1A Verlaine: Gedichte
408,1A Zweig: Chronik – 2 Auflagen

Von einigen wenigen Titeln wurden auch Lederausgaben gefertigt, die den Buchtitel und ein kleines Zierstück in Goldprägung auf dem Vorderdeckel tragen. Der Buchrücken hat keine Prägung, das Signet fehlt, und das Vorsatzpapier ist einfarbig. Folgende Nummern, die bereits unter den erstgenannten Ganzlederbänden aufgeführt sind, konnten auch in dieser Ausstattung nachgewiesen werden: 1 – 11,1B – 13 – 23 – 122,1 – 230 – 260,2 – 274,1A – 327,1A – 349,1 – 361,1A. Ferner sind noch in dieser Einbandvariante bekannt:

116 Dostojewski: Die Sanfte
152,2A Storm: Schimmelreiter
161,1A Kleist: Michael Kohlhaas
193 Huch: Judengrab
259 Turgenjew: Gedichte in Prosa
276,1A E. T. A. Hoffmann: Silvesternacht
296,1A Goethes Novelle
314,1A Puschkin: Pique Dame

Von den Nummern 1 (Rilke, Cornet) und 28 (Hofmannsthal, Der Tor und der Tod) gibt es auch Halblederexemplare mit goldgeprägtem Rückentitel und Marmorpapierbezug.

Vorzugs- und Sonderausgaben

Bereits seit 1913 wurden – neben Ganzlederbänden – auch Vorzugsausgaben einiger Titel der Insel-Bücherei herausgegeben. Der Druck erfolgte in der Regel vom Originalsatz, häufig auf besserem Papier – meist Bütten –, Illustrationen wurden handkoloriert oder vom Künstler signiert, und die Einbandgestaltung verrät besondere Sorgfalt. Im Vergleich zu den Normalausgaben sind die Vorzugsausgaben mitunter von größerem Format.

Des weiteren sind gelegentlich auch Sonderausgaben hergestellt worden, etwa für den Autor, für Freunde des Verlags, für kulturelle Vereinigungen oder als sogenannte ›Geschenkausgaben‹. Mehrfach haben Unternehmen, die Popularität und Preiswürdigkeit der Insel-Bücherei nutzend, Teil- oder Restauflagen erworben und in anderer Ausstattung als Werbegeschenke ausgegeben.

Nachstehend sind in numerischer Ordnung und mit Kurztiteln alle Vorzugsausgaben sowie jene Sonderausgaben genannt, die der Verlag selbst vertrieben bzw. vergeben hat. Für die genauen Titelaufnahmen benutze man den Grundkatalog; hier sind nur die Spezifika der Vorzugs- bzw. Sonderausgaben genannt.

1 Rilke: Cornet. 1966 (F): Einmalige Sonderausgabe von 200 numerierten Exemplaren. Leder in Schuber; Handeinband: Helmuth Halbach. [IK 1365]

14,1B Aucassin und Nicolette. Holzschnitte nach Vorlagen des Künstlers koloriert von Martin Schauer. 1955 (W): 500 Exemplare, von Fritz Kredel numeriert und signiert. Halbpergament mit Goldschnitt in Schuber. [IK 519]

14,1 Aucassin und Nicolette. 16 [nicht 17] Holzschnitte, koloriert. Neusatz. Bütten. 1956 (L): 500 Exemplare. Seide und Halbpergament, beides in Schuber; Handeinband: Gerhard Prade. [IK 519A]

39,1 Die Schön Magelona. Holzschnitte koloriert. Bütten. 1913: 205 numerierte Exemplare. Pappe und Pergament. [IK 1520]

43 Rilke: Marien-Leben. Van-Gelder-Bütten. Einbandentwurf von Henry van de Velde. 1913: 200 numerierte Exemplare. Leder mit Goldschnitt; Nr. 1–50 Handeinband. [IK 1351]

56,1A Till Ulenspiegel. Holzschnitte handkoloriert. Bütten 1913: 200 numerierte Exemplare. Pappe und Pergament. [IK 433]

71,1 Historie eines edeln Fürsten. Herzog Ernst von Bayern und von Österreich. Holzschnitte koloriert. Bütten. 1913: 200 numerierte Exemplare. Pappe und Pergament. [IK 736]

152,1 Ruth. 1914: 20 Exemplare auf holländischem Bütten und 20 Exemplare auf Pergament. Leder mit Goldschnitt, Pergament und Halbpergament mit Kopfgoldschnitt. [IK 1383]

202,1A Busoni: Ästhetik der Tonkunst. Faksimile eines Exemplars der Erstauflage von IB 202,1A mit den handschriftlichen Anmerkungen von Arnold Schönberg. Mit Transkription der Anmerkungen und einem Nachwort herausgegeben von H. H. Stuckenschmidt. 1974 (F): 500 numerierte Exemplare. Leder in Schuber (Nr. 1–50) und Pappe in Schuber

203,1B Das Gilgamesch-Epos. Holzschnitte und Zierleiste in zweiter Farbe. Bütten. 1958 (L): 500 Exemplare. Halbpergament in Schuber; Handeinband: Gerd Prade. [IK 530]

213,1 Gezelle: Gedichte. Insel-Bütten. 1917: 20 numerierte Exemplare (nicht für den Handel). Leder mit Kopfgoldschnitt. [IK 524]

215,1 Streuvels: Der Arbeiter. Zanders-Bütten. 1916: 20 numerierte Exemplare (nicht für den Handel). Leder mit Kopfgoldschnitt

281,2 Das kleine Blumenbuch. 1933: Bindequote der 2. Auflage. [›Geschenkausgabe‹.] Pergament; Handeinband: Gerhard Prade

296,1A Goethes Novelle. Bütten. 1920: 100 numerierte Exemplare. Pappe. [IK 601]

302,1 Binding: Legende von der Keuschheit. Bütten. 1919: 50 Exemplare (nicht für den Handel). Pergament und Halbpergament mit Kopfgoldschnitt

302,2 Stevenson: Flaschenteufelchen. Holzstiche vom Stock gedruckt. Japan. 1925: 120 numerierte und von H. A. Müller signierte Exemplare. Leder mit Kopfgoldschnitt und Halbpergament mit Kopfgoldschnitt, beides in Schuber. [IK 1663]

307,2A Hardy: Der angekündigte Gast. Holländisches Bütten. 1928: 120 numerierte, von A. Kubin signierte Exemplare. Pappe, Halbpergament mit Kopfgoldschnitt und Leder mit Kopfgoldschnitt. [IK 677]

309,2 Hey: Fünfzig Fabeln für Kinder / 402 Hey: Noch fünfzig Fabeln für Kinder. [Farbiger Einband von Walter Tiemann mit Einbandtitel ›Hundert Fabeln für Kinder‹.] 1929: Sonderausgabe von IB 309,2 und 402 in einem Band. Leinen. [IK 724]

328,1A Keller: Schmied seines Glückes. Van-Gelder-Bütten. 1921: 120 numerierte Exemplare. Halbpergament mit Kopfgoldschnitt in Schuber. [IK 898]

350 Geistliche Auslegung des Lebens Jesu Christi. Holzschnitte koloriert. Bütten. 1923: 200 numerierte Exemplare. Pergament. [IK 515]

360 Es war einmal. Bütten. 1923: 200 numerierte Exemplare. Pappe. [IK 449]

362 Timmermans: Tryptichon [statt: Triptychon] von den Heiligen Drei Königen. Insel-Bütten. 1923: 250 numerierte Exemplare. (Für die Freunde des Verlags, Weihnachten 1923.) Halbleinen mit Kopfgoldschnitt. [IK 1754]

368,2A Rede des Perikles. Neusatz. Zweifarbiger Druck der Mainzer Presse. 1938: 6 Exemplare. Pappe

450,1A Minnesinger. 1933: Bindequote einer 1933 erschienenen Auflage. [›Geschenkausgabe‹.] Pergament; Handeinband: Gerhard Prade

450,1B Minnesinger. Text auf Bütten. 1962 (F): 250 Exemplare. Halbpergament in Schuber; Handeinband: Willy Pingel. [IK 1112]

673,1 Fürstliches Jagen. 1962 (F): 400 Exemplare. Leder; Handeinband: Willy Pingel

706,1B Lazarillo von Tormes. Holzschnitte koloriert von Ernst Schauer. Zusätzlich ein Titelholzschnitt. Neusatz. 1965 (L): 1500 Exemplare. Halbpergament in Schuber; Handeinband: Gerd Prade. [IK 996]

775,1A Bamberger Apokalypse. 1962 (F): Bindequote. Halbpergament; Handeinband: Willy Pingel

779 Hofmannswaldau: Helden-Briefe. Ingres-Bütten. 1962 (F): 500 Exemplare (für Freunde des Insel-Verlags zum Jahreswechsel 1962/63). Pappe; Handeinband: Willy Pingel. [IK 779]

789 Picasso: Minotaurus. Bütten. 1963 (F): Bindequote. Halbpergament; Handeinband: Willy Pingel

860 Koptische Stoffe. 1967 (L): 250 Exemplare (für Freunde des Verlags zum Jahreswechsel 1967/68). Halbleder in Schuber; Handeinband: Gerd Prade

870 Das Leben Buddhas. 1967 (L): 250 Exemplare (für Freunde des Verlags zum Jahreswechsel 1967/68). Halbpergament in Schuber; Handeinband: Gerd Prade

921 Goethe: Mann von funfzig Jahren. 1971 (L): Bindequote (nicht für den Handel). Pappe mit Büttenüberzugpapier und goldgeprägtem Rückentitel

ohne Nr. 50 Jahre Insel-Bücherei 1912–1962. 1962 (F): 25 Exemplare. Halbpergament; Handeinband: Willy Pingel

Insel-Bücherei im Wettbewerb ›Schönste Bücher‹

Angeregt durch die Internationale Buchkunst-Ausstellung 1927 in Leipzig, nahm man 1930 auch in Deutschland die zuvor bereits in den USA, den Niederlanden, der Tschechoslowakei und in England eingeführte Prämierung der schönsten Bücher, beginnend mit dem Jahrgang 1929, auf. Doch schon das Ergebnis des Wettbewerbs um die ›Schönsten Bücher des Jahres 1932‹ konnte nicht mehr veröffentlicht werden, da einige Entscheidungen der Jury nicht die Zustimmung der nationalsozialistischen Kulturbehörden fanden. Von 1933 bis 1945 hat es keine derartigen buchkünstlerischen Leistungsvergleiche in Deutschland gegeben. Nach dem zweiten Weltkrieg wurde die Tradition dieses Wettbewerbs durch die Börsenvereine beider deutscher Staaten neu belebt; seit Editionsjahrgang 1951 (in Frankfurt/M., BRD) bzw. 1953 (in Leipzig, DDR) werden wieder jährlich die ›Schönsten Bücher‹ gekürt.

Unter diesen ›Schönsten‹ sind mehrfach Bände der Insel-Bücherei gewesen; sie sind nachfolgend in numerischer Ordnung mit Kurztiteln genannt. Nach dem Titel ist in Klammern angegeben, in welchem Jahr und wo (L oder F) die Auszeichnung erfolgte. Bei Titeln mit mehreren Auflagen bezieht sich die Prämierung stets auf die in dem genannten Jahr erschienene Auflage.

14 Aucassin und Nicolette (1956, L; Vorzugsausgabe)
27,1B Sophokles: Antigone (1959, F)
49,2 Heraklit: Urworte der Philosophie (1952, F)
132,1C Rollwagenbüchlein (1958, L)
169,2 Der König und der Bettler (1953, F)
198,1C Tepl: Der Ackermann und der Tod (1957, F)
203,1B Das Gilgamesch-Epos (1958, L; Vorzugsausgabe)
222 Labé: Sonette (1954, F)
252,1A Barrett-Browning: Sonette (1959, F)
321,1B Keller: Landvogt (1969, L)
334,2A Carossa: Doktor Bürger (1930)
368,2B Rede des Perikles (1954, F)
407 Omar der Zeltmacher (1929)
444,2A Michelangelo: Handzeichnungen (1965, L)
566,1 García Lorca: Zigeuner-Romanzen (1953, F)
575,1 Hindemith: Bach (1953, F)
577 Matisse: Frauen (1953, F)
578,1 Jiménez: Platero (1953, F)
579,1A Jean Paul: Horn und Flöte (1953, F)
580,2 Irving: Rip van Winkle (1976, L)
581,2 Lessing: Epigramme (1976, L)
595,1 Marcks: Tierplastik (1954, F)
600 Barlach: Taschenbuch-Zeichnungen (1955, L)
604 Maillol: Hirtenleben (1954, F)
606 Deutsche Holzschnitte (1955, F)
611 Japanische Farbenholzschnitte (1955, F)

630 Frühe italienische Tafelbilder (1957, L)
636,1A Ch'i Po-shih: Pinselzeichnungen (1956, L)
643 Daumier: Parlament der Juli-Monarchie (1959, L)
656,1 Ali, der Meisterdieb (1957, F)
658,1 Valéry: Herr Teste (1957, F)
678,1 Maler der Brücke (1958, F)
690 Busch: Drei Märchen (1959, L)
692 Kuan Liang: Peking-Oper (1959, L)
697 Abraham a Santa Clara: Adams-Kinder (1959, F)
706,1B Lazarillo von Tormes (1965, L; Vorzugsausgabe)
727 Sechzehn Lohans (1962, L)
760 Kinderzeichnungen (1967, L)
878 Beer: Jungfer-Hobel (1968, L)
921 Goethe: Mann von funfzig Jahren (1971, L)
973 Heine: Deutschland (1973, L)

In der ›Österreichischen Bibliothek‹ erschienen zwischen 1915 und 1917 insgesamt 26 Titel in einer Auflage von meist je zehntausend Exemplaren. Die Herausgabe besorgte Hugo von Hofmannsthal im Verein mit Leopold Freiherrn von Andrian, August Fournier, Heinrich Friedjung, Max von Hoen, Richard von Kralik, Max Mell, Robert Michel, Josef Redlich, Hans Schlitter, Anton Wildgans, Franz Zweybrück und anderen. Die Reihe ist ihrer Ausstattung nach ein Seitenstück der Insel-Bücherei: die Bändchen hatten das Format der Insel-Bücherei und wie diese aufgeklebte Titel- und Rückentitelschilder; das Überzugpapier der Pappbände war einfarbig gelb. Nach dem ersten Weltkrieg wurde die schwer verkäufliche Reihe nicht weitergeführt; Restbestände wurden in rotem Umschlagkarton broschiert (1, 2, 3, 4, 5, 6, 7, 10, 11, 14, 15, 17, 20, 23, 24, 25, 26) oder in die Insel-Bücherei übernommen (8, 13, 16, 19, 21, 22).

1 Grillparzers politisches Testament. Auswahl und Vorwort: Hugo von Hofmannsthal. 1915
2 Heldentaten der Deutschmeister 1697–1914. Auswahl und Nachwort: Max Mell. 1915
3 Heinrich Friedjung: Custoza und Lissa. Mit Vorwort. 1915
4 Bismarck und Österreich. Auswahl und Einleitung: Franz Zweybrück. Mit Quellenangaben. 1915
5 Audienzen bei Kaiser Joseph. Nach zeitgenössischen Dokumenten zusammengestellt und mit einem Nachwort versehen von Felix Braun. Mit Literaturnachweis. 1915
6 1809. Dokumente aus Österreichs Krieg gegen Napoleon. Auswahl und Nachwort: Otto Zoff. 1915
7 Fürst Friedrich zu Schwarzenberg, ›der Landsknecht‹: Bilder aus Alt-Österreich. Auswahl und Einleitung: Helene Bettelheim-Gabillon. Mit Literaturnachweis. 1915
8 Abraham a Sancta Clara. Auswahl, Einleitung und Schlußwort: Richard von Kralik. 1915: 1.–10. Tsd. – 1917 (?): 15. Tsd. [Restbestände unter IB 90,2]
9 Beethoven im Gespräch. Auswahl und Nachwort: Felix Braun. 1915 – Siehe auch IB 346,2

10 [Josef] Radetzky. Sein Leben und sein Wirken. Nach Briefen, Berichten und autobiographischen Skizzen zusammengestellt. Auswahl, Vorwort und Literaturhinweise: Ernst Molden. 1915
11 Robert Michel: Auf der Südostbastion unseres Reiches. 1915
12 Anton Wildgans: Österreichische Gedichte (1914/1915). 1915
13 [Johann Amos] Comenius und die Böhmischen Brüder. Auswahl, Einleitung und bibliographische Nachbemerkung: Friedrich Eckstein. 1915 [Restbestände unter IB 96,2]
14 Die österreichischen Lande im Gedicht. Auswahl: Max Mell. 1916
15 Franz Grillparzer: Ein Bruderzwist in Habsburg. Trauerspiel in fünf Aufzügen. 1916 – Siehe auch IB 417,2 [Dort mit Nachwort]
16 Nikolaus Lenau an Sophie Löwenthal. Auswahl und Nachbemerkung: Stefan Zweig. 1916 [Restbestände unter IB 101,2]
17 Prinz Eugen [von Savoyen]. Aus seinen Briefen und Gesprächen. Auswahl, Schlußwort und Quellennachweis: Irma Hift. 1916
18 Adam Müller-Guttenbrunn: Deutsches Leben in Ungarn. Auswahl und Nachwort: Adam Müller-Guttenbrunn. Mit einer politischen Vorbemerkung auf Begleitzettel. 1916
19 Walther von der Vogelweide: Gedichte und Sprüche in Auswahl. Auswahl: Konrad Burdach. Anmerkungen: Fritz Adolf Hünich. 1916 [Restbestände unter IB 105,2A]
20 Briefe aus Wien. Auswahl und Nachwort: Wilhelm Bauer. 1916
21 Tschechische Anthologie. [Jaroslav] Vrchlický – [Antonín] Sova – [Otokar] Březina. Auswahl, Übertragung und Nachwort: Paul Eisner. 1917 [Restbestände unter IB 106,2]
22 Adalbert Stifters Briefe. Auswahl: Richard Smekal. 1917 [Restbestände unter IB 207,2A]
23 Ein österreichischer Kanzler. Der Fürst [Klemens v.] Metternich. Auswahl und Nachwort: Ernst Molden. Mit Literaturhinweisen. 1917
24 Alpensagen. Auswahl und Einleitung: Max Pirker. Mit bibliographischen Nachweisen. 1917
25 Maria Theresia als Herrscherin. Aus den deutschen Denkschriften, Briefen und Resolutionen (1740–1756). Auswahl und Nachwort: Josef Kallbrunner. 1917
26 Schubert im Freundeskreis. Ein Lebensbild aus Briefen, Erinnerungen, Tagebuchblättern der Freunde. Auswahl und Nachwort: Felix Braun. 1917 – Siehe auch IB 168,2A [Auswahl leicht verändert]

In der Sammlung ›Pandora‹, die eine Auslese von Werken der Weltliteratur geringeren Umfangs in der Originalsprache bot, erschienen in den Jahren 1920/1921 insgesamt 52 Titel in je einer Auflage von meist zehntausend Exemplaren. Ein den Texten gelegentlich beigegebenes Geleitwort (in den Bänden 1, 5, 6, 7, 8, 10, 11, 14, 15, 16, 17, 19, 20, 21, 22, 34, 37, 47, 51, 52) – meist eine Vita des Autors – war ebenfalls in der Originalsprache verfaßt. Auch diese Reihe ist von ihrer Ausstattung ein Seitenstück zur Insel-Bücherei: die Pappbände im Format der Insel-Bändchen waren wie jene mit mehrfarbigen Buntpapieren überzogen und trugen Titel- sowie Rückentitelschilder. Überdies erhielt die Sammlung ›Pandora‹ ein besonderes Signet. Die Bände 1–40 erschienen 1920, die restlichen im Jahr 1921; Restbestände deutschsprachiger Titel wurden 1924 in die Insel-Bücherei übernommen.

1 [William] Shakespeare: Sonnets – Deutsche Ausgabe vgl. IB 898
2 J. B. [Jean Baptiste] Molière: Le Malade Imaginaire
3 Immanuel Kant: Zum ewigen Frieden. Ein philosophischer Entwurf. [Ferner: Idee zu einer allgemeinen Geschichte in weltbürgerlicher Absicht. Aus der Abhandlung ›Über den Gemeinspruch: Das mag in der Theorie richtig sein, taugt aber nicht für die Praxis‹. Aus den ›Metaphysischen Anfangsgründen der Rechtslehre‹.] – Siehe auch IB 228,1
4 Ralph Waldo Emerson: On Nature. With Goethe's Natur – Deutsche Ausgabe vgl. IB 72
5 Don Pedro Calderon de la Barca: La Vida es Sueño
6 Giacomo Leopardi: Pensieri
7 Cornelii Taciti Germania. Mit Übersichtskarte – Deutsche Ausgabe vgl. IB 77
8 Joseph von Eichendorff: Aus dem Leben eines Taugenichts [Restbestände unter IB 224,1B]
9 Frédéric de Stendhal (Henri Beyle): Vittoria Accoramboni. Les Cenci
10 Washington Irving: Christmas at Bracebridge Hall

11 Alexander Pope: The Rape of the Lock – Deutsche Ausgabe vgl. IB 99,2 und 879
12 Friedrich Schiller: Wilhelm Tell. Ein Schauspiel
13 Charles Dickens: A Christmas Carol. With six illustrations by John Leech
14 Jean Racine: Athalie. Tragédie en Vers
15 Lord [George Noel Gordon] Byron: Marino Faliero, Doge of Venice. An historical tragedy in five acts. Mit Vor- und Nachwort
16 [Johann Wolfgang von] Goethe: Hermann und Dorothea. In neun Gesängen [Restbestände unter IB 363]
17 Elizabeth Barrett-Browning: Sonnets from the Portuguese – Deutsche Ausgabe vgl. IB 252
18 Henry W. [adsworth] Longfellow: Evangeline. A tale from Acadie
19 Thomas Babington Macaulay: Essay on William Pitt, Earl of Chatham
20 Francesco Petrarca: Trionfi in vita e in morte di Madonna Laura
21 Pierre Corneille: Le Menteur. Comédie
22 Percy Bysshe Shelley: The Cenci
23 Miguel de Cervantes: Novela de Rinconete y Cortadillo
24 Prosper Mérimée: Carmen – Deutsche Ausgabe vgl. IB 57
25 **Ф. М. Достоевскій: Великій инквизиторъ. Чортъ. Кошмаръ Ивана Федоровича.** [F. M. (Fjodor Michailowitsch) Dostojewski: Der Großinquisitor (Deutsche Ausgabe vgl. IB 149). Der Teufel. Iwan Fjodorowitschs Alptraum]
26 Honoré de Balzac: Jésus-Christ en Flandre. Le Chef-d'œuvre inconnu
27 Françoys Villon: Le Testament
28 John Milton: Minor Poems. [Comus. Lycidas. Il Penseroso. L'Allegro. Sonnets]
29 Les Aventures du Calife Haroun-al-Raschid. Tirées des Mille et une Nuits. Dans la version de [Antoine] Galland
30 Jeremias Gotthelf: Das Erdbeeri-Mareili [Restbestände unter IB 364]
31 Adalbert Stifter: Der Waldsteig. Eine Erzählung [Restbestände unter IB 367]
32 Voltaire: Zádig ou La Destinée – Deutsche Ausgabe vgl. IB 171,2
33 Sei novelle molto aggradevoli di Messer Giovanni Boccaccio da Certaldo. Con sette incisioni [und 6 Initialen aus der Aus-

gabe 1492] – Deutsche Ausgabe (in veränderter Auswahl) vgl. IB 16
34 Aus des Angelus Silesius Cherubinischem Wandersmann nebst Geistlichen Liedern [Restbestände unter IB 41,1B]
35 E. T. A. [Ernst Theodor Amadeus] Hoffmann: Das Fräulein von Scuderi. Eine Novelle – Siehe auch IB 190
36 Alfred de Musset: Le Fils du Titien. Mimi Pinson
37 Jean de la Fontaine: Fables. Avec des gravures sur bois de Virgil Solis – Deutsche Ausgabe (in veränderter Auswahl) vgl. IB 185
38 Edgar Allan Poe: The Raven and other [6] Poems. Preceded by The Philosophy of Composition – Zweisprachige Ausgabe (ohne die ›anderen Gedichte‹) vgl. IB 1006,2
39 **И. С. Тургеневъ: Стихотворенія въ прозѣ.** [I. S. (Iwan Sergejewitsch) Turgenjew: Gedichte in Prosa] – Deutsche Ausgabe vgl. IB 259
40 Charles de Coster: Smetse Smee. Légende Flamande
41 **Н. В. Гоголь: Шинель. Носъ.** [N. W. (Nikolai Wassiljewitsch) Gogol: Der Mantel (Deutsche Ausgabe vgl. IB 24). Die Nase]
42 Giovanni [di] Boccaccio: Vita di Dante – Deutsche Ausgabe vgl. IB 275
43 Gustave Flaubert: Trois Contes. [Un Cœur Simple. La Légende de Saint Julian d'Hospitalier. Hérodias] – Deutsche Ausgaben vgl. IB 319,1; 12; 76,1
44 Jacques-Bénigne Bossuet, Évêque de Meaux: Deux Oraisons Funèbres [Oraison Funèbre de Henriette-Marie de France, Reine de la Grand-Bretagne. Oraison Funèbre de Henriette-Anne d'Angleterre, Duchesse d'Orléans]
45 **Л. Н. Толстой: Народные разсказы.** [L. N. (Lew Nikolajewitsch) Tolstoi: Volkserzählungen. (Volkslegenden. Texte aus den Volksbilderbogen. Drei Gleichnisse)] – Deutsche Ausgabe (in veränderter Auswahl) vgl. IB 68
46 Dante Alighieri: Vita Nuova – Deutsche Ausgabe vgl. IB 101,3
47 Françoys Villon: Lais. Poésies diverses. Ballades en Jargon. Avec Index et Glossaire. Notice biographique: Werner Mulertt
48 Jacobus a Varagine: Legenda aurea
49 **Нѣмецкіе поэты въ русскихъ переводахъ.** [Deutsche Dichter in russischen Übertragungen. Auswahl: Arthur Luther und Alexander Eliasberg]

50 The Summoning of Everyman
51 Fioretti di San Francesco – Deutsche Ausgabe (in veränderter Auswahl) vgl. IB 70
52 Great Political Documents of the United States of America. Herausgegeben von Paul Darmstädter

REGISTER

Autoren, Herausgeber, Übersetzer und Titel ohne Verfasserangabe

Das Register verzeichnet in alphabetischer Folge die Namen der Autoren, Herausgeber, Übersetzer, aller im Grundkatalog genannten weiteren Mitarbeiter, also z. B. auch Photographen, sowie die Titel von Bänden ohne Verfasserangabe. Jedem Namen folgen zunächst die (Kurz-)Titel der selbständigen Veröffentlichungen in der Reihenfolge der Bandnummern, sodann die Nummern jener Bände, für die Beiträge, Übersetzungen, Nachworte o. ä. verfaßt wurden. Titel ohne Verfasserangabe sind unter dem ersten Stichwort eingeordnet; um das Auffinden zu erleichtern, werden gelegentlich weitere Stichworthinweise gegeben.

Buchkünstler und Illustratoren sind in einem besonderen Register (s. Seite 217) erfaßt.

Wurde ein Titel später unter einer anderen Nummer erneut aufgelegt, so sind beide genannt (zum Beispiel ›Alte deutsche Liebeslieder‹ 4,2/281,1). Das Register enthält auch die Editionen der ›Österreichischen Bibliothek‹ (ÖB) und der Sammlung ›Pandora‹ (P). Umlaute sind aufgelöst.

Buchkünstler und Illustratoren

Das Register verzeichnet die Namen aller Künstler, die mit Illustrationen, Buchschmuck bzw. anderen graphischen oder bildkünstlerischen Beiträgen – ausgenommen photographischen Aufnahmen – an Text- oder Bildbänden beteiligt sind. Unter jedem Namen sind stets die Illustrationsfolgen mit Angabe von Kurztiteln der betreffenden Bände vorangestellt. Auf Einzelbeiträge in thematischen Sammelbänden, wie z.B. ›Deutsche Künstler des 20. Jahrhunderts in Selbstbildnissen‹ oder ›Graphikspiegel‹, wird nicht verwiesen.

Das folgende Verzeichnis stellt alle im Grundkatalog bereits aufgeführten Bildbände nochmals in alphabetischer Reihenfolge (nach dem Namen des Autors oder dem ersten Stichwort des Titels) zusammen.

Die Gestalter der Musterpapiere können heute leider nur noch zu einem Teil benannt werden, da die Verlagsunterlagen darüber, besonders aus den Jahren vor 1945, recht lückenhaft sind. Dieses Verzeichnis enthält die Namen aller Künstler, die nachweislich Überzugpapiere für die Insel-Bücherei entworfen haben. Exemplarisch und ohne Anspruch auf Vollständigkeit sind zu jedem der Künstler einige IB-Nummern genannt, für die ein von diesem geschaffenes Musterpapier Verwendung fand. Mehrfach eingesetzte Papiere, die dann oft farblich variiert wurden, sind jeweils nur einmal genannt. Sofern für verschiedene Auflagen eines Titels verschiedene Überzugpapiere benutzt wurden, dienen die in Klammern gesetzten Jahresangaben als weitere Orientierungshilfe.

Nicht berücksichtigt wurden Überzugpapiere italienischer, japanischer oder anderer regionaler Provenienz, z.B. jene der Kollektion Rizzi (Gestalter nicht zu benennen), sowie solche Musterpapiere, bei deren Entwurf ein fremdes Bildmotiv benutzt wurde (zum Beispiel IB 970: Überzuggestaltung von H.-J. Walch nach einem Motiv von L. Cranach d. Ä.).

Aba, Agnes 460,2
Arnold, Fritz 557
Aschoff, Eva 178,2 (1952 W) – 333,2 – 407 (1963 F) – 562,1 – 698,1

Baumgärtner, Anneliese 641,1 – 645,1
Beauclair, Gotthard de 460,1 – 501
Behmer, Marcus 315,1A (1920 bis 1939; 1954 W neuer Entwurf)
Blochberger, Günter 128,1C – 166,3 – 175,1D – 272 (1980 L) – 275,1B – 351,1B – 430,2 – 497,2 – 514,2 – 553,2 – 567,2 – 576,2 – 598,1B – 612,2 – 613,2 – 622,1A – 688,2 – 693,2 – 701 – 721,1B – 765,1A – 773,1B – 775,1B – 840 – 872 – 874 – 879,1B – 917 – 956 – 971 – 996,1 – 1007,1 – 1008,1 – 1016 – 1034,1 – 1036,1 – 1044
Böhlke, Jürgen 317,2 (1954 L) – 583 (1955 L)
Böhmer, Gunter 24,1B – 999,2
Brosch, Hans 984,1
Brudi, Walter 610 – 637,1 – 732 – 733 – 779 – 817
Brylka, Andreas 42,1B – 633 – 654,1A – 714
Buchner, H. O. 294,2 – 567,1 (1953/55 W) – 700,1 – 716

Coqueblin, Paul 946 – 962

Damerius 717
Dorn, Max 655 (1958 W und 1984 F)

Ebert, Tamara 572,2 – 1018,1

Fiehler, Karl 665,1
Flach, Adolf 22 (1958 W) – 628,1 – 640,1 – 782
Franck, Henner 327,1B
Freise, Katharina 521,1 – 533 – 559 – 561 – 568,1 – 618,1

INHALT

ISSN 0233-1047
ISBN 3-7351-0022-8

Insel-Verlag Anton Kippenberg, Leipzig
Lizenz Nr. 351/260/20/87 LSV 8094
Gesetzt und gedruckt in der Offizin Andersen Nexö,
Graphischer Großbetrieb, Leipzig III/18/38,
gebunden in der VOB Kunst- und Verlagsbuchbinderei Leipzig
Schrift: Aldus-Buchschrift
Gestaltung: Hans-Joachim Walch
Überzugentwurf unter Verwendung
des für ›Die Insel‹ 1901 benutzten Umschlagpapiers
Printed in the German Democratic Republic
Bestell-Nr. 787 298 1
01500